CONTES

DE

BONNE PERRETTE

DU MÊME AUTEUR

CHEZ CALMANN-LÉVY, ÉDITEUR

A L'Aventure (croquis italiens).	1 vol.	grand in-18.
Humble Amour	1	—
Les Italiens d'aujourd'hui	1	—
Madame Corentine	1	—
Les Noellet	1	—
En Province	1	—
Ma tante Giron	1	—
La Sarcelle bleue	1	—
Sicile (*Ouvrage couronné par l'Académie française*)	1	—
Une Tache d'encre (*Ouvrage couronné par l'Académie française*)	1	—
Terre d'Espagne	1	—
De toute son ame	1	—

CHEZ A. MAME ET FILS, ÉDITEURS

Stéphanette	1 vol.	grand in-18.
Contes de bonne Perrette	1 vol.	in-4°.

Droits de reproduction et de traduction réservés pour tous les pays, y compris la Suède, la Norvège et la Hollande.

Nous nous mîmes à frapper sur le tronc vert et lisse d'un jeune peuplier. (P. 14.)

RENÉ BAZIN

CONTES

DE

BONNE PERRETTE

TOURS

ALFRED MAME ET FILS, ÉDITEURS

M DCCC XCVIII

AVERTISSEMENT

Enfants, auxquels ce livre est dédié, vous avez un âge délicieux. Je l'ai eu avant vous. Et j'en ai joui plus librement et plus pleinement que d'autres, ayant eu cette chance de passer une partie de ma première jeunesse à la campagne. Je travaillais assez peu le *De viris illustribus*, mais j'apprenais ce qui ne s'enseigne pas : à voir le monde indéfini des choses et à l'écouter vivre. Au lieu d'avoir pour horizon les murs d'une classe ou d'une cour, j'avais les bois, les prés, le ciel qui change avec les heures, et l'eau d'une mince rivière qui changeait avec lui. Mes amis s'appelaient le brouillard, le soleil, le crépuscule, où la peur vous suit dans votre ombre ; les fleurs, dont je savais les dynasties mieux que celles des rois d'Égypte ; les oiseaux, qui ont leur nom écrit dans le mouvement de leur vol ; les gens de la terre, qui sont des silencieux pleins de secrets. Je me rappelle qu'à certains jours mon âme débordait de joie, et qu'elle était alors si légère, qu'elle me paraissait prête à s'échapper et à se fondre dans l'espace. Je faisais ma moisson sans le savoir. Depuis, j'ai reconnu que la richesse d'impressions amassée en ce temps-là est une provision qui dure.

Avant de dire les contes de bonne Perrette qui ont bercé cette enfance heureuse, j'ai donc pensé que je devais expliquer en quel milieu ces histoires m'ont été apprises ; avec quel esprit disposé à l'aventure je les écoutais et les retenais ; quelle fut l'humble femme qui me les récita.

Elle ne les inventait sûrement pas. De qui les tenait-elle ? Du peuple où la source de la légende, plus ou moins pure, plus ou moins abondante selon les temps, n'a jamais cessé de couler ? De quelque poète ou savant chez lequel elle aurait servi avant d'entrer dans notre maison ? N'y ai-je rien ajouté moi-même, au moins dans le détail ? A quoi bon approfondir ces choses ? J'en serais au surplus incapable, n'ayant jamais bien su où finit le souvenir et où commence le rêve.

J'aime mieux vous dire, enfants, qu'il m'a été doux d'écrire ce livre à cause de vous, de votre sympathie si vite donnée, de votre attention rapide, de votre âme tout ouverte, et aussi pour l'émotion de ce retour que nous qui vieillissons, poursuivis par la meute grossissante des jours, nous faisons vers notre enfance, lièvres chassés, qui revenons au gîte.

R. B.

SOUVENIRS D'ENFANT

LE PEUPLIER

Il me semble que j'avais une douzaine d'années, mon frère en avait dix. Nous vivions un peu plus que les vacances réglementaires à la campagne, les médecins ayant déclaré que je vivrais seulement à cette condition ; et nous étions grands dénicheurs de nids, grands chasseurs à la sarbacane, assoiffés d'aventures et lecteurs convaincus de Mayne-Reid et de Gustave Aymard.

Dès le matin, de bonne heure, quand l'herbe est lourde de rosée et que les oiseaux sont en éveil, cherchant les graines, piquant les mouches, grimpant aux troncs des arbres, nous courions lever nos pièges ou bien les cordées tendues aux endroits creux de la rivière. Nous savions reconnaître, à la façon dont le bouchon d'une ligne se trémoussait, filait en avant ou plongeait, la morsure du goujon, de l'ablette ou de la carpe ; un lièvre ne gîtait pas dans les environs, un loriot ne faisait pas son nid, un oison ne se prenait pas par le cou entre les barres d'une claire-voie, sans que nous en eussions connaissance. Nous avions, comme les trappeurs, l'habitude de la file indienne, des cabanes dans les chênes, des signes muets ou des cris de bêtes sauvages pour nous reconnaître à distance, des provisions d'outils dans le ventre des vieilles souches. Je dois avouer cependant que nos outils n'étaient pas d'une grande variété, et qu'à l'exception de deux hachereaux de fer pour les expéditions lointaines, c'étaient surtout des bouts de fer rouillés, de la ficelle et des balles de plomb données par les seineurs. Le soir, quand il n'y avait plus de jour du tout, faute de mieux, nous lisions. L'excellente comtesse de Ségur, à laquelle je suis revenu depuis, nous semblait un peu rose, comme sa collection. Il nous fallait du drame. Jules Verne commençait à peine à tailler sa plume ; mais nous avions les *Chasseurs d'ours*, les *Vacances des jeunes Boërs*, la *Guerre aux bisons*, les *Enfants de la prairie*, et je savais par cœur, dans *Gérard le Tueur de lions*, l'apostrophe qui remuait mon cœur : « Disciples de Saint-Hubert, mes frères, c'est à vous que je m'adresse. Vous voyez-vous en pleine forêt, la nuit, debout contre un gaulis d'où s'échappent des rugissements capables de couvrir le bruit du tonnerre ? »

Oui, oui, je me voyais debout le long du gaulis, et je frémissais de la tête aux pieds.

Le lendemain je trouvais que le théâtre habituel de nos courses n'offrait pas assez de dangers, puisqu'on n'y rencontrait ni lions, ni bisons, ni troupeaux de pécaris fouillant de leurs dents blanches les racines du petit chêne-liège où le chasseur s'est réfugié, et nous regardions avec envie, mon frère et moi, les lointains bleus.

Qu'y avait-il dans les lointains bleus ?

Un jour, un des plus longs de l'année, nous nous étions fait réveiller à cinq heures du matin par une vieille domestique indulgente à nos fantaisies. Dès la veille, nous avions rangé sur une table, en ordre parfait, nos deux hachereaux préalablement aiguisés, deux bâtons, deux frondes et deux sacs de toile où se trouvait, entre autres choses, un morceau de pain énorme, en prévision des hasards que nous pouvions courir dans le désert. Une émotion involontaire nous serrait le cœur quand nous sortîmes de la maison. Trois sansonnets s'envolèrent du toit de la deuxième tourelle, et pointèrent vers la gauche.

« Ils indiquent la route, dis-je à mon frère, il faut les suivre. »

Les trois sansonnets, mouchetés d'or et de violet, se perdirent bientôt au-dessus des arbres pressés du vallon, et nous continuâmes à longer la rivière, large de quatre ou cinq mètres au plus, qui descendait de par là, vive sur son lit de cailloux blancs, claire par endroits comme un morceau du ciel, ombreuse le plus souvent entre ses bords plantés de toutes les essences forestières.

C'était la plus belle contrée pour nos chasses. Les merles abondaient dans les petits prés tortueux, inondés chaque printemps ; nos frondes ne leur faisaient pas grand mal, mais l'espoir allait toujours devant, et le jour était pur, et les pays nouveaux s'ouvraient. Nous commencions même à distinguer les fenêtres d'un certain moulin à vent, qui ressemblait, vu de la maison, à deux plumes de ramier mises en croix, tournant sur un bouchon.

Que de chemin derrière nous ! Le soleil chauffait dur et ployait les hautes fleurs de l'herbe quand nous nous arrêtâmes, vers dix heures, fiers et un peu inquiets de nous être égarés si loin. Il n'y avait pas une ferme dans le cercle de nos regards, pas un homme traversant les champs. La terre mûrissait, tranquille, ses moissons.

« Je suis d'avis, dit mon frère, que nous passions la rivière, car nous ne pouvons pas revenir par le même chemin. Jamais nous ne serions rentrés pour midi, tandis qu'en traversant...

— Oui, mais il faut traverser ! l'eau est profonde.

— Si nous construisions un radeau ?

— C'est un peu long, répondis-je. Rappelle-toi Robinson Crusoé ; et puis nous n'avons pas de planches et pas de tonneaux vides. Il vaut mieux faire comme les sauvages et couper un arbre. »

Au premier moment, cette idée de couper un arbre me parut toute naturelle. Nous étions perdus dans le désert, seuls, semblait-il, dans des régions où le voyageur est à lui-même toute sa ressource et se sert librement des choses. Nous prîmes à nos ceintures nos petites haches, rouillées jusqu'aux deux tiers de la lame, et, sans plus de délibération, à la façon des Indiens Pieds-Noirs, nous nous mîmes à frapper sur le tronc vert et lisse d'un jeune peuplier qui poussait sur le bord. Nous l'attaquions savamment, par la face qui regardait la rivière. Il frémissait de la pointe. Les copeaux blancs volaient. Enfin, dans l'orgueil du triomphe, nous vîmes la haute tige se pencher au-dessus de l'eau ; un craquement sonore annonça que la dernière lame du tronc, trop faible pour porter la ramure, éclatait en mille fibres. Et le beau panache de feuilles légères et fines, décrivant un demi-cercle, s'abattit parmi les aulnes de l'autre rive, et se coucha sur le pré voisin.

Le pont était jeté. Nous passâmes à califourchon, nos nobles haches tout humides au côté.

Mais comme nous battions en retraite vers la maison, tous deux silencieux sous la grande chaleur qui faisait taire les oiseaux et chanter les grillons, nos pensées se modifièrent. L'arbre devait appartenir à quelqu'un, bien sûr ; on l'avait planté ; on attendait de lui dans l'avenir des lattes ou des chevrons de toiture. Et nous avions coupé l'arbre, perdu l'avenir, touché au bien d'autrui !

« C'est toi qui l'as voulu, me dit mon frère. Nous allons être grondés dans les grands prix.

— Si ce n'était que cela ! » répondis-je.

Et comme je savais mon catéchisme, j'ajoutai :

« Le plus difficile, c'est qu'il va falloir restituer. Comment veux-tu restituer un peuplier ? En as-tu un que tu puisses planter à la place ?

— Non.

— Ni moi non plus. Et nous devons pourtant restituer ! »

Le retour fut triste. Nous arrivâmes en retard, et sitôt nos haches enfermées dans une cachette, de peur d'une confiscation possible, nous avouâmes très franchement et avec détails le meurtre du peuplier. On nous gronda moins fort que nous ne l'avions redouté ; seulement, après déjeuner, mon père, s'adressant à moi, me dit :

« Ce n'est pas tout d'avoir avoué une sottise, mon ami : il faut la réparer. Tu es l'aîné. Dans cinq minutes tu monteras en cabriolet avec le vieux Baptiste, et tu iras, tout seul, faire des excuses à Mme la baronne du Vollier, à qui l'arbre appartenait. »

Me voilà donc dans le cabriolet bleu, à côté de Baptiste, qui ne disait rien, selon son usage, et qui portait dans la poche de sa veste une lettre de mon père à l'adresse de la baronne du Vollier. Je n'étais pas, à beaucoup près, aussi fier que le matin. Je n'avais jamais vu la baronne ; je connaissais seulement, pour l'avoir deviné entre les feuillages, le toit aigu sous lequel s'abritait la châtelaine, que je me figurais très vieille, très sèche et très maussade.

Elle était très vieille, en effet, et sèche comme un fuseau. Mais quand on m'eut introduit devant elle, dans l'immense salle carrée du bas, pauvre de meubles, éclairée par quatre grandes fenêtres qui descendaient presque jusqu'à terre, et que je vis, tricotant dans un angle ensoleillé, cette petite dame à deux papillotes d'argent, mince et vêtue de noir, je compris qu'elle avait un cœur encore jeune et capable d'attendrissement. Cela se voit dans le regard. J'étais quand même très troublé, et j'avais la lettre entre les doigts.

« Ah ! madame, lui dis-je, je viens parce que, en faisant le sauvage, j'ai coupé un peuplier.

— Comment ! mon petit ami, vous faisiez le sauvage ?

— Oui, madame, dans votre pré. Nous avions nos haches, nos frondes aussi. Il fallait un pont. J'ai bien du regret de ce que j'ai fait, madame ;... mais je vous assure qu'en tombant il n'a pas abîmé un seul aulne. D'ailleurs, voici la lettre... »

Elle n'avait rien compris à mon explication. Pendant qu'elle lisait, je me demandais ce qu'elle allait exiger, en compensation du peuplier. Je n'avais pas d'économies. Je ne possédais en propre que mes outils, mes lignes et une collection d'œufs ; mais à ce moment-là j'aurais volontiers tout donné, même la vitrine, pour obtenir le pardon de Mme du Vollier.

Elle releva la tête. Elle souriait.

« Était-il bien gros ? dit-elle.

— Comme vos deux bras à peu près, madame.

— Alors vous ne m'avez pas causé grand dommage, mon petit. Mais que faire d'un baliveau pareil ? Le bois ne vaut rien pour brûler. Le donner serait dérisoire. »

Elle réfléchit un moment.

« Tenez, me dit-elle en me tendant la main, nous n'en reparlerons plus jamais ; c'est oublié. Cependant je vous imposerai une pénitence, oh! pas bien dure. Je suis très vieille, mes voisins m'oublient : je laisserai l'arbre où il est tombé; vous repasserez par là un jour ou l'autre, et vous penserez malgré vous à la propriétaire, qui ne vous fera plus peur. Peut-être même aurez-vous l'idée de revenir la voir. »

Je l'ai eue cinq ans de suite, tant que la vieille dame a vécu. Au bout d'un an, les rejets vigoureux de l'arbre avaient jailli des racines. Après deux ans ils formaient une cépée ronde et feuillue. Le printemps suivant, un merle y faisait son nid, tandis que des légions de champignons rongeaient la tige étendue sur le pré voisin. Le pont même devenait dangereux, mousseux tout du long, saisi et recouvert aux extrémités par des forêts de lis jaunes et de roseaux. Les martins-pêcheurs seuls en usaient. Je suppose qu'une crue l'a emporté.

Le remords était fini. Le souvenir m'est resté.

DIANE CHASSERESSE

Nous courions les champs, nous courions les bois, mais pas toujours seuls. Quand la promenade n'était pas longue et que le temps était beau, elle venait avec nous, elle, la petite qui avait les yeux rieurs, la mine rose, les cheveux bruns lustrés de reflets d'or tout au bout, et qui sautait les fossés, plus légère que nous, avec des cris de joie ou de peur, on ne sait trop, comme les alouettes qui se lèvent. Nous la protégions contre les épines ; aux passages difficiles, nous mettions pour elle des pierres dans les courants d'eau, et nous lui demandions souvent si elle n'était pas lasse. Elle ne l'était jamais, et nous avions fini par décider qu'elle eût dû naître garçon. Je crois même que je l'avais nommée mousse du bateau à fond plat dont j'étais amiral. Mais les années sont venues, et la jolie petite est partie, et le bateau, enfoui sous les saules, empli par les feuilles mortes, ne glisse plus entre les nénuphars, emportant à sa proue le mousse en robe claire qui montrait d'un doigt la route libre entre les rives buissonneuses.

Si vaillante qu'elle fût, nous évitions donc pour elle les fatigues des grandes expéditions. Notre protection s'accusait de mille façons qui nous semblaient de haute courtoisie, venant de frères aînés, et que la sœur jeune nous rendait en sourires de princesse heureuse. Nous coupions régulièrement les ailes des geais pris au piège, dans l'espoir de voir un jour l'aigrette bleue sur un de ses chapeaux; nous piquions nous-mêmes les mouches et les sauterelles à l'hameçon de sa ligne, et, quand l'herbe était mouillée dans l'immense prairie qui s'étendait devant la maison, nous sortions « le char » des profondeurs du grenier.

Ce char avait servi d'amusement à des générations peut-être reculées. Rien de la charrette Peugeot, montée sur billes et légère comme une plume. Non : une caisse de bois blanc, deux roues massives découpées dans un bloc de chêne, et un timon arqué traversé d'une cheville. La circonférence des roues présentait bien quelques dépressions fâcheuses; l'essieu de bois poussait des cris aux ornières des chemins; mais cela ne versait presque jamais, et lorsque nous traînions la petite, couronnée de pâquerettes enfilées, armée d'un fouet d'osier blanc pelé, nous pensions que les vagues habitants de la campagne, répandus derrière les haies, invisibles et nous voyant, devaient avoir des visions de Diane chasseresse, déesse au passage matinal, suivant dans la rosée la trace errante des biches.

Seulement, comme les biches n'abondaient pas dans la prairie, et qu'il fallait nécessairement un gibier que poursuivît Diane chasseresse, nous avions d'abord eu pour objectif le troupeau d'oies majestueuses. Il y eut des steeples superbes, des surprises, des mouvements tournants, quelques prises de jeunes oisons forcés, qui se jetaient dans les ronces, la tête collée au sol, l'œil hébété de crainte. Diane leur faisait grâce, et elle avait une élégante manière d'étendre sa baguette sur la victime à demi morte. Mais les oies sont moins stupides que ne le ferait supposer leur réputation. Après quelques exercices violents, elles parurent tout à fait dégoûtées de nos jeux. En picorant, elles tournaient le col vers la maison, d'un air de défiance ; si nous sortions, elles jacassaient dans leur langage, et tenaient sur notre compte des propos que nous devinions ; si elles apercevaient seulement le char, elles commençaient à courir, les ailes ouvertes, les pieds écartés, quittaient un peu le sol, s'enlevaient encore, et passaient la haie toutes ensemble, comme un accent circonflexe.

Nous eûmes alors l'idée du mouton. C'était un plus noble gibier, et qui se défendait mieux. Avec un peu d'imagination, la différence n'est pas grande entre une biche et un mouton. Les nôtres avaient des jarrets d'acier. Je suppose que ceux qui les ont mangés ont dû s'apercevoir que nos rambouillets avaient été élevés à rude école. Ils galopaient en rond autour de la prairie ; nous suivions ; par moments les hostilités se trouvaient suspendues, et nous contemplions ces fronts baissés vers nous, à distance respectueuse, ces yeux longs, couleur de genêt, inquiets et frémissants.

Mais nous n'avions pas tout prévu.

Les moutons, comme les oies, sont vite lassés de jouer, plus vite que nous. Un jour de grand été, vers cinq heures du soir, comme la rivière n'avait plus une goutte d'eau, — cela lui arrivait quelquefois, — les six bêtes qui formaient le troupeau, serrées de trop près par Diane chasseresse, s'engouffrèrent dans le lit desséché, et disparurent en se heurtant les unes contre les autres.

C'était une victoire. Diane se leva sur son char pour voir disparaître sa proie. Une heure après cependant, quand le fermier appela ses moutons : « Petit ! petit ! petit ! » et que pas un bêlement ne répondit, nous qui regardions par la fenêtre, tandis que

Diane apprenait une leçon d'histoire sainte, nous eûmes le sentiment clair du méfait.

« Petit! petit! petit! »

A force de chercher, le fermier retrouva cinq moutons dans un pré voisin, sans soupçonner la manière dont ils avaient passé d'un champ dans l'autre. Le sixième manquait à l'appel. Je sortis, prêt à tous les dévouements.

« Écoutez, dis-je au fermier, je ne crois pas qu'il soit venu de loups, car les loups sont rares, et les chiens n'ont pas aboyé. Votre bête n'est pas perdue. Laissez-nous faire. Nous connaissons leurs mœurs. »

Je le crois que nous connaissions leurs mœurs! Nous connaissions aussi le mouton égaré, un gros qui avait une étoile noire sur le front. Nous suivîmes le bord de la rivière, étudiant les foulées empreintes dans la vase molle. A l'endroit où la masse du troupeau, rencontrant une brèche, avait passé dans le pré voisin, une trace se séparait des autres et continuait en ligne droite sur le fond du ruisseau.

Un kilomètre, un kilomètre et demi..., la trace indiquait toujours la fuite de la bête affolée. La brume tombait, les prés se couvraient de vapeurs blanches. Enfin je découvris une rondeur laineuse à moitié disparue sous un amas de racines. La tête, impossible à voir, était buttée contre le talus de la rive. Mon frère, qui m'avait accompagné, m'aida à tirer le mouton de dessous l'arbre et, avec de grand efforts, à le sortir de la rivière. Là, nous usâmes de persuasion. Mais nous eûmes beau dire : « Petit! petit! » tendre une poignée d'herbe, attacher un brin de jonc à la patte gauche, la bête se fût laissé étrangler plutôt que de nous suivre. Je la chargeai sur mon dos, et, tenant les pattes qui se débattaient, sentant sur le cou la chaleur de ce ventre laineux, étourdi par le bêlement du misérable que je sauvais de la mort, je m'acheminai vers la maison. Je ne me souviens pas d'avoir été plus fatigué qu'au moment où je tournai le gros massif près de l'entrée de la tourelle. Un équipage était arrêté devant la porte : des voisins venaient dîner. En m'apercevant dans cet état de bon pasteur épuisé, ils se mirent à éclater de rire. Il y avait un rire d'homme, sonore et grave, des rires de jeunes femmes, des rires aigus d'enfants, car la voiture était pleine.

« Ah! madame, dis-je en m'approchant de la portière tandis que mon mouton geignait et déchirait mon habit; madame, je suis assez puni, ne le dites pas! »

Je ne sais pas si la promesse fut tenue. On voulut bien ne faire que des allusions discrètes à ma fatigue exceptionnelle. Mais ma mère ayant dit : « Qu'as-tu fait, mon enfant, pour avoir aussi chaud? Je ne t'ai jamais vu dans un pareil état! » aussitôt Diane chasseresse, avec son sourire innocent, bien habillée, tous ses cheveux sur le dos, rose entre ses deux petites amies bleues, répondit :

« Ne le grondez pas, le pauvre garçon! Il s'est donné tant de mal pour retrouver le mouton du fermier! Des moutons qui s'échappent, maman, et qui sont vraiment vagabonds. Vous devriez leur acheter des sonnettes, comme dans les montagnes, pour savoir où ils vont! »

Et je compris, ce jour-là, que Diane chasseresse était bien une petite déesse, car elle avait plus d'esprit que nous.

LA GRANDE HONORINE

Dans la coudraie, près de la maison, à l'heure où nous rentrions pour nous coucher, les derniers rayons du jour rasant le sol qu'ils doraient, j'avais trouvé, sur la terre nue d'une allée, les restes d'un oiseau mangé par l'épervier. Ce devait être un chardonneret, car il y avait un peu de jaune attaché au fouet de l'aile. La tête avait disparu, et presque tout le corps, et les pattes mêmes. Quelques plumes du ventre, toutes grises, quelques plumes du dos, d'un vert qui devenait de l'or dès qu'on les inclinait, une goutte de sang figé, des feuilles écartées par le vent du combat, — une lutte bien courte sans doute, — indiquaient l'endroit où le drame s'était passé. Je pris les deux ailerons, où pendait encore un duvet de jeunesse, et je revins triste, à cause de cette mort d'un oiseau chanteur et de cette cruauté de la bête de proie. Moi, je ne les tuais pas tous, les oiseaux. Outre que ma fronde et ma sarbacane ne portaient pas souvent juste, mon père nous avait accoutumés à respecter les jolies espèces : les rossignols, les fauvettes, les chardonnerets, pour leur chant; les hirondelles, pour la beauté de leur vol; les rouges-gorges, pour la familiarité même de leurs mœurs et pour la joie qu'il y a de les rencontrer, pendant la neige, sur les buis des jardins ou sur les solives des granges.

« Misérable épervier! disais-je en pressant le pas. Je le connais. C'est un grand qui vole sans remuer les ailes, et qui tourne des quarts d'heure au-dessus du poulailler. Je le dénoncerai. Je sais où est son nid, en haut d'un peuplier, dans une touffe de gui. On entend les petits crier, quand il arrive portant un cadavre d'oiseau saignant, comme une nacelle au-dessous de lui. Mon père les tuera! »

Comme nous étions à la fin d'avril et qu'il faisait froid, le feu était allumé dans la grande salle, près de la table desservie. La maison n'avait pas encore été réparée, — je l'aime encore mieux dans ce passé lointain, — et il n'y avait pas de salon. En revanche, la salle à manger, où l'on recevait à l'occasion, avait un bon air patriarcal, avec sa cheminée monumentale où la suie faisait des stalactites noires, et, sur son vieux papier à fleurs de rêve, fleurs de magnolias bleues et marguerites rouges ayant les mêmes feuilles brunes, des images clouées à toutes les hauteurs, des illustrations découpées dans des livres ou des magazines d'autrefois, signées de noms célèbres ou de noms inconnus, qui nous faisaient faire des voyages sans fin, lorsque la pluie tombait. Mon père était dans son fauteuil de cretonne incarnat, ma mère faisait de la tapisserie, mes sœurs et mon frère m'attendaient pour « dire bonsoir ».

J'entrai, pâle de colère, montrant les deux ailes coupées.

« Voilà! m'écriai-je. Encore un qu'il a dévoré. C'est un monstre qu'il faudra tuer au fusil, sans quoi nous n'entendrons plus rien chanter autour d'ici!

— En effet, dit mon père gravement; on s'est déjà plaint de ce couple d'éperviers. »

Et comme les sœurs, moins indignées que moi, avaient surtout pitié de ce pauvre paquet de plumes mouillées et froissées que je tenais à bout de bras, je me sentis m'attendrir, et je dis, d'un air qui devait être drôle, car je vis deux sourires à la fois qui me répondaient aux deux coins du feu :

« Il n'a pas même laissé de quoi faire des ailes de chapeau ! Et le chardonneret était tout jeune, voyez : il a du duvet. Il sera sorti trop tôt de son nid.

— Les chardonnerets n'ont pas d'ange gardien, » fit ma mère.

Mon père ajouta :

« Les oiseaux ne sont pas comme les enfants. J'ai entendu raconter, par une femme de ce pays-ci, comment les enfants non seulement échappent eux-mêmes à bien des dangers, mais protègent encore les parents qui les ont près d'eux. »

En ce moment, bonne Perrette, la vieille qui nous élevait, poussa la porte et dit :

« Les enfants ! tous au lit !

— Oh ! non ! non ! pas avant l'histoire ! »

Il y eut un moment de silence, pendant lequel nous ne sûmes pas lequel l'emporterait, de l'indulgence de nos parents ou de la volonté de Perrette. Enfin, sur un geste, le profil anguleux de la vieille bonne se retira, et nous entendîmes, avec un pas qui s'éloignait, cette réflexion partie de la chambre à côté :

« Ils font tous ce qu'ils veulent. Et après ça, madame les trouvera fatigués. Neuf heures du soir. C'est-y une heure pour des histoires ! »

Elle était excellente, bonne Perrette, mais bien rude sur la discipline.

« En ce temps-là, commença mon père, j'étais jeune encore. Il y avait plus de bois qu'à présent, plus d'étangs, des routes moins nombreuses, et si étroites, si mal entretenues, que les meilleurs voyages se faisaient à cheval. Pour se rendre de la ville à leur domaine, mon père et ma mère montaient à califourchon sur la même jument blanche, et trottant quelquefois, marchant le plus souvent au pas, relevant le bout des pieds pour traverser les gués, cheminaient entre les haies de ronces qui accrochaient parfois le fichu jaune paille que ma mère se mettait au cou. C'était plus joli qu'à présent, les campagnes, et moins facile d'accès. Surtout quand on remontait vers les pays hauts qui bordent la Bretagne, on trouvait de si mauvais passages, tant de boue et tant de fondrières, que le cheval était le seul moyen de locomotion, à moins qu'on ne préférât la charrette étroite et non suspendue des paysans. Les voitures seraient restées en détresse.

Il se faisait cependant par là un commerce assez actif, et soit de jour, soit de nuit, des marchands nous venaient de plusieurs points des côtes bretonnes ou normandes. Nous les reconnaissions à leur cri, quand j'avais votre âge et des vacances comme vous. Les uns vendaient des sardines conservées dans le sel; d'autres, des œufs, des volailles, du beurre. Et justement nous avions une marchande de beurre à laquelle ma mère achetait sa provision pour l'hiver. Elle portait la coiffe normande, et elle la portait bien. C'était une femme grande et rose, jolie et de mine ouverte. J'ai rarement vu une paysanne plus décidée. Les rouliers ni les aubergistes ne la taquinaient, bien qu'elle voyageât seule, et il se trouvait toujours, dans les métairies, un couvert mis pour elle, un bon coin dans l'étable et une botte de foin pour son cheval. Elle devait ces prévenances à sa loyauté de marchande, à ses façons viriles, et

« Je saisis dans mes bras mon petit, je l'élevai au-dessus de la croupe de mon cheval, et je criai :
« Sauve-moi, mon enfant, sauve-moi! »

un peu à son malheur. Car elle était restée veuve de très bonne heure, et elle travaillait pour élever son fils.

Je lui dit un jour :

« Vous voyagez de jour et de nuit, la grande Honorine: n'avez-vous jamais peur ?

— Jamais, monsieur.

— De votre village jusqu'ici la route est longue pourtant. Il y a de mauvais chemins sombres, des nuits sans lune, et on ne sait pas les rencontres qu'on peut faire. »

La grande Honorine étendit le bras, comme pour prêter serment, un bras qui eût fait plier celui d'un homme :

« Je ne dis pas, répondit-elle, qu'il ne m'arrive jamais de rencontrer des choses, d'en voir d'autres, d'en entendre surtout. Mais rien ne me dit rien à moi. Je suis protégée. »

Alors j'observai, sur sa figure pleine, un sourire un peu triste, et elle ajouta :

« Monsieur, quand mon défunt mari mourut, je nourrissais Pierre, mon enfant, mon unique, et il n'avait que moi, de même que je n'avais que lui. Ma famille est d'ailleurs. Il me fallut donc bien l'emmener, lorsque je me décidai, pour vivre, à me faire marchande de beurre. Je réservais un coin pour lui dans le fond de ma charrette, sous la bâche. Il était bien à l'abri, je vous assure ; la pluie ne tombait jamais à travers la toile, et quand le vent soufflait, moi, assise sur le devant, je prenais tout le froid. Il avait l'habitude, et ne s'éveillait pas. Aux côtes, dans les belles lunes, je le regardais dormir, et l'idée me venait que l'innocent me protégeait, et que plus d'une fois il me serait arrivé malheur si je ne l'avais pas eu avec moi. J'en pourrais dire plus d'une preuve. Vous savez ce qu'on raconte de la nuit. Je ne crois pas à toutes les histoires, mais j'ai entendu de vilains bruits dans les cépées de chênes, au bord des routes; j'ai vu des ombres, comme des bêtes malfaisantes, qui s'allongeaient devant et derrière ma charrette, dans la lumière faible de la lanterne, et des voyageurs qui ne voyageaient point pour des raisons connues du monde, et des lumières qui tremblaient autant que moi de se trouver surprises. Alors j'allongeais un coup de fouet à mon cheval, je pensais à mon petit qui dormait, sans se douter de rien, et, à cause de lui, je passais sans avoir mal. Un jour, monsieur, dans un pays très plein de forêts, qui est entre Mortain et Fougères, je fus prévenu que deux mauvais drôles, comme il n'en a jamais manqué nulle part, avaient causé de moi dans une auberge, et qu'ils m'attendaient pour me voler à deux lieues du bourg. « N'y allez pas, la grande Honorine, me disait « le patron, n'y allez pas, ils vous tueront ! — J'ai ma défense avec « moi, que je répondis, et je passerai bien. » Il ne savait pas de quoi je voulais parler. Moi, je le savais. La nuit était tout à fait sombre, et, à cause de la brume, ma lanterne éclairait mal. En vérité, je n'aurais pas pu dire où j'étais, et je me serais perdue, si mon cheval n'avait pas connu la route. Et c'étaient des forêts toujours, et un silence comme il y en a, monsieur, dans les fins de saison, quand les feuilles tombent. Je regardais plus souvent mon petit que de coutume, et, pour le voir, il fallait me pencher. A un endroit où le chemin creux était si étroit, que les deux roues touchaient presque les talus, des deux côtés à la fois j'entendis les branches qui s'écartaient, des pierres qui roulaient, et mon cheval sauta de peur. Je me détournai, je saisis dans mes bras mon petit, je l'élevai au-dessus de la croupe de mon cheval, et je criai : « Sauve-moi, mon enfant, sauve-moi ! » Pendant plus d'une lieue, je ne ralentis pas le train de la pauvre bête, qui avait pris le galop.

Puis je la remis au pas, tranquillement, comme à l'ordinaire... Le lendemain, monsieur, des gens de là-bas me dirent qu'on avait rencontré, à l'endroit indiqué, deux hommes, un de chaque côté du chemin, et qu'ils dormaient si dur, la face contre terre, qu'il avait fallu les appeler longtemps avant de leur demander ce qu'ils faisaient là. »

Mon père s'arrêta un moment, et reprit, pour finir :

« J'ai revu bien des fois la grande Honorine. Son petit Pierre avait grandi; mais il couchait toujours dans la charrette quand la mère voyageait. Il avait une dizaine d'années quand ils ont passé dans le pays pour la dernière fois... »

Nous quittâmes la salle à manger, mes sœurs, mon frère et moi, en songeant à la grande Honorine. La présence de Perrette nous empêchait d'avoir peur. Quand nous fûmes au lit, la plus petite de nous, qui ne pouvait dormir, se mit à raconter l'histoire à la vieille bonne. Elle raconta tout, et, quand elle eut achevé :

« J'ai bien compris, tu vois, bonne Perrette. Et c'est très vrai, l'histoire. Il ne t'arrive rien chez nous. Eh bien! c'est moi qui te protège! Tu ne le savais pas? »

Bonne Perrette comprit-elle? Elle ne le dit point, mais elle avait une larme dans les yeux quand elle embrassa la petite.

LE CHATEAU DE SOMBREHOUX

I

Le vent est tiède, le vent chante, il ne gémit plus tout le jour, il passe par bouffées, s'arrêtant à baiser les fleurs.

Ce n'est plus le temps des primevères, des premières pousses blanches des saules; c'est le printemps de mai, la saison royale.

Voyez les ruisseaux et les mares : les poules d'eau s'en vont nageant, avec leurs petits à la suite; elles tracent des routes bleues dans la canetille verte; les renoncules blanches font couronne.

Il y a de la lumière jusqu'au fond des courants; il y en a sur les feuilles des pins, et sur l'aile des martinets qui tournent; on dirait que les choses regardent.

Heureuses les bêtes qui traversent l'air; heureuses celles qui courent, car la terre est toute feuillue, pas une faucille n'a fauché encore.

Et ils sont là, pressés, mouvants, avec leurs nids et leurs

chemins, les grands blés verts, les avoines, les prés en fleur donnant l'aumône, ouvrant leurs grappes fines où le parfum s'est amassé, poudrant d'or les pattes des mouches et l'éventail des papillons.

Que c'est bon d'être jeunes et de galoper dans la campagne libre, quand les vieux eux-mêmes sont réjouis, et qu'il n'y a point de si étroite fenêtre par où n'entre une feuille de rose!

Il en roule jusque sous les lits; le vent emporte des trésors; oh! les petits, courons dehors, et ne rentrons qu'avec la nuit, le printemps passe!

Cette chanson-là, ou quelque chose d'approchant, m'emplissait toute l'âme lorsque mai revenait. Pour l'entendre mieux, pour la renouveler aux sources vives, je sortais dès le matin, je rentrais le moins possible. Elle avait des couplets sans fin. Souvent j'emmenais ma sœur. Et, comme il eût été singulier de dire : « Nous allons voir mai triomphant; » comme ce sont là des raisons que les enfants ne définissent pas, nous disions : « Le temps est beau pour la pipée dans le grand bois! Qu'on ne sonne pas trop fort la cloche : elle nous a empêché de prendre, la dernière fois. »

Nous voici donc dans le grand bois, cent noisetiers, cent baliveaux de frênes, autant de petits chênes mêlant leurs branches. C'était comme un bois à deux étages, ayant des tiges de haute futaie et, par-dessous, de grosses touffes vertes, où les noisettes venaient mal, mais où les oiseaux abondaient. La cabane était au milieu, faite avec des fagots d'épines. On y trouvait un banc de mousse où, pour dire vrai, la mousse, apportée par poignées, ressemblait à de vieux foin, un sac de toile plein de gomme récoltée sur les abricotiers et sur les cerisiers, et une fenêtre au fond pour surveiller les tendues.

Il fallut bien une heure pour délayer la gomme, fabriquer les gluaux, les poser sur les basses branches des frênes et des chênes voisins. Puis la chasse commença, la pipée résolue. Nous étions dans l'abri, la petite à côté de moi, soufflant à tour de rôle entre les deux lames résistantes d'une feuille de lierre pliée.

« Ne nous lassons pas de souffler, disais-je avec autorité : il vient toujours quelque chose à la pipée. Le jardinier me l'a assuré, et j'ai vu chez lui des sansonnets qu'il avait pris de la sorte. »

Un bruit qui n'avait point d'analogue, et qui tenait le milieu entre le sifflement d'une couleuvre et le miaulement d'un chat, sortait alternativement de chacune de nos feuilles de lierre. Dès le début, il y avait eu quelques mouvements d'ailes dans les cépées, des oiseaux qui s'envolaient, et j'avais expliqué :

« Ce sont les espèces qui ne répondent pas. Les autres vont venir. »

Rien ne venait. Nous étions rouges, elle encore plus que moi, de l'effort prolongé. Celui de nous deux qui s'arrêtait passait la tête par la lucarne, et regardait. Que c'était doux : un déluge de lumière sur le vert tendre des bois ; de larges gouttes dorées qui ruisselaient sur les troncs lisses, tournaient autour des brindilles, descendaient en cascades à travers les étages des frondaisons nouvelles, et rencontraient sur la terre les milliers d'étoiles blanches des stellaires ouvertes ! Au loin, nous entendions un merle, un loriot, des mésanges.

« Essayons de plier la feuille de lierre en quatre, fis-je au bout d'une demi-heure. Je crois que c'est plus sûr. »

Le bruit devint plus strident. Un gros geai en fut inquiet. Il s'approcha, sautant de perchoir en perchoir, jusqu'à une distance raisonnable des gluaux, considéra ces petits bâtons si drôlement mis en croix sur les brins de coudrier, frotta son bec deux ou trois fois, d'un air défiant, sur ses pattes noires, et se sauva.

« J'ai envie de dormir, dit la petite.

— Moi, je veillerai. N'aie peur de rien.

— Et peut-être qu'il viendra des oiseaux ?

— Bien sûr, ma chère. Mais il fait trop chaud. C'est pour le soir. »

Elle s'endormit, la tête appuyée sur des fagots, ses cheveux blonds mêlés aux épines. Je retenais mon souffle, pour ne pas l'éveiller. Le loriot, de loin en loin, jetait sa phrase sonore à la lisière du bois. J'allais céder peut-être à la même tentation de sommeil ; le ronflement des mouches, la chaleur lourde du soleil pénétrant les branchages de la cabane, indiquaient cette heure de la sieste que les paysans appellent « la mérienne ». Mais un bruit singulier se produisit à gauche de la cabane, un bruit de feuilles froissées lentement, comme si quelqu'un s'approchait avec précaution. Et je vis une grande barbe blonde, puis une tête d'homme découverte, puis un col de chemise de flanelle à rayures roses, qui s'encadrèrent dans l'angle de la porte, en haut. L'homme regardait curieusement, en plissant les yeux.

J'avais trop lu de ces récits dont j'ai parlé, pour ne pas songer aussitôt à ces surprises d'Indiens dans les savanes, quand le voyageur blanc, dans sa confiance téméraire, a négligé de faire des rondes fréquentes autour de son campement. Je pâlis. J'étais sans armes, et je répondais de ma sœur. Au moment où je me levais, les épaules de l'inconnu bouchèrent l'ouverture de la porte, et il entra, courbé en deux.

« Ah ! mon Dieu ! » cria la petite en s'éveillant.

Et elle cacha sa figure dans ses mains.

J'essayai de la rassurer, comprenant que la diplomatie pouvait seule nous tirer d'affaire.

« C'est une visite, lui dis-je.

— En effet, une visite de voisin, mon jeune ami, dit la barbe blonde. Je m'étais écarté des limites ordinaires de mes promenades, je vous ai entendu, et j'ai voulu voir. Vous pipez? »

Nous le considérions tous deux avec un sentiment d'effroi qui diminuait à chaque coup d'œil. L'homme avait l'air très comme il faut, des vêtements de chasse vert bouteille, des guêtres, une chaîne de montre, un fouet à manche court; il souriait; sa barbe, que j'avais crue blonde, était très mêlée de poils blancs et soignée, lisse comme une chute de moulin. Mais le soupçon qu'il pouvait appartenir à quelque corps ignoré de gardes forestiers me tenait à présent. Pourquoi venir troubler des enfants qui pipent?

« Oh! monsieur, c'est pour nous amuser. Nous ne prenons rien. Si j'avais un oiseau, je vous le donnerais. »

C'était déjà la tentative de corruption de fonctionnaire.

Il se mit à rire tout à fait.

« Vous ne savez pas! dit-il. Je vais vous apprendre à piper! Tenez, sortez de la cabane, qui est décidément trop petite pour mon grand corps. Nous nous cacherons derrière un noisetier. Surtout n'ayez plus peur de moi!

— Oh! non, monsieur! »

Comment une pareille idée pouvait-elle lui traverser l'esprit! Avoir peur d'un homme qui se propose de nous apprendre à piper, qui n'est pas garde champêtre, pas garde forestier, et qui rit, et qui a une chaîne d'or! La petite elle-même était redevenue rose.

Quand il se fut redressé, je vis qu'il était très grand et de belle mine. Sa manche, en remontant, laissa paraître un bouton d'argent orné d'une couronne comtale. Il nous emmena derrière une cépée, nous fit nous agenouiller, s'agenouilla lui-même et se courba par surcroît; puis, soufflant sur une feuille de lierre, il en tira un tout autre son que nous n'avions fait. Dès les premiers appels, le loriot s'effaroucha et partit à l'aventure, le geai se rapprocha, un merle répondit en égrenant toute une vocalise, des rouges-gorges sifflèrent en vingt endroits, d'un ton interrogateur, pour se demander : « Qu'est ceci? » et une couple de grives de haies, fanfaronnes, se mirent à jacasser comme pour dire : « Faut-y aller! faut-y aller! » Elles ne vinrent cependant qu'avec prudence, par petits bonds, n'avançant que d'un chêne à chaque fois, perchées sur la plus haute branche, et les pattes frémissantes. Le plus confiant fut un oiseau que nous n'avions jamais rencontré, de plumage triste, et qui semblait fasciné par le chant lamentable du lierre. Il descendit, inquiet, les ailes pendantes, de branche en branche, tout l'escalier d'un baliveau de hêtre, sauta sur le noisetier fatal, monta sur un gluau, et aussitôt voulut s'envoler. Mais les pattes étaient prises, les ailes le furent bientôt, et nous nous élançâmes en criant : « Vivat! » pendant que la petite bête tournoyait, entraînée par le poids léger du bâton, et tombait sur la mousse.

Je la coiffai de mon chapeau, et, triomphant, je la rapportai à l'inconnu, qui n'avait pas bougé.

Quel curieux homme, cet ami qui savait piper! Il caressait sa grande barbe, et nous regardait alternativement de ses yeux bleus. Même en jouant de son appeau, il nous regardait, et il souriait comme s'il eût été content de chasser au gluau. Il prit l'oiseau, le détacha du brin d'osier tout couvert de plumes grises, et le remit vivant dans la main de la petite.

Il prit l'oiseau, et le remit vivant dans la main de la petite.

« Mademoiselle, vous avez la main heureuse comme une fée. Voyez, c'est un oiseau rare et délicieux, un ortolan. Cela chante en cage. Rôti, avec une feuille de vigne pour enveloppe, c'est un mets de roi. Oui, vraiment, vous êtes une fée. Quel âge avez-vous, mademoiselle la fée?

— Huit ans, monsieur.

— Vous vous trompez : on leur croit un âge, et elles n'en ont pas. Elles sont très aimables, quand elles veulent bien, comme vous, se montrer aux vieilles gens. Je n'en connais qu'une qui ait vieilli. Mais vous ne ferez pas de même, n'est-ce pas? Quelle bonne idée j'ai eue de m'égarer! Dites-moi, mes enfants, vous promenez-vous souvent? Allez-vous loin? Connaissez-vous le domaine de Sombrehoux, là où les chênes ne sont jamais abattus?

— Oui, monsieur, dis-je en désignant l'horizon : c'est dans le bleu.

— J'habite là, dit l'inconnu, et si vous, mon jeune ami, et vous, mademoiselle la fée, voulez bien venir y piper des oiseaux, je vous promets la plus belle chasse que vous puissiez rêver. »

Il nous interrogea longtemps encore, sans souci de ce que nous répondions, se plaisant à nous faire causer et rire, surtout à faire rire la petite, dont la voix claire s'en allait, pour un rien qui l'amusait, en fusées claires parmi la coudraie. Le soleil baissait un peu quand il nous quitta. Nous vîmes son costume vert, qui semblait doré dans la lumière, disparaître et reparaître dans les lointains du bois. Il se retourna une fois, deux fois, trois fois, pour nous saluer de la main. La dernière chose que nous aperçûmes de lui, ce fut son sourire, qui était bon et un peu triste, et sa main qui disait adieu.

Quand il fut tout à fait loin, hors de nos yeux, hors de nos voix, la petite se mit à rire en branlant la tête.

« Est-ce drôle! fit-elle, il n'avait rien à nous dire, le monsieur!
— C'est vrai!
— Il était vieux, sais-tu!
— Oh! oui, avec du blanc dans la barbe.
— Pourquoi est-il venu? »

Je demeurai embarrassé, ne trouvant rien.

« Eh bien! reprit-elle, il est venu pour moi, et j'irai volontiers, si père le permet, lui rendre visite à Sombrehoux. »

II

Elle ne s'était pas trompée.

Nous fûmes conduits au château de Sombrehoux, non pas cette année-là, mais tout au commencement de l'autre, en janvier, six mois après la visite que nous avions reçue dans notre cabane de pipée. Il avait neigé, et la neige était restée sur la terre. Les nuages étaient remontés, eux, et on les voyait très haut dans le ciel, immobiles, tendus d'un bord à l'autre de l'horizon, sans une coupure.

« Ils nous ont laissé tout leur blanc, disait la petite, et maintenant les voilà tout gris. »

La campagne était blanche, en effet, à perte de vue; le dessus des barrières, les arêtes des talus, les pignons des toits avaient un bourrelet qu'on eût dit composé de duvet de cygne; les

M. de Sombrehoux était vêtu d'une peau de loup gris et botté pour la chasse.

dernières feuilles résistantes, celles des ronces et des chênes rouvres, portaient une petite pelletée de neige, que parfois, frissonnantes, elles laissaient tomber en poussière sous les roues de la voiture. Alors elles se redressaient, se secouaient un peu. Et, dans l'étendue claire, c'était le seul mouvement, avec celui du cheval qui trottait. Ces temps-là, vous le savez, sont des heures de sommeil et de rêve.

Nous allions sans bruit. La route avait l'air toute neuve et faite pour nous, n'ayant pas une trace de pas ou de charrette. Dans les bourgs, on apercevait des têtes de gamins derrière les vitres, et plus de fumée bleue que d'habitude au-dessus des cheminées basses. Autour des seuils seulement, les moineaux, qui sont de fins brodeurs, avaient, avec leurs pattes, dessiné des centaines d'étoiles. Ils mendiaient à leur façon. Nous jetions du pain, de temps à autre. Le cabriolet passait, et la campagne s'ouvrait de nouveau, plus douce à l'œil que le ciel, et dormante comme lui.

En approchant du château, qui se trouvait à environ trois lieues de la maison par la route, des futaies commencèrent à se dresser de tous côtés, sombres à la base, coiffées en haut d'aigrettes blanches qui luisaient. Les arbres n'étaient point clairsemés, mais serrés en masses profondes, où l'on devinait que la hache n'entrait pas souvent. Couverts de feuilles, aux mois d'été, comme ils devaient chanter! Nous venions, paraît-il, pour traiter de la vente de quelques chênes, que M. de Sombrehoux se proposait d'acheter à mon père.

« C'est curieux, dis-je, qu'on achète des arbres quand on en possède tant!

— M. de Sombrehoux n'abat jamais les siens, répondit mon père. C'est un original, et un homme d'une rare bienfaisance. Son parc est la providence des chercheurs de bois mort. Regarde! »

Nous entrions dans une avenue fermée d'une simple barrière à claire-voie, dont la peinture défraîchie semblait jaune sur la nappe immaculée qui couvrait le sol. Mais quel beau luxe d'arbres! Des chênes d'au moins cent ans, noueux, étendaient au-dessus de l'allée leurs branches pareilles à des arbres elles-mêmes, et librement dirigées par cette force qui les dompte et les plie : un rayon de soleil. Quelques-unes étaient si basses, que la capote de la voiture les effleurait au passage; d'autres s'avançaient pour les couvrir;

à toutes les hauteurs la sève cherchait le jour et lançait des rameaux. Cette voûte ajourée, comme en eussent formé des centaines de vergues de navires croisées au-dessus de nous, faisait une ombre légère sur l'avenue, dont l'herbe soulevait la neige en touffes mousseuses. Des branches mortes pendaient çà et là, presque détachées du tronc, retenues par un bout d'écorce. Je me rappelais les palais enchantés des contes des fées. Pas un oiseau ne s'envolait sur notre passage. Des corneilles grises nous regardaient, tendant le bec, du haut des chênes. Nous nous taisions. Cependant, si léger que fût le glissement des roues dans la neige, un concert d'aboiements éclata tout à coup. Le chenil de M. de Sombrehoux signalait furieusement notre arrivée. Presque aussitôt, dans une clairière étroite et ronde, toute pressée par les bois, nous aperçûmes le château : des murs bas, un toit très long, une simple maison ancienne, remarquable par sa seule étendue et par la profusion des vignes vierges qui cachaient ses lézardes.

M. de Sombrehoux sortit, au bruit que fit le cheval en s'ébrouant. Il était vêtu d'une peau de loup gris, et botté pour la chasse ou la promenade. D'un coup de cloche il prévint un domestique, un jeune gars de quinze ans, à peine échappé d'une ferme voisine, et, lui laissant la garde de notre équipage, il ouvrit la porte ogivale, en noyer massif, qui rompait l'alignement des dix fenêtres. A mon père il serra la main, à moi il fit un sourire; mais quand il vit la petite, qu'il n'avait pas encore aperçue, et qu'on aurait pu prendre pour une grosse boule de neige, tant elle était enveloppée et cachée dans les châles maternels, il se baissa, mit sa grande barbe blonde à la hauteur du visage rose de l'enfant, et ne parut plus se souvenir de nous. Ses traits se détendirent, l'expression de tristesse habituelle de sa physionomie disparut presque. Doucement il s'empara de la main rose glissée sous les plis de la laine.

« Mademoiselle, dit-il, vous êtes bien aimable de ne m'avoir pas oublié et de me rendre ma visite. Vous ne pouvez savoir le bien que cela me fait de recevoir un enfant;... vous me rappelez des jours que je ne reverrai plus, et si heureux, si calmes,... les seuls...

— Qui sait? fit mon père. Dans quelques années... »

Nous ne comprenions pas, ni elle ni moi. Il continua de la tenir par la main, la prit sur ses genoux pour qu'elle se chauffât mieux, devant le feu où brûlaient cinq branches de cerisier sauvage, lui expliqua le sujet des tapisseries de Flandre qui revêtaient les murs du salon : combat de coqs, lutte de centaures, délivrance d'Andromède et chasse de fauconniers; remonta pour elle la sonnerie d'une horloge antique qui chantait : « Vive Henri IV! » et ne la quitta pas pendant la promenade que nous fîmes autour du château, au chenil, aux écuries, le long d'une allée du parc où la neige avait été balayée. Les mots de l'enfant l'amusaient; il avait l'air d'écouter une musique lointaine, quand elle parlait, et de sourire à quelque chose de passé.

Autour du château, on ne voyait personne. Des toits de fermes, bas et couverts de neige, pareils à deux feuillets d'un livre ouvert, luisaient dans les profondeurs des allées d'arbres, à l'endroit où les bois finissaient.

« Quel beau domaine! dit mon père. Douze fermes d'un tenant, des fermiers qui disent des neuvaines pour obtenir de vivre sur vos terres, qui ne vous volent pas et ne vous jalousent pas : on serait heureux à moins, et vous avez de plus une fille charmante...

— Hélas ! monsieur, dit M. de Sombrehoux, déjà grande,... trop grande. Moi, j'envie à leurs pères les toutes petites que je rencontre... »

Une main repoussa les plis d'une portière.

Il leva la tête vers une fenêtre de l'étage, semblable à toutes les autres, voilée d'un rideau de mousseline, regarda ensuite ma sœur, et soupira.

Quand nous fûmes rentrés dans le salon, un grand samovar de cuivre jaune fumait sur une table. Mais il n'y avait personne. Les deux centaures de la tapisserie brandissaient seuls leur massue immobile, les coqs rouges se défiaient, le faucon planait au-dessus de la colombe, et Andromède pleurait toujours. M. de Sombrehoux enlevait sa fourrure de loup gris. Une main repoussa les plis d'une portière, au fond de l'appartement, et elle était si blanche dans l'ombre, que je crus voir un éclair. Une jeune fille entra. Je ne sais plus quelle robe elle portait, ni quelle était la mode de cette année-là, et je crois que je ne l'ai jamais su. Elle avait, ce qui ne s'achète point, une grâce souveraine, une tête un peu fière avec des yeux très simples, très doux, et des cheveux blonds si pâles, qu'ils ressemblaient, aux points où la lumière les frappait, à la fourrure du loup gris. Une parenté l'unissait certainement aux belles dames des légendes, aux vierges qui tiennent des fleurs dans les tableaux mystiques, à celles encore qui ont des pages derrière elles pour porter leur long voile. « C'est la princesse ! » pensai-je. Et, toute princesse qu'elle était, elle offrit le thé, le sucre, une assiette de petits gâteaux, le plus aimablement du monde, mais parlant à peine. Puis, quand elle eut fini de nous servir, elle présenta une tasse à son père. Il refusa. Tous deux se regardèrent. Le petit sourire qu'elle avait eu pour nous tomba. M. de Sombrehoux prit un air si malheureux, que je crus qu'il allait pleurer. Il ne lui parla pas ; mais il fut, de ce moment, uniquement occupé d'elle. On eût dit qu'elle lui avait volé l'âme en le regardant. Nous le quittâmes sans qu'il songeât même à embrasser la petite, qui attendait et s'étonnait de ce brusque changement.

Notre visite à Sombrehoux nous laissa dans l'esprit trois souvenirs, trois images qui ne s'effacèrent plus. Le seul nom de Sombrehoux les évoquait ensemble, et nous donnait l'impression d'une grande neige blanche sur la forêt, d'une jeune fille blonde et d'une pelisse de loup gris. Or il revint fréquemment dans les conversations du pays tout entier, pendant l'année qui suivit, et j'appris ce que je vais dire.

M{^{lle}} Catherine de la Brèche de Sombrehoux sortait du couvent. Son père l'y avait mise pour deux ans seulement, afin qu'elle complétât l'instruction qu'elle avait déjà reçue d'institutrices de divers pays, et qu'elle pût développer, à l'abri des louanges, les dons heureux qu'elle possédait : l'esprit, la promptitude de l'imagination, une volonté constante d'être aimable et de répandre autour d'elle la joie qu'elle se sentait dans l'âme. D'où venait cette joie, chez une enfant élevée seule, à la campagne, parmi les bois ? Les sources coulent où Dieu veut. Celle-là coulait à pleins bords. C'est tout ce qu'on peut dire.

Or il est rare qu'un si grand charme, quelque effort qu'on fasse pour le cacher, et le mît-on dans un couvent, reste longtemps inaperçu. Catherine de Sombrehoux était à peine rentrée au château paternel, qu'elle fut demandée en mariage par un sous-lieutenant qui était en garnison bien loin, tout près de Paris.

Le père en éprouva une violente douleur. « Attends seulement quelques années, dit-il, toi qui es toute ma vie. Je te donnerai un cheval, un fusil, des chiens, des livres, et je renoncerai à mes chasses pour suivre les tiennes. Pense à toute la jeunesse que tu as devant toi, et donne-m'en un peu avant que d'autres ne s'en emparent. Vivons tous deux, tout seuls. Nous serons heureux ! »

Elle eut le cheval, le fusil, les chiens ; mais elle commença à pleurer tous les jours. Elle ne pleurait pas devant son père, même elle avait encore ce petit sourire que nous avions vu ; mais la joie pleine, débordante, qui met une lumière dans les yeux, s'était envolée tout à coup. Vingt fois le jour, son père cherchait le regard d'autrefois, et ne le trouvait plus. Elle avait beau s'appliquer : il y manquait toujours quelque chose.

Vers le milieu de l'été, M. de Sombrehoux lui dit :

« Je vois que tu es triste, Catherine. Sache donc la première des trois raisons qui ne me permettent pas de consentir à ton mariage. Je ne puis pas vivre loin de Sombrehoux, et je ne puis pas vivre sans toi. Que deviendrai-je, quand tu seras partie ? Et, après moi, que deviendra ma terre, sans un maître qui l'habite et qui l'aime ?

— Nous l'habiterons, répondit Catherine. Je m'y engage. »

Il soupira, et laissa passer les mois.

Un soir d'automne, un de ces soirs très doux qui portent au rêve l'âme des chasseurs, il rentra, l'air songeur, et dit, en débouclant ses guêtres, auxquelles étaient collées des feuilles de chêne :

« Catherine, les jeunes gens d'aujourd'hui n'aiment pas les arbres. Ils les abattent pour s'en faire des revenus. Tant que je vivrai, pas un de mes chênes ne tombera. Et, sans le produit qu'ils me donneraient, je suis pauvre, ma petite.

— Il est riche pour deux, dit Catherine, et nous respecterons vos arbres. »

M. de Sombrehoux soupira encore, et ajouta seulement :

« Est-il possible de vivre ailleurs ? Mes futaies embaumaient ce soir comme les prés au printemps. »

Et l'automne passa.

Une nuit d'hiver, à la veillée, Mlle de Sombrehoux était assise à côté de son père. Celui-ci, qui remuait les débris d'un feu de brande, commença par soupirer, comme s'il pressentait, cette fois, la dernière défaite.

« Ma Catherine, fit-il, j'ai une chose encore à te dire. J'ai traité si humainement mes fermiers, qu'ils me payent mal, et que plusieurs ne me payent pas. Je loue mes terres à peine la moitié du prix que l'on demande pour les terres voisines. Je ne le regrette point, car on m'aime. Rien ne vaut cela. Mais, en vérité, je n'ai pas de quoi faire face aux dépenses d'un trousseau et d'un mariage. Il faudrait emprunter ou vendre, ce qui n'est pas dans mon usage. »

Catherine de Sombrehoux ne répondit rien. Mais elle sourit, de son vrai sourire d'autrefois.

Dès le lendemain elle monta à cheval, se rendit à la ferme de la Saulaie, qui était la plus considérable, et vit, sur la croupe d'un guéret, le fermier qui labourait avec ses huit grands bœufs.

« Jean-Guillaume, lui dit-elle, de père en fils vous avez été nos amis. Mon père a si bien agi avec vous et les autres du domaine, qu'aujourd'hui il ne veut pas que je me marie : il n'a pas de quoi faire face aux dépenses des noces sans emprunter ou vendre. Jean-Guillaume, si les termes arriérés sont payés à mon père, foi de Sombrehoux, je ne quitterai jamais le château, et je ne vous augmenterai pas. »

Les huit bœufs soufflaient sur le guéret ouvert. Le bonhomme leva son chapeau et répondit, considérant son harnais :

« Ainsi soit-il ! »

M. de Sombrehoux fut bien étonné, la semaine suivante, de voir arriver au château le métayer de la Saulaie, qui lui dit :

« Notre maître, j'étais en retard. J'ai vendu une paire de bœufs, mes deux plus beaux, et voilà le prix. »

Puis ce fut le tour du métayer de Chanteloup, qui dit :

« Dans le fond d'un tiroir, j'ai retrouvé quelques écus. C'était pour marier ma fille. Mais je vous les dois : mariez la vôtre. »

Ceux de la Hautière, de la Vallée, de la Landefou et du Bois-Grolier vinrent de même, avec de vieux sacs ou des porte-monnaie remplis d'argent, se libérer d'une part de leurs dettes. Le closier même de la Rive-au-Loup, qu'on savait insolvable et malheureux, apparut aux yeux émerveillés du châtelain.

« Je n'ai pas de quoi payer ma ferme, dit-il. Mais, cette année, mes volailles ont réussi, et si notre demoiselle se marie, je donnerai cent jeunes poulettes, au lieu d'argent, pour le repas de noces. »

Cette fois-là fut la dernière où l'on surprit à pleurer le châtelain de Sombrehoux. Il n'eut plus le courage de rencontrer, sans céder, le regard de sa fille.

« Va-t'-en leur dire que je consens, fit-il, et que c'est eux qui t'ont mariée. En vérité, si j'avais deux filles, ils me feraient des avances ! »

Alors, sûr de garder sa fille, sa forêt et son renom, si chèrement acquis, le bienfaiteur du pays, M. de Sombrehoux sembla renaître. On le vit de nouveau passer, à pied ou à cheval, dans les avenues des châteaux voisins. Il reprit goût à l'affût des bécasses, qu'il avait délaissé. On l'entendit parler de la chasse du lièvre, qu'il disait ne plus aimer. On le vit même faire une chose étrange, qui fut trois mois inexpliquée.

Les noces avaient été fixées au commencement de l'été.

Dès le début d'avril, chaque matin, M. de Sombrehoux quittait le château et prenait la même direction, en défendant à sa fille de l'accompagner. Il emportait une paire de sacs de toile, gros comme des sacs à raisin, et une bêche de jardinage. Deux heures après il revenait avec les sacs tout vides et le visage tout content.

Ce qu'il faisait, le vieux châtelain ? Il allait dans le chemin creux que devait suivre le cortège nuptial pour se rendre à l'église, égratignait la mousse d'un coup de bêche, y jetait quelque chose, replaçait la mousse, et recommençait plus loin. L'idée était venue, à son cœur original et tendre, de fleurir la route de la nouvelle épousée, de tant de fleurs qu'on n'en aurait jamais vu autant, même dans les sentiers de rêves. Il semait à pleines mains les anémones, les lis, les résédas, les jacinthes, les marguerites roses et toutes les graines de menues plantes qu'il avait demandées au loin.

Et quand trois mois eurent passé sur les semailles, dans la rayée triomphale de juin, le cortège s'avança par le chemin creux. Nous étions là, ma petite sœur et moi, avec les parents, les amis et la moitié de la paroisse, conviés aux noces de la châtelaine. M. de Sombrehoux n'avait plus sa pelisse de loup gris, ni son air triste. Il s'avançait, rayonnant, le premier, donnant le bras à sa fille, qui ressemblait à une reine toute blanche. Au-dessus d'eux, au-dessus de nous ensuite, des lis croisaient leurs tiges et mêlaient leurs parfums. Sur le revers des talus, les anémones rampaient parmi les jacinthes bleues. Des bancs de réséda, des tulipes tardives se levaient sous les ronces, et des millions de volubilis, grimpés le long des troncs d'arbres, enroulés autour des branches, agités par le vent comme des cloches en branle, criblaient de leurs fleurs d'un jour les larges plis des chênes. Partout les gens du pays, ceux de la Saulaie, de la Hautière, du Bois-Grolier et de bien d'autres fermes encore, tiraient des coups de fusil, se pressaient aux barrières, montaient sur les talus, pour voir, jusqu'à écraser les lis blancs.

« Que c'est joli, disait Catherine de Sombrehoux, ce chemin qui a fleuri pour moi!

— Que c'est beau, disait mon père derrière nous, cette noce de riches qui met en joie tant de pauvres gens! »

DEUX ANCIENS

Ah! les bons, les braves, les excellentes gens! Je puis dire que je les ai eus pour amis. Ils étaient vieux quand j'étais jeune, mais vieux raisonnablement, vieux pour moi seul, et droits comme des chênes, à peine grisonnants, vifs au travail, gais en tout temps. Ils s'appelaient Joseph et Jean Hutreau; ils étaient frères, et charpentiers de leur état. Vous entendez bien que c'étaient des charpentiers de village, et qu'ils faisaient autant de menuiserie que de charpente, de la serrurerie à l'occasion, du jardinage quand le métier chômait, un peu de braconnage quand il allait et qu'il les emmenait au loin, dans les coupes de bois ou les fermes écartées.

Joseph, l'aîné, avait des cheveux frisés, les yeux bleus, une tête régulière et fine et un corps d'athlète. Il portait sans fléchir un tronc d'arbre équarri sur l'épaule, coupait d'un seul coup de serpe un baliveau de châtaignier, soulevait une charrette dont la roue s'était rompue comme il aurait fait d'une botte de radis; et quand, pour se reposer, au temps de la fenaison, il se louait pour faucher, on eût dit, tant il emportait d'herbe à la pointe de sa fourche, qu'une meule de foin nouveau se promenait sur les prés. Jean n'avait ni la haute taille ni la noblesse de traits de son frère; mais il fallait voir ses petits yeux clignotants, couleur de mousse, suivre un train de lièvre dans la rosée du matin, et son adresse, qui lui tenait lieu de vigueur, pour retourner un madrier, et la manière agile dont il montait aux arbres, tenant autour du bras une corde enroulée, qu'il assujettissait à quelque maîtresse branche pour que l'orme, le peuplier ou le frêne, à demi déraciné, tombât du bon côté. Lorsque les deux frères taillaient à la grande scie des planches ou des solives, c'était toujours Jean qui tendait, sur la surface blanche et laiteuse encore de la poutre, la ficelle imbibée d'encre, la pinçait, la tirait, comme la corde d'un arc, et, la lâchant après avoir visé, marquait les lignes égales où devait mordre la scie. Personne ne construisait mieux que lui les cages pour prendre les merles dans les fossés, les trébuchets qu'on suspend aux buissons, les appeaux qui trompent les perdrix, les cailles, les vanneaux qui passent la nuit au bord des mares; et si nous entendions, aux heures appesanties des jours chauds, trois petites ritournelles bien connues des chasseurs monter du fond de la campagne dans le grand recueillement de midi : « ket ké det! ket ké det! ket ké det! » nous pensions que nos amis les Hutreau employaient le temps de la *mérienne* à guetter un perdreau rouge.

Ils étaient de vaillante race. Le père, dans les jours mauvais de la Révolution, avait décroché sa mince canardière qui lui servait contre les loups, et fait le coup de feu avec ses camarades les Chouans du haut Anjou. Puis il s'était réconcilié après le concordat avec Napoléon, et je ne sais comment, par goût ou par force, avait guerroyé en Espagne et en Allemagne. Sa bravoure était légendaire dans les bandes royalistes. Un maréchal de l'empire le remarqua aussi, et dit à Thomas Hutreau, le soir d'une bataille :

« Veux-tu les galons de caporal, mon garçon ?

— Fais-t'en des jarretières, avait répondu l'autre ; je veux rester soldat. »

Et il était rentré au foyer avec trois blessures pour toute retraite.

Les fils n'avaient pas eu occasion de se battre ; mais ils appartenaient bien à cette race de paysans, digne et courageuse, qui donnait des héros autant qu'on en voulait dans les jours de danger. Je me souviens qu'un matin, Joseph, en abattant une souche sur un talus de nos champs, se coupa le doigt profondément. Le sang jaillit sur les ronces. Je me trovais là, et je me sentis pâlir ; je voulus courir pour chercher du secours, de la charpie, des bandes. Mais lui, tranquillement,. secoua sa main, l'enveloppa dans des feuilles d'orties, et me dit, avec son sourire clair et son parler à lui, emprunté au métier :

« Pas la peine, monsieur René ; ce n'est que l'aubier qui a éclaté ! »

Par malheur, ni Joseph ni Jean n'avaient d'enfants. Ils n'avaient qu'un neveu, qui faisait son tour de France et se proposait de leur succéder quand il aurait gagné de l'âge. Les deux frères, n'ayant aucun espoir de postérité, reportaient l'un sur l'autre cette tendresse que Dieu nous met au cœur, et qui tantôt se divise, et tantôt n'a qu'une route et va au même objet. Ils s'aimaient sans se le dire, mais qu'a-t-on besoin des mots ? Le bonheur était de se retrouver, dès l'aube, au seuil des deux maisons jumelles du bourg, de se saluer d'un bonjour presque dur, de poser ensemble les outils dans la charrette à bras, de s'en aller de compagnie, causant un peu ou ne causant pas, vers les métairies où se trouvait le chantier ; c'était de travailler jusqu'à midi côte à côte, autour du même arbre qu'on abattait, à la même charpente qui montait, coupant l'air bleu ; de recommencer après le dîner; de revenir le soir, traînant à tour de rôle la charrette maintenant pleine de copeaux et de racines que les propriétaires abandonnaient aux charpentiers, selon l'usage, et qui s'amoncelaient dans un angle de la cour commune aux deux ménages. Le dimanche, après la messe, Jean Hutreau prenait sa ligne, et, le long de la rivière, se glissant à pas de loup, pêchait à la mouche les gardons de surface et les ombres-chevaliers qui dorment entre les nénuphars, dans le sens du soleil, les nageoires transparentes de lumière et ondulant à peine d'un mouvement de sommeil. Son frère le suivait par amitié, un panier au bras, bien qu'il détestât la pêche. Et, vers cinq heures, Jean lui rendait ce bon office en jouant une partie de boules sous le hangar d'un cabaretier, malgré son aversion naturelle pour les jeux où l'on perd de l'argent.

Ils vieillissaient sans avoir jamais souffert l'un par l'autre, de sorte qu'ils s'aimaient mieux qu'ils n'aimaient la vie; car celle-ci n'est jamais exempte de misères : c'était pour eux, comme je l'ai dit, le manque d'enfants, quelque chômage et la fatigue de quarante ans de travail, qui commençait à leur peser. Le moment vint où il fallut songer à établir le neveu, dont le tour de France allait s'achever. Dans un mois il reviendrait au pays, et il était bon qu'il y trouvât une maison blanche et une femme qui eût un peu de bien et beaucoup d'ordre, car on le disait ouvrier habile, mais trop porté à la dépense, d'humeur légère et peu semblable à celle des deux anciens, Joseph et Jean, ses seuls parents.

Telle fut, du moins, la conclusion d'un long conseil que tinrent les deux frères, un soir d'automne, devant le foyer de l'aîné, où brûlait un feu de copeaux blancs. Le lendemain ils se mirent en route, endimanchés, vers la forêt située à quatre lieues de là. Un peu de tristesse leur serrait le cœur, car ils voyaient l'un comme

Une tête blanche et maigre, un menton à barbiche longue, deux yeux de chat sauvage, se penchèrent vers le bas du chêne.

l'autre que l'établissement du neveu, c'était aussi la retraite des oncles. Fini bientôt le dur métier qu'on regrette tout de même; finies les courses matinales; finis les bonjours aux métayers par-dessus les haies, et la joie du travail terminé, quand on plante le bouquet de laurier au faîte des charpentes, et les dîners de moisson parmi les rudes tâcherons, tous voisins, tous alliés, qui rient près de l'airée mieux qu'aux repas de noces. Cependant leur amitié, comme toujours, les soutint, et lorsqu'ils entrèrent dans la forêt, la vue des arbres au milieu desquels ils avaient vécu leur rappela des souvenirs. Les basses branches des hêtres, tendues en éventail, inclinées vers la terre, poudraient d'ombre et de lumière les mousses gonflées d'eau. La couleur fraîche du printemps se retirait de toutes les pointes et descendait, comme pour s'y conserver, dans les herbes flétries qui commençaient à revivre.

« Joli bois que le hêtre, disait Joseph, mais difficile à couper droit. Tu devrais bien donner ton secret, Jean, au neveu qui ne l'aura pas appris à tant courir la France.

— Tiens, un cerisier, répondait l'autre. Te souviens-tu de l'armoire que tu as faite pour ta filleule de la Sorinière? Ah! le beau morceau! des portes épaisses de trois pouces et des soleils dessus, des étoiles, des veines partout comme une flambée! Sais-tu que tu aurais été un fin menuisier, Joseph, si tu l'avais voulu? Pour le neveu, on ne peut pas deviner s'il aura du goût pour le bois : c'est trop jeune.

— Nous étions jeunes tous deux pourtant, quand nous avons commencé. Faudra voir s'il sait, comme toi, débiter dix douzaines de planches dans un billot de peuplier.

— Le pauvre gars! Je crois surtout, mon Joseph, qu'il n'aura pas tout de suite ton coup de hache. En as-tu jeté à bas des chênes, des ormeaux, des hêtres, des aulnes! de quoi, en les repiquant debout, faire une forêt comme celle-là!

— Par ici! dit l'aîné en prenant à gauche une charroyère

défoncée. La coupe où travaille le vieux Soret doit se trouver sur la côte, après la jeune taille. »

A trois cents mètres, en effet, s'étendait un carré de haute futaie, où les arbres étaient clairsemés, tandis que le brun profond des feuilles s'alignait en houles sur trois de ses côtés, et descendait les pentes, et remontait les coteaux. Les deux hommes levèrent les yeux, comme s'ils cherchaient un vieux nid de ramiers, et tout au fond de la coupe, tout en haut d'un chêne émondé qui n'avait plus qu'une branche et un panache d'or, aperçurent le bûcheron Soret. Il était assis, à soixante pieds en l'air, sur une planchette retenue le long du tronc par une boucle de corde, les jambes enfourchant l'arbre, le corps penché pour couper le dernier rameau du beau chêne mutilé. Autour de lui, sur le sol, la futaie abattue gisait en morceaux, longs fûts couverts d'écorce et droits comme des mâts, fagots amoncelés, débris noirs de racines auxquels tenaient encore des lacis de pervenches vertes.

« Je vais lui parler, dit Joseph. Ohé! Guillaume! »

Une tête blanche et maigre, un menton à barbiche longue, deux yeux de chat sauvage, se penchèrent vers le bas du chêne, à droite, où se trouvait Joseph, puis à gauche, où se trouvait Jean.

« Je viens pour te parler, Guillaume Soret, » reprit le charpentier.

Une voix répondit de là-haut, traînante :

« Tu peux dire : n'y a pas de voisins!

— Guillaume Soret, c'est notre neveu qui va rentrer de son tour de France. Moi, je lui bâtirais une maison neuve; Jean, mon frère, la meublerait en joli noyer; mais on ne se met pas en ménage sans femme, et, si tu voulais donner ta fille, ça ferait l'affaire.

— J'en ai deusse, tu as l'air de l'oublier, Joseph Hutreau; deusse qui sont grandes, sans compter la petite. Pour laquelle viens-tu?

— Je pense qu'elles seraient toutes de son goût, répondit poliment le charpentier; mais nous sommes venus pour l'aînée, parce qu'elle se nomme Julie, comme ma défunte mère. »

A la pointe du chêne, la planche se balança deux ou trois fois. Soret avait levé sa hachette, et, pour prendre le temps de la réflexion, coupait la branche. Des copeaux blancs tourbillonnèrent et tombèrent au pied de l'arbre; quelque chose éclata comme un coup de pistolet, et un buisson de feuilles, avec sa membrure lourde et faite pour durer, s'écrasa sur le sol. Le bonhomme essuya sa lame en la frottant contre l'écorce, pencha de nouveau la tête, et cria:

« Je ne dis pas oui, je ne dis pas non. Faut que je finisse mon arbre; je n'ai pas l'idée à des mariages. Revenez dimanche. »

Ils s'en allèrent tout de même satisfaits, Joseph et Jean, les deux vieux frères. Ils connaissaient l'humeur bizarre de ce bûcheron, et, après en avoir longuement disserté, furent d'accord que la réponse était favorable au delà même des prévisions. Les futaies, les taillis, crépitaient de chaleur sous l'ardente rayée de cette fin de jour; le bruit du bois qui se fend et des brins desséchés, tombant à travers les étages des frondaisons, courait en cercle autour des voyageurs; ils entendaient ces mille coups de la mort qui faisait son choix dans le monde de la forêt. Jean se sentait très las. C'était le plus faible des deux frères, et le plus jeune. Il dit bientôt, comme ils approchaient de la hêtrée qui formait lisière:

« Je ne sais ce que j'ai, Joseph; c'est pourtant un beau jour et une bonne nouvelle, mais je suis comme un homme qui aurait trop bu.

— Appuie-toi sur mon bras, » répondit Joseph.
Une lieue plus loin, Jean se mit à dire :
« A présent, il me semble que je suis comme une de nos

Il regardait son neveu tourner et retourner les madriers.

souches quand nous avons pioché au pied; je cherche ma place pour tomber, et je tomberais si tu ne me tenais pas.

— Je vais te porter sur mon dos, » répondit l'aîné.

Il prit dans ses fortes mains les jambes de son frère, et le mit à cheval sur son dos. Jean lui passa les bras autour du cou, et ils allèrent ainsi pendant une demi-lieue, par les chemins verts qui commençaient à s'embrumer. Puis, voyant qu'il se fatiguait et que Jean souffrait de plus en plus, Joseph s'arrêta :

« Attends-moi là, bien étendu le long du fossé, mon frère Jean; nous irons plus vite tout à l'heure. Attends-moi là ! »

Par la traverse, il courut au village, qui n'était distant que d'une lieue à peine, et il revint avec la petite charrette, leur compagne de travail. Difficilement, Jean y monta. Sa voix était toute changée, et un engourdissement, qui s'aggravait de moment en moment, rendait presque inertes ses membres. Les roues cependant se mirent à tourner, avec leur gémissement régulier à chaque tour. Et quand il se vit ainsi traîné dans la nuit, sous les premières étoiles, à cette heure même où d'habitude il revenait des métairies, Jean trouva la force de dire encore, tout tendrement :

« Ah ! mon Joseph, comme tu t'es donné de la peine pour moi ! Je suis plus lourd, pas vrai, que des copeaux de bois dur ? »

Le pauvre homme était bien malade. Il vécut encore deux jours, et s'en alla en paradis, où vont les cœurs tout simples et tout droits comme lui.

Joseph resta seul. Ni la construction de la maison blanche, ni le mariage de son neveu ne le consolèrent, ni même de reprendre le travail et de présenter le jeune homme dans les fermes. Il regardait celui-ci tourner et retourner les madriers, les entailler, les ajuster, et il ne pouvait nier l'adresse du nouveau maître charpentier ; mais il pensait en lui-même : « Ça n'est plus la manière de Jean. »

Il essaya de se remettre à abattre des arbres, mais il reconnut que sa bonne hache ne coupait plus. Peut-être ses forces avaient-elles baissé. Il voulut faire ce que faisait Jean, et marquer les lignes pour la scie sur les billots équarris, et il s'aperçut que ses yeux toujours mouillés mesuraient mal les intervalles, et que la ficelle pleine d'encre tremblait au bout de ses doigts.

Alors il laissa tous ses outils au neveu, moins la charrette, qu'il

Quand je lui disais : « Bonjour, Joseph ! » il tendait sa main
par-dessus la haie.

remisa sous un apentis. Il devint casanier. Je ne le vis plus que dans son jardin, où il cultivait des légumes et quelques fleurs d'ancienne date, dont les graines avaient bien eu trente générations d'ancêtres au même endroit. Sa belle figure droite s'était un peu amincie. Le sourire tranquille de ses yeux bleus ne l'avait pas quitté. Quand je lui disais : « Bonjour, Joseph ! » il tendait sa main par-dessus la haie. Si j'ajoutais : « Comment allez-vous ? Il semble que vous ne vieillissez pas ! » il répondait :

« Je me sens vieux depuis que l'autre n'est plus là. »

Et il souriait encore pour dire :

« J'irai bientôt retrouver mon Jean. »

Un an plus tard, il l'avait retrouvé. La vigne folle du jardin poussa des rames sur les poiriers, et prit l'aspect d'un petit hallier. Les mauvaises herbes emplirent les carrés. Depuis longtemps déjà je n'entendais plus « ket ké det ! » dans les bas-fonds qui bordent la rivière, et les poissons de surface, entre les nénuphars, sautaient après des mouches que ne tenait aucun fil.

BONNE PERRETTE

Elle était rude, bonne Perrette, et maigre et sèche comme un clou. Elle portait la coiffe à deux ailes tuyautées des paysannes de la Loire. Cela ne rendait pas plus joli son visage anguleux, son nez pointu, ses lèvres qu'ombrageait une assez belle moustache. Mais qu'importait ? Bonne Perrette n'avait jamais été coquette que pour nous. Nous ne la trouvions pas laide, parce qu'elle nous aimait. Nous la trouvions seulement vieille, et nous supposions même qu'elle l'avait toujours été, car bonne Perrette ne changeait pas. Si loin que remontent mes souvenirs, je la revois au même âge, ou du moins avec les mêmes cheveux gris, les mêmes yeux noirs, un peu ridés aux angles, qui ne pensaient qu'à nous et qui ne pouvaient, je crois, penser à autre chose.

Elle nous avait tous élevés. En récompense nous la tutoyions. Personne n'a mieux su ranger une armoire, plier un vêtement d'enfant sur une chaise, ou surveiller une partie de loup caché. Sa propreté était minutieuse. Une tache lui faisait horreur, bien plus qu'à nous, hélas ! et j'entends encore les soupirs qu'elle poussait lorsque, ayant glissé sur l'herbe, dans le grand élan du jeu, nous revenions avec des genouillères vertes sur un pantalon gris.

« Ma petite Perrette, lui disions-nous, ne le dis pas, tu nous ferais gronder ! »

Et, tard dans la nuit, pendant que nous dormions, Perrette étudiait les effets du bois de Panama, inventait des lotions, frottait, étendait devant un feu discret, surveillé comme nous, nos culottes compromises. Si nous étions malades, elle veillait jusqu'à l'aube, sans prendre une heure de sommeil, attentive à ramener sur nos bras les couvertures, écoutant le bruit de nos respirations, triste de nous voir souffrir. Comme je me la rappelle, l'expression tendre et inquiète de ce regard, lorsque, dans les jours de fièvre, je m'éveillais pour demander :

« Perrette, as-tu à boire ? J'ai soif. »

Elle se levait de sa chaise, la vieille bonne, et elle allait chercher une tisane tiède, où elle avait mis des fleurs des quatre saisons. Nous buvions du même coup le printemps, l'été, l'automne et l'hiver. Elle y croyait, et quelque chose qui ressemblait à un sourire de joie illuminait sa figure, quand, ressaisis par le sommeil, les paupières à demi closes, la tête sur l'oreiller, nous lui disions :

« C'était bien bon. Je dors déjà. »

La tendresse de Perrette l'avait conduite au despotisme. De très bonne foi, elle n'admettait pas qu'une autre eût des droits sur nous, ni qu'on sût mieux qu'elle ce qui convenait à chacun de nous. On la laissait faire. De temps en temps cela devenait inconciliable avec le principe d'autorité. Ma mère disait :

« Perrette, vous mettrez aux enfants leurs vêtements bleus.

— Non, madame, bien sûr que je ne les mettrai pas. Ils sont trop chauds, mes enfants enrhumeraient.

— Vous entendez bien, Perrette, vous les mettrez !
— Non, madame, j'aime mieux m'en aller.
— Allez-vous-en ! »

Perrette faisait sa malle. Oh! pas difficile à faire, la pauvre malle longue à poils de chèvre ! Et puis, au moment de nous quitter, au dernier regard jeté de notre côté, elle fondait en larmes, et restait. Ma mère lui pardonnait, et nous sortions avec l'habit bleu.

Comment ces chères créatures qui nous élevaient, — je ne sais pas s'il en reste encore, — en arrivaient-elles à aimer de la sorte des enfants qui n'étaient point à elles? Où prenaient-elles cette passion maternelle et ce complet oubli d'elles-mêmes, sachant qu'un jour elles quitteraient la maison, et qu'elles n'auraient point le droit, comme les mères, de suivre dans la vie ceux qu'elles avaient bercés? Peut-être y songeait-elle, bonne Perrette, lorsque le soir, joignant nos mains, elle nous faisait dire, sans y manquer jamais : « Sainte Perrette, priez pour nous. »

Elle se maria. Un jour, nous étions déjà grands, cette nouvelle me surprit : « Perrette se marie ! » Il n'était pas beau non plus, son mari. Je le vis quand je conduisis Perrette à l'église : un grand vieux qui ressemblait aux bonzes de Chine peints sur les paravents, et qui ont de tout petits yeux, des pommettes saillantes et un filet de barbe blanche étroit et long comme une natte. Je crois qu'il l'épousait pour des raisons d'argent, et que Perrrette acceptait pour une raison de chagrin, parce que nous lui échappions. Ils s'en allèrent habiter à la campagne, dans une maison basse, au toit couvert de joubarbe, qui ouvrait sur un enclos de maraîcher. C'était aux portes de la ville. Le bonhomme n'était point là propriétaire. Mais il se louait, quand les rhumatismes le permettaient, dans la belle saison, pour bêcher ou sarcler. Sa femme, plus vaillante que lui, apprit à monter les bouquets, dont on faisait un grand commerce dans le pays. On ne les vit plus jamais en ville. D'ailleurs, lors même que Perrette y fût venue, elle ne m'y eût pas rencontré. J'achevais mes études au collège, et peu après je partais pour Paris.

Elle n'oubliait pas cependant. Elle savait qu'élève ou étudiant, j'avais des vacances de Pâques. Et chaque année, le lundi de Pâques, de grand matin, quelqu'un passait à la maison et y laissait un gros bouquet. Dès la première fois, je ne m'y trompai pas. Je reconnaissais les fleurs préférées de bonne Perrette, le basilic dont le parfum lui semblait exquis, les œillets bichons, les renoncules, les narcisses blancs, et les brins de réséda encore verts, qu'elle avait dû choisir entre mille, aux endroits les plus chauds du jardin, et qu'elle supposait fleuris pour une étoile pâle ouverte au bas de la tige. S'il y avait trois boutons de rose à ses rosiers grimpants, elle les cueillait tous trois, et me les apportait. Moi, j'allais la remercier.

Cette visite annuelle, Perrette l'attendait. Elle s'en réjouissait. Elle devait l'annoncer aux voisines. Chose étrange ! lorsque j'étais là, elle n'avait l'air heureuse qu'un très rapide moment, celui où elle m'apercevait, où « son » enfant d'autrefois s'approchait d'elle. Après, elle était inquiète de tout, de l'ordre de sa maison, qu'elle trouvait compromis par une feuille de glycine entrée dans un coup de vent; inquiète de l'humidité du carreau, qu'elle avait trop longuement lavé pour qu'il pût sécher en huit jours, de la blancheur de la nappe qu'elle étendait sur une table de vieux noyer, de l'excellence de la bouillie au mil qu'elle avait faite suivant les traditions anciennes, et de l'heure, et du chaud, et du froid. Le temps se passait, pour elle, à me dire :

Je courus chez elle.
Je la trouvai au lit avec une grosse fièvre.

« Ce n'est pas bien bon, n'est-ce pas ? Vous n'êtes pas bien chez moi ? C'est pauvre ! »

Est-ce qu'on va chez sa vieille bonne pour s'apercevoir de pareilles misères ? J'aurais voulu lui répéter à chaque fois :

« Causons du passé, laisse là ta nappe, ton mil, tes fleurs, tes voisins, et raconte-moi des choses de mon enfance; dis-moi les jours où j'étais trop petit pour voir, ceux où ma mère était toute jeune, et où, toi, tu n'étais pas encore vieille. O Perrette, souviens-toi ! »

Mais non, elle semblait ne se souvenir du passé que pour offrir encore son dévouement inutile. Même en longeant avec elle l'allée bombée, sablée de jaune, que bordaient les ceps de vigne en cordons et les œillets préférés, elle se préoccupait des nuages qui montaient, ou des herbes folles qui déparaient, croyait-elle, la beauté des semis de marguerites. Évidemment j'étais resté, pour bonne Perrette, l'enfant dont on prend soin et avec lequel on ne cause pas.

Un jour, un mardi de Pâques, comme j'arrivais de Paris, je demandai :

« Le bouquet est-il dans ma chambre ?

— Non, monsieur.

— On n'a pas apporté un bouquet pour moi, hier lundi ?

— Non, monsieur.

— Alors c'est que Perrette est malade. »

Je courus chez elle. Je la trouvai au lit, avec une grosse fièvre, et l'air si triste, que je m'en affligeai comme d'un présage.

« C'est bien en désordre chez moi, me dit-elle à voix basse. Ne faites pas attention. Je ne peux plus m'occuper du ménage. Depuis huit jours, c'est mon mari... »

Elle s'interrompit, et, essayant de sourire :

« Monsieur René, vous venez chercher votre bouquet ? Il est cueilli...

— Comment ! Perrette, malade comme tu l'es !

— Je ne suis pas sortie, vous comprenez, cela allait trop mal; mais je me suis fait apporter les fleurs, et j'attendais une occasion... Il est là, sous la chaise. »

Sous la chaise, en effet, le pied des tiges baignant dans l'eau, toute une gerbe d'anémones et d'œillets avaient l'air de regarder autour d'eux, un peu effarés et dépaysés dans l'ombre de cette chambre.

« Je les emporterai, dis-je à Perrette. C'est moi qui suis l'occasion. Tu vois, j'avais deviné que tu ne pouvais pas venir. »

Elle parlait moins encore que de coutume. Mais elle me fixait presque constamment, de ses yeux où la même unique pensée, habitant là depuis plus de vingt ans, se faisait plus expressive encore : « Je vous aime, je vous ai élevé. Vous êtes mon enfant aussi. »

Et cela la consolait.

Cependant je vis bien qu'une autre idée grandissait chez elle, et cette idée bientôt l'absorba. Elle devint tout angoissée, plus rouge encore autour des yeux, plus pâle autour des lèvres. Comme je cherchais à la distraire, en lui rappelant ses vieilles histoires :

« Écoutez, monsieur René, dit-elle avec une expression grave et une sorte d'autorité, j'ai une demande à vous faire. Promettez-moi...

— Tout ce que tu voudras, Perrette.

— J'ai emporté de chez vous plusieurs choses que je ne voudrais pas laisser ici après moi, si un malheur m'arrivait; vous comprenez. Je les ai emportées avec la permission de madame, j'y tiens beaucoup. Prenez-les avec le bouquet, et gardez-les. Si je me remets, j'irai les chercher...

— Mais tu te remettras, Perrette!

— On ne sait jamais... Tenez, dans l'armoire... »

Quelles étaient ces choses auxquelles elle tenait tant? Je ne me souvenais pas d'avoir jamais vu chez elle rien de précieux. J'ouvris les deux battants de l'armoire, un meuble de cerisier à macarons tournés, qui luisait au fond de la chambre. Il y avait du linge blanc, une petite cafetière à pois bleus, un paquet de verveine, des ciseaux...

« Je ne trouve pas, » lui dis-je.

Elle fit un effort pour se retourner, et reprit :

« Derrière le linge, dans le panier d'osier. La clef, sous les draps fins, près d'une pomme douce. »

Je pris le panier, je pris la clef près d'une grosse rainette, aussi ridée que bonne Perrette, et qui se conservait là, intacte sous sa peau flétrie, depuis le dernier automne. Puis je m'assis au fond de la chambre, et j'ouvris le coffre appuyé sur mes genoux.

Quoique Perrette fût bien malade, j'eus d'abord envie de rire. Quel beau trésor, en vérité! Sur la doublure de coton bleu qui tapissait l'intérieur du panier, reposaient trois objets : une photographie de quatre petits enfants groupés, un col de fourrure étroit, en poil de lapin blanc, avec des boutons de soie bleue, et un mouton de carton qui avait une patte de moins.

« Vous avez trouvé ? » demanda la pauvre voix faible près de la fenêtre.

Et mon sourire tomba. Et je compris qu'elle avait renfermé là, dans ces objets de si mince valeur, l'inestimable tendresse d'un souvenir ; que ce mouton lamentable représentait pour elle un témoin des jours passés, et que ce col de fourrure, porté jadis par un de « ses » enfants, prenait un air de relique aux yeux de la vieille bonne.

Je me levai, je plaçai le coffret sur le lit de Perrette. Elle se souleva un peu, prit la petite fourrure, et dit, très émue :

« Vous la portiez, monsieur René, quand vous aviez deux ans. »

Elle regarda le mouton brisé, et ajouta :

« Vous me l'aviez donné, après l'avoir cassé. Je l'ai toujours eu. »

Elle approcha de ses lèvres la photographie jaunie, et la baisa.

« J'ai du mal à les quitter, ajouta-t-elle. Mais il le faut. »

Elle se recueillit un instant, sécha ses yeux, et, pour la première fois de sa vie, j'aperçus une flamme dans son regard. Sa physionomie se transfigura, s'embellit de tout l'amour silencieux qui débordait enfin, et pendant que je demeurais debout, ému, saisi d'une sorte de respect pour ma vieille bonne mourante :

« Monsieur René, me dit-elle à haute voix, je n'ai jamais été heureuse que chez vous. Monsieur René, les pauvres femmes comme moi ont tort de se marier, parce que leur bonheur était dans leurs enfants... »

Elle s'arrêta, et reprit, en levant la main, sa main toute blanche, qui s'était fatiguée pour nous :

« Même après la vie, je ne vous oublierai pas. »

. . . .

Je m'en allai, tenant sous le bras le petit mouton à trois pattes à demi caché par mon bouquet. Un bout du col de lapin blanc sortait de ma poche. Et les bonnes gens du chemin pouvaient rire. Moi, je pleurais.

Ce fut le dernier bouquet de « bonne Perrette ».

LE PETIT CHANTRE

« Désiré Prodhomme, tonnelier en tous genres, fait ce qui concerne la boissellerie; bat les tapis, sa femme aussi. »

Je revois la pancarte de bois brut, sur laquelle était peinte, du bout d'un pinceau malhabile, cette énumération des métiers de M. et de Mme Désiré Prodhomme. Elle servait de fronton à une vieille porte, ouverte sur une cour aussi vieille, à l'extrémité d'un faubourg. La giroflée, sur l'arête du mur rembourrée de terre et de mousse, poussait comme dans une plate-bande. Et, de l'autre côté, parmi les barriques vides, les paquets de cercles, les planches de fin châtaignier, les bottes d'osier qui trempaient dans une cuve, maître Prodhomme tournait, sifflait, cognait, varlopait, rabotait ou limait, tâchant de gagner la vie de ses huit enfants, celle de sa femme et la sienne.

Cela faisait dix, sans parler d'une chatte blanche qui mangeait presque comme une personne, et il n'était pas facile, avec la tonnellerie et même la boissellerie, de nourrir tant de monde. Aussi, lorsque le phylloxéra, l'oïdium et le reste des ennemis de la vigne, buvaient, dans leur verjus, les vendanges voisines; lorsque de mauvaises récoltes empêchaient les fermiers d'acheter un boisseau neuf et les marchands de marrons de se fournir d'un nouveau litre, il allait battre les tapis. Il les battait sur la route, en plein vent, les jetant à cheval sur une corde tendue entre deux arbres. Et comme il avait l'honneur de battre les tapis de fête de la cathédrale et le rouleau de haute laine qui traversait toute l'église les jours de grands mariages, et les carpettes de plusieurs familles connues, sa femme l'aidait. D'où la pancarte.

Celle-ci était destinée à se modifier, puis à disparaître. Le premier qui y porta la main, ce fut Désiré, non pas le père, mais le fils unique, un petit qui avait une sœur aînée et six sœurs cadettes, et qu'on gâtait, précisément parce qu'on ne gâtait pas les autres, et pour une autre raison encore. Il avait de la voix. Un jour, en portant un vinaigrier, un vrai bijou de tonnellerie, chez un chanoine, il avait dit : « Merci, monsieur, » à l'abbé qui lui donnait dix sous. Ce « merci, monsieur » avait fait sa fortune. Le chanoine s'était écrié : « Répète merci. — Merci, monsieur. — Répète encore. Tu as une voix d'ange ! » L'enfant avait ri, d'un rire qui montait indéfiniment, clair comme le tintement d'un verre de Bohême, perlé comme une chanson de rouge-gorge.

L'abbé, enthousiasmé, l'avait, huit jours après, fait entrer dans la maîtrise de la cathédrale. Là, Désiré apprit à solfier, à connaître les clefs, les notes, à distinguer les dièzes d'avec les bémols, et à feuilleter convenablement, pour y trouver l'office du jour, les gros antiphonaires reliés en double cuir et garnis de fer aux angles. Pour l'expression, — chose admirable, au dire du maître de chapelle, — on n'eut pas besoin de la lui enseigner, il la rencontrait tout seul, sans la chercher.

Le Chapitre était ravi. Les plus vieux chanoines ne se souve-

naient pas d'avoir entendu une voix d'enfant de chœur pareille
à celle de Désiré. Dieu sait pourtant qu'ils n'étaient pas jeunes, les
plus vieux du Chapitre, et que, pour eux, le sacre de Charles X
pouvait reprendre encore les couleurs de la vie. Les derniers pro-
mus opinaient de la barrette. C'était, quand paraissait le fils du
tonnelier, un sourire discret et paternel, tout autour des pupitres
en demi-cercle, une attente déjà charmée. Quand Désiré lançait les
premières notes de l'antienne, cela devenait de la joie. Quelques-
uns étaient poètes sans le dire. D'autres étaient saints sans le
savoir. Tous s'accordaient secrètement à penser qu'une telle musique
n'avait rien de la terre. Des lueurs qui descendaient d'un vitrail,
et se posaient sur la tête du petit, donnaient à croire que les bien-
heureux souriaient aussi dans les verrières.

Avec les amis, les profils lui venaient : une collation offerte
à la Pentecôte par le maître de chapelle, flatté des compliments
qu'on lui faisait de son élève ; une casquette de laine tricotée par
une vieille fille, en souvenir d'une messe de Gounod où Désiré
avait merveilleusement tenu une première partie ; de menues pièces
blanches données par des curés de la ville ou des chanoines du
Chapitre qui dirigeaient le soir, en petit comité, l'exécution d'un
O salutaris ou d'un *Regina cœli* de leur composition. Les gains
triplèrent, quand la renommée de cet artiste de douze ans se fut
répandue dans le monde, et qu'on lui demanda de chanter aux
messes de mariage. Désiré devint presque riche, du moins pour
sa famille et son faubourg, où tout le monde était pauvre. Je ne
dis pas qu'il usa tout de suite de la fortune avec désintéressement.
On le vit acheter, sur ses premières économies, des pastilles de
miel, friandise unique de l'épicerie suburbaine où ses parents prenaient le sel et la chandelle, emplir ses poches de billes, se pro-

mener avec une cravate à pois rouges que toutes ses sœurs enviaient. Mais, rapidement, son bon cœur parut. Le petit chantre ne retint plus rien pour lui-même. Il comprit qu'il pouvait être d'un grand secours à la tonnellerie qui allait mal, à la boissellerie qui n'allait guère, et, comme il avait toujours souffert de voir sa mère sortir sur la route avec son lourd faix de tapis et sa canne de rotin, et revenir avec les cheveux tout blancs, comme si elle eût vieilli de vingt ans en deux heures, un jour qu'il apportait à la maison un peu plus d'argent que d'ordinaire, il prit un couteau, grimpa sur le mur, effaça les derniers mots de la pancarte : « sa femme aussi, » et déclara : « Maman, tant que je chanterai, tu ne battras plus ! »

Il continua de chanter, Mme Prodhomme cessa de battre.

Ce qui distinguait sa voix des autres voix de la maîtrise, c'était, outre la limpidité parfaite, la sûreté dans l'attaque, le naturel de la diction, l'intime compréhension de la pensée grave, angoissée, sereine ou joyeuse, de l'auteur. Il avait le don de deviner, à la simple lecture, le ton qu'il fallait prendre, l'expression qu'il fallait donner aux syllabes latines qu'on lui traduisait une fois. Et, dès qu'il avait compris, sa méthode ne variait plus ; les notes se gravaient à jamais dans sa mémoire, aucune émotion ne faisait hésiter ou trembler sa petite voix claire. Dans les solennités religieuses, quand la foule envahissait la cathédrale, on pouvait le voir au pupitre, debout, très droit, levant un peu sa tête rousselée et pâlotte. La lumière des hautes fenêtres dorait le bord de ses cheveux ras. Il attendait, seul au milieu du chœur, regardant vaguement les fidèles, ou les lignes du missel, ou le maître de chapelle qui commençait, par derrière, à battre la mesure. Puis, le moment venu, ses lèvres s'ouvraient, formant un grand arc rouge entre ses joues blanches. Il ne regardait plus l'assemblée, ni le livre, ni le maître de chapelle, rien qu'un point vague, quelque part au milieu des voûtes, bien haut, bien loin, connu de lui seul. Il chantait.

Alors, dans le recueillement de la foule, on sentait passer le frisson léger des âmes. Elles étaient là, attentives, curieuses, toutes vers lui, essayant de voler avec la voix qui montait. Les belles dames se penchaient et regardaient avec leur face à main ; plusieurs pleuraient ; la vieille Mlle Odile songeait à une aube blanche qu'elle ferait, au crochet, pour le fils de Désiré Prodhomme ; les enfants des communions levaient leurs yeux ravis, comme s'ils voyaient le ciel ; la petite comtesse Simone, que nous admirions tous à cause de la dignité rêveuse de ses onze ans et de ses boucles de cheveux d'or, demanda même un jour à sa mère si elle pourrait se marier avec l'enfant de chœur qui avait une voix de rossignol.

Mais le triomphe du petit chantre, c'était l'Alléluia du samedi saint. Ce jour-là, le chant de la Résurrection s'élève à l'heure des vêpres, et le monde s'endort bercé dans la joie du lendemain. Beaucoup de monde, ceux qui avaient souffert, prié, jeûné avec l'Église en deuil ; d'autres même que la quarantaine sainte n'avait point assombris, s'assemblaient pour écouter l'hymne de la vie nouvelle. Ils se mouvaient vaguement dans la nef obscurcie par le soir ; quelques-uns grimpaient dans les galeries, à la naissance des voûtes : tous s'approchaient du chœur pour mieux entendre, quand elle jaillirait, la douce voix de l'enfant que l'on savait être là. Des cierges sur l'autel faisaient une broderie d'étincelles toutes menues. Les tons jaunes des vitraux se mouraient auprès des pourpres déjà morts. Enfin, tandis que de grosses voix de basses achevaient les complies, une petite lumière partait du fond des stalles et traversait le chœur. C'était le frère directeur de la maîtrise, qui allait allumer la bougie du pupitre de Désiré. Des milliers d'yeux suivaient la flamme qui marchait. La tête rousse et pâle de l'enfant émergeait des ténèbres. Plus loin une forme noire se penchait, le maître de chapelle qui demandait : « Y êtes-vous ? » Près du pupitre, le frère s'inclinait pour dire : « Nous y sommes ! » Il y avait un moment de silence imposant. Puis trois alléluias, légers comme des oiseaux qui planent, passaient au-dessus de l'assemblée. Désiré les lançait timidement. On eût dit les premières colombes de l'arche, aventurées, tremblantes au-dessus des flots encore tristes. Alors commençait l'hymne, et la voix se raffermissait : « *O filii et filiæ,* disait le petit chantre, fils et filles des nations chrétiennes, le Roi des cieux est ressuscité aujourd'hui ; il a triomphé de la Mort. » Le chant s'enhardissait encore, rapide, ému, ramassant et jetant aux écoles les détails de la grande nouvelle. Ce sont les trois Marie qui se sont rendues au Tombeau pour embaumer le corps divin ; Pierre et Jean derrière elles ont couru, mais Jean courait plus vite, — oh ! comme il courait bien quand Désiré chantait ! — L'ange assis sur la pierre a répondu : « Il n'est plus là, cherchez-le parmi les vivants. » Et le Christ apparaît aux disciples assemblés ; les derniers doutes sont dissipés ; Thomas lui-même finit par croire ; les cieux profonds s'ouvrent, montrant la gloire de Dieu où sont conviés les hommes... Tout le récit vivait, montait, élargissait comme l'encens ses cercles envolés. Et, après chaque verset, le refrain devenait plus joyeux, l'alléluia grandissait, l'alléluia de l'enfant qui chantait l'Homme-Dieu.

Où avait-il pris cette passion de la musique, le petit Désiré ? « L'innocence explique bien des choses, » disait l'abbé qui l'avait découvert. « Pourvu que la voix lui dure ! » disait Mlle Odile. De cela, les parents ne s'inquiétaient guère. En attendant l'avenir,

Le Chapitre était ravi. Les plus vieux chanoines
ne se souvenaient pas d'avoir entendu
une voix d'enfant de chœur pareille à celle de Désiré.

dont il ne doutait plus, le tonnelier, fier d'un tel fils, commença même à trouver peu digne le battage des carpettes. Il réfléchit, en refusa une, puis deux, puis les refusa toutes, et sur la pancarte, ne gardant plus que deux professions, effaça pour toujours : « bat les tapis. »

Hélas! je ne sais pas ce que durent les voix de fauvettes; mais, après quatre ans, on observa que celle de Désiré perdait de sa souplesse et tendait à devenir grave. La maîtrise s'émut. On tint conseil pour conserver la précieuse voix jusqu'aux Pâques prochaines ; le maître de chapelle essaya une série d'exercices de son invention; le frère prépara en cachette des laits de poule avant les répétitions; un pharmacien composa un breuvage miellé qui eût fait chanter une lime. Il fallut se rendre. Pendant bien des saisons, Désiré ne reparut plus dans le chœur de la cathédrale. A sa place il vint d'autres enfants; devant le pupitre éclairé d'une seule bougie, devant le même missel aux pages maculées par les chantres, d'autres petites têtes se haussèrent, brunes, blondes ou rousses. Mais ce n'étaient plus que des notes. Le secret de Désiré ne s'était pas transmis. Les alléluias n'avaient plus d'ailes comme autrefois.

Dans la cour, derrière le mur aux giroflées, Désiré menuisait, taillait des chevilles, et sifflait sur des airs d'église. Il fit son tour de France, apprit à fabriquer la barrique bordelaise, la barrique de Provence et celle de Bourgogne. Tout le monde l'oublia. Ses admirateurs moururent. Ce fut une gloire vite épuisée.

Lui cependant s'en souvenait.

Quand il fut revenu au faubourg, établi comme maître tonnelier, dans la maison du père ornée d'une enseigne neuve, l'envie du lutrin le reprit. Il eut de la peine à se faire recevoir parmi les chantres ; il y réussit pourtant : il chante encore. Mais nul ne reconnaîtrait Désiré dans le gros homme chauve dont le rochet s'élargit comme une enveloppe de lustre. Les voûtes qui laissaient passer les notes pures d'autrefois, les têtes sculptées qui riaient autour des chapiteaux, les saints des verrières qui semblaient prier et tendre leurs mains vers lui, tremblent à présent devant les orémus, pareils aux coups de tonnerre, qui sortent de son gosier. Il s'en rend compte. Il n'y peut rien. Une fois par an, le samedi saint, quand l'enfant de chœur en robe rouge chante l'alléluia, on dit seulement que Désiré ne répond pas avec les autres chantres, et qu'on l'a vu, sur ses paupières plissées, du bout de son gros doigt essuyer une larme.

L'OUVERTURE DE « SÉMIRAMIS »

Parmi nos camarades d'enfance, que nous voyions seulement l'hiver et de loin en loin, le plus près de nos cœurs et le plus rare s'appelait Rémi Ravel. Il portait des cols brodés, larges, et des blouses de velours noir, et je pense que l'élégance de son costume n'était point étrangère à la joie que nous éprouvions en l'apercevant dans les allées du jardin public.

« Ravel! veux-tu jouer au loup? au voleur? à la diligence attaquée? Tiens, tu es le voyageur; moi, je suis le brigand; je vais me cacher. »

Il acceptait ce que nous voulions, avec son sourire un peu triste; mais il se lassait vite, et, bien qu'il eût à peu de chose près notre âge, il avait l'air de nous trouver trop jeunes.

Ravel n'avait ni frère ni sœur; il n'avait même ni père ni mère. Seulement il possédait trois oncles, tous trois vieux garçons ou veufs sans enfants, entre lesquels il vivait, aimé sans doute, disputé, mais au fond bien abandonné. Quand il se promenait à côté de l'un d'eux, on ne pouvait s'empêcher de calculer la grande distance d'âge qu'il y avait de l'enfant à son protecteur.

Ils avaient bien deux cents ans à eux trois, ce qui leur donnait à chacun près de soixante-dix ans, un peu plus, un peu moins, car ils n'étaient pas jumeaux. L'oncle Antoine, qui était en même temps le tuteur de Rémi Ravel, possédait un château où il n'invitait jamais personne que ses frères, dans un pays de vignes et de bois. Ses vendanges l'absorbaient en automne, la taille des ceps au printemps, le soin de ses futaies en hiver, et il ne reposait guère l'été, voulant juger lui-même du progrès du raisin ou de l'honnêteté du tonnelier, qui cerclait, étanchait, mêchait et parait ses futailles. Dès l'aube il était debout, maigre, peu causant, peu commode, l'œil noir sous les cheveux blancs en brosse, et redouté comme un intendant de ceux qu'il employait, parce qu'il savait leur métier mieux que ceux qui le savaient le mieux. On le disait avare. La vérité est qu'il dépensait le moins possible pour les autres, mais qu'il aimait la bonne chère, et les vins de son cru, et la gaieté d'un dîner d'amis, c'est-à-dire d'un dîner en compagnie de « mon frère Sylvain » et de « mon frère Jean ».

Sylvain, propriétaire dans un autre canton, moins soucieux de son bien, vivait surtout à la ville, chauve, replet, rougeaud, la peau luisante comme le blanc de l'œil, drôle à voir passer, drôle à entendre une fois, mais pas deux, parce qu'il se répétait. Il promenait l'enfant deux heures par semaine, en vertu d'une convention qu'il avait faite avec Antoine, disant : « Il héritera, je veux qu'il m'ait connu. »

Quant à l'oncle Jean, le cadet, il avait dissipé sa fortune on ne sait où, et il était le plus donnant des trois, du moins par l'intention. Souvent on le surprenait avec Ravel, mais pour quelques minutes seulement. Il l'abordait dans la rue, quand l'enfant revenait de la classe ; il l'embrassait sur les promenades publiques ; il achetait un petit pain au lait, qu'il émiettait avec Rémi dans le bassin aux cygnes du mail ; il s'ingéniait à trouver des prétextes pour l'attendre, les soirs de sortie, à la porte du tuteur. Rémi ne le voyait guère que de cette façon, par lutte et par ruse ; car il était bien établi, dans la pensée d'Antoine et de Sylvain, que le cadet, ancien pilotin qui avait gardé la barbiche des marins, ancien flibustier dans les mers de Chine, ancien colon en Australie, ancien toutes sortes de choses, et au demeurant pauvre comme Job, ne pouvait avoir qu'une détestable influence sur une imagination jeune. Aux vacances, lorsque Rémi retrouvait l'oncle Jean, au château de la Vineuse, deux ou trois jours par année, c'étaient des parties de promenade et de braconnage, et des récits, et des cadeaux qui ravissaient l'enfant. L'oncle Jean lui taillait des arcs dans les gaulis d'Antoine, lui perçait des canons à vent dans des branches de sureau, lui offrait des nids de tourterelle, des sifflets de paille, des appeaux en buis tourné. A chaque fois il ajoutait un gros soupir ; car il vivait d'une pension que ses frères lui servaient, la plus maigre possible, à cause de sa grande prodigalité.

Rémi allait atteindre ses treize ans, à la fin d'un mois de juillet, lorsqu'il me dit :

« Grandes nouvelles ! Tu es invité à la Vineuse ! Je pars avec mon oncle Antoine et mon oncle Sylvain, ce soir, dans le grand omnibus où on dort si bien. Et jeudi, — mon oncle Jean sera là, — tu pourras venir passer la journée. Nous furetterons !

— C'est donc pour te récompenser de tes prix ?

— Et il y a mieux, mon cher. Mon oncle Antoine m'a dit, avec des airs, tu sais, qu'il n'a pas tous les jours : « Rémi, puisque tu as bien travaillé cette année, je veux te récompenser.

Tu auras une surprise, jeudi. Elle arrivera de Paris par chemin de fer. »

— De Paris ! As-tu deviné ce que c'était ?

— Mon oncle Jean lui-même ne le sait pas. Moi, je pense que c'est un fusil. »

Nous causâmes un peu de temps de cette journée, qui serait merveilleusement amusante. Rémi exultait. Au moment de nous séparer, je le vis subitement devenir triste et comme honteux.

« Il faut que je te prévienne, par exemple, dit-il, que tu me verras probablement faire une chose qui m'humilie beaucoup.

— Vraiment, mon pauvre Rémi, et on t'y oblige ?

— Oui, toutes les fois que mes trois oncles sont réunis. Tu ne te moqueras pas de moi ?

— Bien sûr. Qu'est-ce que tu fais donc ?

— Je tourne l'ouverture de *Sémiramis*. »

J'ignorais absolument ce que cela signifiait. « Ouverture de *Sémiramis* » ne me disait rien, parce que je ne connaissais d'autre Sémiramis que la reine d'Assyrie, guerrière fabuleuse, dont je ne me rappelais même aucun trait, si ce n'est qu'elle était appelée, dans le haut d'une page de mon histoire ancienne, « la fille d'Atergatis. » Je pris une physionomie dégagée pour répondre :

« Tu as grand tort ; à ta place, je la tournerais de bonne humeur.

— Je voudrais t'y voir ! J'ai l'air d'un esclave pendant ce temps-là. Et on me fait recommencer quelquefois.

— Ah ! si on te fait recommencer, c'est différent. »

Il me serra la main. Et je trouvai les trois jours qui suivirent d'une mortelle longueur.

Le jeudi matin, de bonne heure, j'arrivai à la Vineuse.

Ils s'assirent en demi-cercle, le dos tourné à la cheminée.

L'oncle Jean et Rémi m'attendaient à la gare. Nous allâmes saluer M. Antoine, en pourparlers avec son jardinier devant un semis de pourpier, et M. Sylvain, qui avait la goutte, et qui la soignait en fumant, assis sur un fauteuil de rotin et les jambes étendues sur un autre, devant le perron couvert de lierre. Toute la maison, d'ailleurs, une vieille construction mansardée, était tapissée de plantes grimpantes, si bien qu'on ne voyait qu'un immense toit rond, posé sur des feuilles.

« Ce qu'il y a de moineaux, le soir, là dedans! » me dit Rémi.

Nous avions les mêmes goûts en architecture. Et je vis bien que l'oncle Jean les partageait; car nous partîmes, sans rien visiter, pour les garennes et les bois, avec trois chiens bedonnants, grognants, rhumatisants, qui n'obéissaient à rien, ni à cor, ni à cri, ni à fouet, avec un garde, deux furets, douze poches, et la joie prodigieuse de nos treize ans lâchés en liberté.

Dieu! la belle journée! Nous revînmes fourbus, la tête papillotante de trop de soleil et de trop de rires. Les oncles étaient de bonne humeur. Ils dînèrent longuement, royalement, surtout le goutteux, qui professait que les régimes de médecine, comme les écoliers, doivent avoir deux mois de vacances. Rémi était presque joyeux, ce qui lui arrivait rarement à la maison. On le plaisanta sur ses joues de jeune fille anémique, sur ses goûts tranquilles, dont il s'était départi, sur le soin qu'il avait de ses mains, à présent déchirées par les ronces. Il acceptait tout gaiement. Son grand col de guipure et sa pâleur lui donnaient l'air d'un petit prince mélancolique.

« Qu'est-ce que tu feras plus tard, galopin? » demanda l'oncle Sylvain, qui pelait sa troisième pêche.

La jolie figure de Rémi s'assombrit.

« Je ne sais pas, mon oncle.

— Tu ne sais pas! tu ne sais pas! A ton âge, moi, je savais bien que je ne ferais rien. C'est une vocation comme une autre.

— Plus facile que les autres, insinua l'oncle Jean.

— Moins dangereuse que d'essayer de tout, riposta le gros homme. Je te dis qu'à treize ans on doit penser à quelque chose, sauf à n'en rien faire plus tard. Mais voilà : Rémi reçoit toute espèce de conseils, et il n'entend ni à hue, ni à dia. Belle éducation ! »

L'oncle Sylvain était jaloux de l'oncle Jean.

« Mes frères, dit M. Antoine, si nous prenions le café au salon ? »

A ce mot, qui terminait régulièrement les dîners d'apparat de la Vineuse, Rémi devint plus pâle encore, et je rencontrai ses yeux, qui me semblèrent me répéter sa plainte des jours passés :

« Tu me verras faire une chose qui m'humilie beaucoup. »

Les trois oncles, le maigre, le goutteux et le pilotin, traversèrent en procession l'espace qui séparait la table de la porte du salon. M. Antoine ouvrit la porte, M. Sylvain passa, puis M. Jean, puis nous deux, et enfin le maître de la maison, derrière nous, ferma l'appartement.

C'était une vaste pièce, qui aurait pu être assez belle s'il y avait eu, pour la faire vivre et parler, comme toutes choses parlent en ce monde, une autre âme que celle d'un vieux garçon. Quatre portraits d'ancêtres tout récents, notables du premier empire ou de la restauration, des tentures de soie de Chine à dragons d'or, une table de laques, des meubles d'acajou, une pendule avec la tête en bronze de Socrate, un parquet en lames de bois précieux, nuancés, transparaissant sous la couche de cire blonde et tel que je n'en ai pas vu d'autre; mais nulle part de goût, pas une fleur, pas une trace de pensée dans le pli d'un rideau ou dans l'ordre des chaises. Dix-huit sièges formaient le carré autour des murs. Une petite odeur de caverne flottait sous les plafonds. Les oncles marchaient avec respect.

Ils s'assirent en demi-cercle, le dos tourné à la cheminée, et la face vers le piano. Dans leurs mouvements, dans la disposition des fauteuils et l'ordre des préséances, — l'oncle Antoine au milieu, — on devinait une habitude et une sorte de rite. La lumière du couchant mourait sur les dragons d'or des rideaux. Les trois chiens du chenil commençaient à hurler à la lune qui montait derrière les arbres, dans la campagne dont le grand silence semblait s'être communiqué à nous tous.

J'étais resté avec Rémi près du piano, un vaste meuble carré, couvert d'une housse en tapisserie à moitié relevée, et qui offrait une anomalie singulière. Le clavier était dissimulé sous un rouleau de tôle peinte ou de bois, je ne distinguais pas bien à cause de la demi-obscurité du salon. On eût dit un fût de colonne couché sur les touches blanches et les touches noires. Je n'osais pas interroger Rémi, enfoncé dans l'ombre de l'instrument, perdu dans les plis lourds de la housse et tout courbé sur la chaise, comme s'il eût voulu échapper au regard de ses oncles.

Ceux-ci, remuant lentement leurs cuillers de vermeil qui faisaient trois phares minuscules près de la cheminée, humaient en silence leur café.

« Si nous écoutions un peu de musique? dit l'oncle Antoine. Qu'en pensez-vous, mes frères? »

Je vis l'inclination de tête de Sylvain et de Jean, et en même temps, près de moi, la figure pâle, irritée, de Rémi Ravel, qui s'était levé. L'enfant n'eut qu'à étendre le bras. Il saisit une poignée de cuivre attaché à l'extrémité du rouleau, et, les yeux sur la fenêtre du milieu, rayée par un nuage rouge où tremblaient des cimes d'arbres, il se mit à tourner la manivelle. Une fusée de notes partit du clavier. Le piano, frappé par le mécanisme savant que cachait le rouleau, tressaillit, lança des accords, des trilles, des gammes rapides, des mélodies au milieu desquelles sonnait, douloureusement, le fausset d'une corde de boyau détendue ou

Rémi dit : « Ne me touchez pas! »

d'un fil de cuivre avarié. Vieux piano, vieille musique, vieux auditeurs, vieux soleil mourant, et cette main d'adolescent qui tournait, souple et longue comme une patte d'écureuil !

L'oncle Antoine battait la mesure du bout de sa bottine, et la jubilation était inscrite sur son mince visage, entre ses deux favoris blancs. Jean se contenait difficilement et regardait Rémi. L'oncle Sylvain, rouge, se balançait d'arrière en avant.

« Délicieux, ce Rossini ! on ne se lasse pas d'entendre son

ouverture de *Sémiramis!* Est-ce perlé! Plus vite, donc, galopin, plus vite ! »

La petite main pressa le mouvement.

« *Piano* à présent! *piano!* Tu ne comprends donc pas cette musique-là ! »

Oh! non, il ne comprenait pas, mon pauvre Rémi. Depuis son enfance qu'il tournait le même air, devant les mêmes oncles autoritaires, dans le grand salon morne, une invincible horreur de son rôle l'avait saisi. La manivelle, le rouleau, étaient devenus pour lui des instruments de supplice. Sa tête songeuse en rêvait la nuit. Son imagination exaltée lui représentait ce mouvement machinal comme un travail d'esclave, humiliant, odieux. Et il se taisait, par la peur qu'il avait de Sylvain et d'Antoine.

« *Allegro!* criait Sylvain. Tu ne vois donc pas que c'est le duo, le duo d'amour! »

La petite main obéit encore.

Et puis, dans le silence admiratif des trois vieux garçons, peu à peu, les derniers accords tombèrent. Un bruit de déclanchement annonça que le rouleau cessait d'agir. La manivelle s'arrêta. Rémi demeura debout, n'osant plus se retourner de mon côté.

Il y eut un temps de recueillement. Et l'oncle Antoine, tirant un cordon de sonnette, dit avec solennité :

« Rémi, je t'avais annoncé une surprise. La voici. »

Un domestique apporta une grande boîte, et la mit aux pieds de son maître. Celui-ci l'ouvrit, enleva un objet lourd et enveloppé de papier, de copeaux, de ficelles, et que je ne distinguais pas bien. Rémi, comme s'il se défiait des générosités de son oncle, n'avait pas bougé, n'avait pas tourné la tête, et, boudeur, fixait le nuage, devenu couleur de pourpre violette.

Le vieillard, penché, déroulant les cordes et les paquets de rognures, avait l'air de débarrasser une momie de ses bandelettes. Enfin, soulevant la chose, la présentant, les deux bras tendus :

« Mon petit, dit-il, j'ai pensé que l'ouverture de *Sémiramis* était un peu fatiguée, que nous l'avions tous trop souvent entendue, et j'ai acheté un nouveau rouleau, pour te récompenser. C'est le *Prophète*, de Meyerbeer, un grand compositeur aussi. Allons, viens le chercher, et tourne-nous ça. »

Rémi le regarda sans bouger, regarda son oncle Sylvain, et dit : « Non. »

Il était blême, et il s'appuyait d'une main au piano, mais sans cesser de faire face à ses deux oncles.

Ceux-ci s'étaient dressés.

« Qu'est-ce que cela veut dire, monsieur? dit l'oncle Antoine.

— Ah! mais, tu vas tourner, galopin! dit l'autre, ou tu diras pourquoi! »

Ces formes qui s'avançaient dans l'ombre presque complète, cette colère des attitudes et des voix, me firent peur. J'étais un peu en avant de Rémi.

« Laissez-le, messieurs! m'écriai-je.

— Non pas! » dit sévèrement l'oncle Sylvain en étendant son gros bras pour saisir celui de Rémi.

Mais Rémi se renfonça dans l'encoignure du piano, et de sa voix nette, toute frémissante, il dit :

« Je ne tournerai pas! Ne me touchez pas! Je m'en irai d'ici!

— Rémi, dit l'oncle Antoine, je te donne cinq minutes...

— Jamais! cria Rémi. A présent je ne tournerai plus jamais.

Et si vous voulez savoir ce que je ferai plus tard, eh bien! je serai officier, parce que je serai libre, parce que je commanderai!

— Laissez-le donc, interrompit l'oncle Jean, qui traversa l'appartement et s'approcha à son tour. Vous voyez bien que vous l'exaspérez, cet enfant! »

La colère des deux oncles se tourna contre leur frère Jean.

« Voilà ton œuvre! voilà tes exemples! C'est toi qui lui donnes ces idées d'indiscipline et de vagabondage. Toi qui devrais nous aider, tu l'excites contre nous! Ah! nous sommes récompensés de notre indulgence! »

J'entrevis des bras levés, des têtes qui s'agitaient, un groupe confus d'hommes en mouvement. Au milieu des apostrophes échangées et des menaces, un coup de sonnette formidable retentit dans les corridors voisins.

« Apportez de la lumière! » cria la voix de M. Antoine.

Tout bruit cessa. Lorsque le salon fut illuminé par la flamme de deux lampes, et que le domestique se fut retiré, Jean le pilotin, Jean le flibustier, les poings serrés, appuyé à l'angle de la fenêtre du milieu, avait la physionomie résolue et méprisante d'un soldat qui va se battre, si on le provoque davantage. Je remarquai qu'en ce moment Rémi lui ressemblait.

L'oncle Antoine se tenait au milieu du salon, et l'oncle Sylvain un peu en retrait. M. Antoine regardait du côté de la fenêtre :

« Toi, dit-il avec une froideur voulue, tu ne reparaîtras plus à la Vineuse. De pareilles scènes ne se reproduiront pas. »

Puis, se tournant vers Rémi, dont j'entendais la respiration précipitée, tout contre moi :

« Vous, monsieur, montez vous coucher, et tout de suite! »

. . . .

Je fus reconduit à la gare par M. Sylvain, qui me fit ses excuses de la conduite de son neveu.

Rémi n'est pas devenu soldat. Je crois qu'il a tourné encore plusieurs fois l'ouverture de *Sémiramis* et même celle du *Prophète*. Mais l'oncle Jean n'a plus jamais reparu à la Vineuse.

LA NEUVAINE

Elle est notre amie à tous, la petite Simone, que nous voyons seulement à la campagne. Et voici les vacances revenues, et nous partons pour le château qu'elle habite. Je crois qu'elle me préfère, et je ne sais comment l'appeler, quand je la retrouve, si je dois dire : « mademoiselle, » parce qu'elle a dix ans, ou dire : « Simone, » parce qu'elle me sourit toujours de la même manière, qui est douce et confiante. Elle est beaucoup plus riche que nous, je ne l'ignore pas; mes parents me l'ont répété, et je n'ai pas besoin qu'on me l'apprenne : dans son parc il y a de si beaux chênes, et des chevaux, et des massifs de fleurs qui forment des lettres, et une chèvre dressée à traîner un panier d'osier. Mais elle est seule, fille unique, privée de tapage, privée de se disputer, de crier, de dénicher des nids, d'échapper aux surveillances, qui sont d'autant plus inquiètes qu'elles ont moins d'objets à garder. Nous la plaignons entre nous. Elle m'a révélé son secret l'an dernier : « Je m'ennuie d'avoir tout pour moi. »

Sera-t-elle au château?

Je ne comprends pas pourquoi mon père n'a pas fait atteler le break rouge. Ce cabriolet est si vieux! La capote, en voyage, ressemble à une escarpolette. Il a un marchepied à deux étages et un fléchissement vers la droite qui lui vient de ma grande tante, brave femme un peu forte, qui s'assit là pendant trente ans, quarante peut-être. Et la peinture n'a pas été rajeunie. Pourquoi pas le break rouge, quand on va voir Simone ?

« Mettez vos gants, mes enfants ! » C'est toujours la même recommandation, au même endroit de la route, lorsqu'on aperçoit la barrière blanche, entre les deux rangs de platanes. Nos gants! mon Dieu! nous n'avons jamais le temps de les boutonner, ils ont si peu l'habitude de nos mains! Simone ne quitte guère les siens que pour se mettre à table, parce que l'institutrice allemande le veut ainsi, et cela augmente la pitié que j'ai pour cette petite.

Oh! le sable jaune!... Pas une herbe, quand il y en a tant chez nous dans les allées, même des pissenlits qui montent en graine! La terre est rayée par les roues des voitures, martelée par le pied des chevaux, et les arbres y font des ombres raisonnables, des ombres rondes qui n'ont rien de fou. C'est le grand monde.

Où est la petite Simone?

J'ai vu un pli de robe blanche qui dépassait l'ouverture de la porte lierrée, tout en bas, puis une tête d'enfant sérieuse qui se penchait vers le milieu, et qui s'illuminait, et qui riait, comme nous dans les bons jours :

« Ce sont eux, Gretchen! les voilà ! »

Gretchen l'a fait entrer au salon, pendant que le valet de pied, avec un air dont j'étais offensé, prenait la bride où il y avait un peu d'écume verte. Notre cheval avait mangé de l'herbe ! J'ai entendu s'éloigner le cabriolet vers la remise, et il m'a semblé qu'il rendait un son de ferraille bien bourgeois. La mère de Simone, au moment où nous montions les marches, le regardait sans doute passer. Un coin du rideau tremblait encore, tandis que nous avancions vers

Les bois nous écoutaient. Un appel lointain montait du bas du parc.

elle. J'étais rouge, mais elle fut aimable. Elle était de ces mères qui comprennent le jeu :

« Allez vous amuser, mes enfants! Tout est à vous. Gretchen, vous les ramènerez seulement à six heures, pour le dîner. Qu'ils n'aillent pas du côté de l'étang ! »

Nous sommes partis. Simone a déjà cette aisance de femme du monde qui intimide. Elle va devant, faisant les honneurs de la maison, du potager, du parc :

« Par ici, par là... A quoi désirez-vous jouer? au tennis?

— Je ne sais pas ce que c'est, mademoiselle.

— Un jeu anglais. Mais cela ne fait rien : nous trouverons mieux. »

Nous ne connaissions guère les jeux anglais, mon frère ni moi; nous ne savions que les jeux français, les grands, les simples, ceux qu'on invente au désert profond des champs. Elle portait ses cheveux sur le dos, si longs, si bien nattés et d'un châtain si clair, qu'au passage des clairières, à la coupure des allées, un éclair de rayons fauves descendait en se tordant de la nuque à la taille.

« Au volant, vous n'aimeriez pas ça? Voulez-vous l'âne?

— Oui, l'âne ! »

Elle s'était retournée, et, à la seule prière de ses yeux couleur de café, Gretchen était retournée vers le château pour chercher l'âne.

Dans l'ombre courte d'un taillis de chênes, nous attendions, elle, mon frère et moi. Et nous nous taisions, comme il arrive entre enfants dont les âmes ne sont pas mêlées d'habitude, et qui n'ont pas commencé à jouer. Alors ses paupières, qu'elle avait toutes légères et transparentes, s'abaissèrent sur ses yeux; elle parut devenir mon aînée par un air de mélancolie que je n'avais point observé chez mes amies de son âge, et je vis la frange de ses cils blonds sur ses joues pâles.

« Monsieur René, me dit-elle en regardant le sable, si vous

voulez me faire plaisir, vous viendrez avec moi dans ma forêt; j'ai quelque chose à vous montrer. Vous pouvez m'aider.

— Il y a des loups! dit mon frère.

— Non, pas de loups. Vous êtes trop jeune pour comprendre; vous resterez avec Gretchen, mais votre frère aîné viendra, n'est-ce pas, et m'aidera?

— Oui, mademoiselle. »

L'âne, tiré par la bride, n'obéissait que de deux pattes, et s'arc-boutait sur les deux autres pour ne pas avancer. A peine Simone l'eut-elle enfourché, qu'il devint souple.

« Vite en croupe, monsieur René!

— Où allez-vous, Simone? vous savez bien que madame a défendu... »

Le reste ne fut entendu que de mon frère, qui demeurait, et du taillis immobile dans la chaleur d'août. Nous galopions. Elle se tenait à ravir, droite sur le panneau de feutre. La paille de son chapeau se retournait au vent. J'avais un peu honte d'être en croupe, mais j'étais heureux d'avoir été choisi. Où allions-nous? Elle prenait une allée coupant l'avenue, par un sentier à travers bois. Les branches fouettaient les cavaliers, et elle se protégeait de son coude levé; les geais, mangeurs de glands, fuyaient en criant, et elle riait. L'épaisseur du taillis devint telle, que l'âne s'embarrassait dans les ronces et que nos genoux heurtaient les gaulis de chaque côté. Simone mit la bête au pas. Nous étions bien loin de Gretchen. Elle nous dirigea vers une cépée de chêne vert, ronde et grosse comme une meule de foin, sauta à terre, écarta d'un bras tout un pan de ramure, et dit:

« Regardez! »

Le centre de la cépée était d'ombre si noire, que je ne vis rien d'abord. J'entrai un peu, la tête dans les feuilles, comme elle faisait, son chapeau touchant mes cheveux, et je découvris une statue de sainte Philomène, avec la flèche d'or sculptée dans le piédestal, et qui reposait sur le tronc coupé de l'yeuse, d'où toutes les branches avaient jailli. Autour du cou, la sainte portait un collier de roses enfilées, déjà fané; deux lis de papier, attachés aux rameaux, se penchaient vers elle; un peu de mousse couvrait la section du vieil arbre.

« C'est une chapelle, » dit Simone.

Je l'entendais sans la voir. Je sentais le souffle de ses mots. Nous n'avions que deux ou trois feuilles entre nos visages, et nous regardions ensemble le fond de l'ombre.

« J'ai une grande dévotion à sainte Philomène, parce qu'elle était une jeune fille comme moi, et, je crois aussi, fille unique. Elle a dû connaître les mêmes souffrances.

— Vous souffrez?

— D'être seule, et de me sentir tout chez moi; tout, le présent et l'avenir, la crainte et la joie... »

La voix de Simone devenait faible, hésitante, angoissée par un chagrin véritable. Si j'avais regardé ma voisine, elle aurait pleuré et se serait tue; mais elle parlait comme en un rêve, en fixant la flèche d'or de sainte Philomène.

« Oh! monsieur René, si vous saviez, quand on est seule, les idées qu'on se fait! J'ai peur de mourir, à cause d'eux. J'ai peur aussi qu'ils ne s'en aillent, mon père, ma mère, et j'y réfléchis des heures, quand je me promène, parce que je manque de frères et de sœurs avec lesquels je jouerais, comme vous. Jamais je ne cause avec Gretchen; cela m'a tourné l'âme vers la tristesse. Peut-être que je suis orgueilleuse : quand on m'a grondée, je me sauve, et je viens ici, et je mets des heures à me consoler, et je ne réussis qu'à moitié. Si j'embrasse mon père ou ma mère, je sens que je les aime trop, et qu'ils m'aiment trop. Je prends la part des autres avec la mienne ; je suis gâtée ; je suis malheureuse. Alors j'ai commencé, voilà huit jours, une neuvaine qui finit ce soir...

Simone, enfoncée dans un fauteuil, avait l'air
d'une statue de cire.

— A quelle heure ?
— Huit heures et demie.
— Quand nous partirons... On doit atteler pour huit heures et demie... Et que demandez-vous à sainte Philomène ? »

Elle répondit avec un accent de supplication :

« De n'avoir plus de cœur! de n'avoir plus de cœur!... Mettez-vous à genoux avec moi, dites, monsieur René. Je vous ai amené pour que nous soyons deux ; je serai plus sûre d'obtenir... »

Les feuilles du chêne vert plièrent en égratignant la robe. Ce fut comme le bruit de trois ramiers partant au vol. Simone s'était laissé glisser à genoux. Elle me regardait d'en bas, un peu de côté, si affectueusement, que je ne lui résistai pas. Il m'en coûtait, cependant, de prier pour que Simone n'eût plus de cœur...

« Notre Père... Je vous salue, Marie... »

Les bois nous écoutaient. Un appel lointain montait du bas du parc. L'âne, dernière nous, tirait sur une pousse de frêne.

« Sainte Philomène, exaucez-moi ! »

Elle fit un grand signe de croix, se leva, resta un moment les yeux fermés.

« Je crois que je serai entendue, dit-elle ; je me sens plus froide déjà ! »

Bêtement, moi je lui pris la main, qu'elle m'abandonna avec un sourire.

« Je ne trouve pas, lui dis-je ; elle est moite. »

Nous revînmes aussitôt, elle grave et ne pressant plus son âne. Elle ne parlait plus ; seulement, dans les percées du parc, lorsque le château apparaissait, blanc sur les pelouses, elle cherchait avidement les fenêtres du bas, et son regard y demeurait attaché, forçant la jolie tête pâle à se tourner jusque vers moi et les nattes à entrer dans l'ardente rayée de soleil qui venait, rasant les taillis. Simone était triste.

La fin de l'après-midi s'en ressentit. Ce furent des promenades sans but et sans accès de galop, dans les avenues ; des jeux commencés sans entrain et interrompus capricieusement ; des distractions longues de Simone, qui oubliait de frapper sa boule de croquet ou de répondre à nos questions.

« On ne s'amuse guère, me dit mon frère en confidence.

— Tu es trop petit pour comprendre, voilà tout ! »

Il le crut, et ne s'amusa pas davantage.

Je voyais avec une crainte secrète s'avancer l'heure du dîner, et cette soirée où Simone, avec ma complicité à moi, n'aurait plus de cœur. Je ne me figurais pas bien ce que serait la petite Simone alors ; mais je sentais qu'elle serait changée en une autre, et le remords me venait d'avoir consenti à prier pour cette chose.

Le dîner se passa silencieusement pour nous. Le père ni la mère de Simone ne remarquèrent que leur fille mangeait à peine. Je ne voyais plus que les cils baissés de ses yeux et le cercle d'ombre autour, le cercle de fatigue et d'inquiétude qu'accusait encore la profusion des lumières. Elle frémissait à des mots qui n'eussent point ému une autre nature que la sienne. Je songeais : « Comme cela va la changer de n'avoir plus de cœur ! Pauvre Simone, elle n'a plus qu'une heure à souffrir ! Mais après, sera-t-elle aussi gentille et me fera-t-elle cette pitié qui fait que je l'aime ? »

Huit heures ! Il me semble que je suis encore dans ce grand salon tendu de satin grenat qui était sombre le soir, et immense. Les parents, groupés dans un angle, avaient oublié notre présence. La lampe les enveloppait de lumière, et je voyais cette figure souriante et fine de la mère de Simone, à qui mon père racontait une histoire de voisins ; je la voyais penchée, spirituellement tendue vers les mots qu'elle devinait avant de les entendre. Près de moi, dans les ténèbres presque complètes, Simone, enfoncée dans un fauteuil très large, très haut, les pieds ne touchant pas le parquet, avait l'air d'une statue de cire. Ses yeux ouverts, immobiles aussi, suivaient le balancier d'une pendule Louis XIV, en vieux cuivre, accrochée au mur éclairé, en face de nous. Elle avait les mains appuyées sur les deux chimères qui terminaient les bras du fauteuil, et ses doigts pâles remuaient seuls pour marquer les minutes qui nous séparaient de huit heures et demie. L'un après l'autre ils s'abattaient sur le bois comme sur une touche de clavier, et ils tremblaient après s'être posés. Mon frère dormait sur sa chaise. Le vent remuait des feuilles de lierre et de clématites derrière les volets clos. Une minute encore. J'eus la vision rapide de sainte Philomène, blanche comme Simone, enveloppée de toute l'ombre du chêne vert. Les ressorts de la pendule grincèrent, et la demie sonna.

« Je le crois, que j'achèterais volontiers un chien pareil! dit à ce moment le père de Simone ; je donnerais en échange une demi-douzaine des miens! »

Le châtelain, qui parcourait son journal, se mêla ainsi tout à coup à la conversation, et il se courba, ce qui fit entrer dans la lumière de l'abat-jour sa grosse tête sanguine hérissée de poils roux.

Simone était debout, la figure cachée dans ses deux mains. Oh! la pauvre, qui n'avait plus de cœur! Qu'allait-elle faire maintenant? qu'allait-elle dire? J'épiais, pâle comme elle, l'instant où les deux mains tomberaient de devant ce visage...

Et elles tombèrent comme un peu de mousseline, lentement. Simone fixa les yeux sur son père. Ils me parurent plus grands que d'habitude. Ils devinrent brillants tout autour. Et glissant, légère, les bras demi-levés, elle courut à travers le salon, se jeta au cou de son père, et fondit en larmes.

« Mon père ! mon père ! »

Il la repoussa doucement.

« Laisse-moi, Simone ; qu'as-tu encore ? »

Elle se redressa radieuse, confuse et jolie comme jamais je ne la verrai plus.

« Ah ! père chéri, dit-elle, c'est que j'avais fait une neuvaine, et elle a raté, et je vous aime plus qu'il y a huit jours. »

Il ne comprit, je crois, qu'à moitié. J'étais seul à connaître le secret de Simone. Elle ne m'en a jamais dit d'autre.

LE RAT

« Comme ça, monsieur, vous ne voulez pas de not' champ?
— Mais si, j'en veux bien. Seulement vous le faites trop cher.
— Un champ qui est à vot' convenance comme pas un, et censément dans vot' maison; non, je ne le fais pas trop cher.
— Mille francs de trop, père Busson.
— C'est vot' dernier mot?
— Oui.
— Alors, bonsoir, monsieur, vous ne l'aurez pas! »

Mon père fit un geste d'impatience, et regarda se lever, puis disparaître par la porte de la salle à manger où il l'avait reçu, le vieux et vénérable métayer de la Clopinaie. Car c'était la dixième fois peut-être, et sans doute la dernière, qu'il essayait d'acheter cette motte de terre, enclavée dans le pré qui touchait la maison. Il y avait à peine vingt ares entre les quatre haies du père Busson. Mais quelles haies! des retranchements aussi épais, aussi hauts que ceux des fortifications du moyen âge, précédés de fossés sans écoulement où fleurissaient des plantes aquatiques, hérissées d'épines que le bonhomme se gardait bien d'abattre et qu'il émondait le moins possible, en outre dominés, sur les quatre côtés, par des pommiers tellement serrés qu'ils perdaient leur temps à produire chacun trois pommes vertes, par des néfliers à demi morts, deux genévriers et un peuplier fusant, malade de vieillesse, défoncé par le bec des pics-verts et dont la pointe sans feuille, pareille à une lance sur le ciel bleu, craquait au moindre vent dans sa gaine d'écorce.

Nous autres, les petits, nous aimions le champ du père Busson. Il représentait pour nous la forêt vierge. Nous y avions une cabane pour l'affût des merles et généralement de tous les animaux que nous supposions vivre dans les fourrés impénétrables. Nous connaissions, pour y avoir dormi, la douceur de son herbe toujours longue et toujours fraîche. Une fierté d'indépendance, un sentiment de seigneur féodal dans sa tour protégée de herses nous saisissait quand nous pénétrions seuls, à l'abri des regards, par une brèche soigneusement masquée, au milieu de ce camp retranché, tout blanc de fleurs d'aubépine au printemps, tout mousseux des fleurs mauves de la ronce jusqu'aux abords de l'automne, et où pépiaient, caquetaient, sifflaient ou chantaient, selon l'espèce, tous les oiseaux de demeure ou de passage. Ils étaient du même avis que nous, évidemment, sur le champ du père Busson.

Mon père en jugeait autrement. Pour lui, qui avait abattu des talus, réuni et nivelé des champs, élargi le ruisseau en petite rivière, tracé des allées sous les arbres et fait une sorte de parc autour de la maison, c'était un obstacle, le dernier et le plus incommode. Il maudissait, tout haut et tout bas, ce fourré qui rompait les lignes et masquait les perspectives. Même il assurait que les deux genévriers, — que faisaient-ils là, mon Dieu, dans ce pays de chênes? — avaient une influence funeste sur les poiriers

Nous étions derrière le talus du chemin, méditant une vengeance.

d'un verger voisin, et donnaient la rouille à ces beaux plants qui nous arrivaient par la diligence, taillés, trapus, gonflés de sève, luisants de santé et munis d'une étiquette jaune avec un nom latin.

Lors donc que le père Busson sortit de chez nous, nous le suivîmes, mon frère et moi, comme nous faisions souvent pour les coureurs, gens sans aveu et détrousseurs de poulaillers, que nous pensions intimider de cette façon. Le plus souvent ils ne s'en doutaient pas. Le métayer descendit à travers la prairie, et prit une voyette encaissée entre deux rangs de cépées, qui conduisait à sa maison. Il s'en allait, large d'épaules, un peu voûté; ses cheveux blancs, à demi longs, roulaient à chaque mouvement sur le col droit et relevé de sa veste. Tranquille, maître de son temps comme de sa métairie de la Clopinaie, il marchait à lentes et longues enjambées, considérant de ses yeux las, mais sans s'arrêter, tantôt ses colzas, qui prenaient de l'or à leur pointe, tantôt son avoine de coupage, dont la tranche, taillée à la faucille, était faite de milliers de tuyaux laiteux, comme des orgues poussées de terre, et dont les bêtes entendent la chanson.

« Quel homme avare! disions-nous à voix basse. Il demande mille francs de trop! Et quel mauvais voisin! Il ne cèdera pas, il ne vendra pas son champ! »

Lui, sans deviner que nous le suivions, entra dans la cour de sa ferme, où quatre bœufs, dételés de la charrue, mais encore enjugués, regardaient, tête basse, le bouvier qui ouvrait l'étable. Il donna un ordre, et jeta sur eux le même regard amoureux, calme et lassé, qu'il avait promené sur ses récoltes vertes. Et déjà il avait disparu; déjà les bœufs, délivrés du joug, avaient gagné leur place et frappaient de la corne contre les crèches pleines, que nous étions encore là, derrière le talus du chemin, méditant une vengeance qui fût à la hauteur des circonstances. Fallait-il, invisibles dans notre cachette, cribler la ferme de projectiles avec nos frondes? Fallait-il enivrer le troupeau d'oies avec du grain trempé dans de l'eau-de-vie, et procurer au père Busson la sérénade inattendue d'un poulailler en délire? Nous méditions.

La Clopinaie, tout doucement, commençait ses préparatifs de repos et de sommeil avec la chute du jour. Les moineaux, habitués du pailler de la métairie, piquaient une tête, un par un, sur le dos de la meule énorme, et disparaissaient aussitôt sous les brins retombants et noircis par la pluie. Les pigeons, mélancoliques et tout soufflés dans leurs plumes depuis un quart d'heure, sur le pignon, se laissaient tomber dans le pigeonnier pendu au mur. La fumée du souper montait dans l'or du ciel. Et au-dessus, le toit d'ardoise que le soleil n'éclairait plus depuis longtemps, le toit descendait presque jusqu'à terre, large tache dans l'horizon feuillu, rectangle sombre qui protégeait un grenier des anciens âges dix fois grand comme les chambres, où les aïeux avaient employé sans compter les plus beaux de leurs chênes équarris en charpentes, pour protéger et garder le meilleur de leurs biens : la moisson de chaque année. Ce toit relevait un peu sa courbe pour coiffer les fenêtres, et, sous l'abri des chevrons, à portée de la main d'un homme de moyenne taille, une vigne courait, pas très féconde en raisins, mais grosse, noueuse, tordue, couverte de pelures d'écorce comme d'une chevelure, et qui servait de chemin à toutes les bêtes grimpantes pour monter au grenier. Un chat y aiguisait ses griffes. En le contemplant, l'inspiration me vint.

« J'ai trouvé l'idée! dis-je à mon frère.

— Quoi donc?

— Le rat. Nous n'avons que le temps! »

Il comprit sans plus d'explications, et nous voici galopant dans le chemin creux, vers notre maison. Une heure après, grâce à l'expérience que nous avions en ces sortes de choses, nous installions un piège à rats dans notre propre grenier, une porte massive tenue en équilibre à un pied du plancher, et qui devait tomber dès qu'un rat toucherait à un certain morceau de lard attaché à une ficelle.

L'appareil, en effet, tomba pendant la nuit, avec un bruit terrible, et, sous nos couvertures, nous l'entendîmes. Je crus même, en imagination, voir la poussière qui s'élevait en quatre nuages, montant sous les poutres et chassant l'armée de rats, de souris, de belettes et de martres dont, selon nous, le grenier était le champ de promenade et de bataille jusqu'au jour.

Le lendemain, nous fîmes consciencieusement griller le rat au-dessus d'un feu allumé en plein vent, dans le champ même du père Busson, et nous attendîmes le coucher du soleil. Nous tenions notre vengeance. Elle était sûre.

Car pour nous, familiers avec la campagne et pénétrés de ses légendes, c'était un fait non douteux, qu'un rat grillé qu'on traîne autour d'une maison attire immédiatement à sa suite tous les autres rats, et les conduit, à travers champs, jusqu'à l'endroit où s'arrête la trace.

Le soleil, ce jour-là, mit un temps incroyablement long à disparaître. Il descendait dans un ciel très pur. Il n'y avait de nuages qu'une seule bande régulière et menue, au-dessus de la Clopinaie. Nous suivions, avec une attention de trappeurs, la décroissance de leurs teintes. Ils furent d'abord couleur de feu, puis d'un rouge ardent, puis d'un violet de pourpre, qui s'effaça graduellement, en commençant par les sommets. Je me rappelle que ces petits flocons de vapeur éclatants, immobiles, amincis par le bas, élargis en pétales de fleurs et alignés sur les cimes des chênes noirs, ressemblaient aux jonchées de glaïeuls que le jardinier coupait chez nous, à la fin de l'été, et qui restaient couchés, jusqu'au matin, sur le terreau des plates-bandes. Je me rappelle aussi que le père Busson, une bêche sur l'épaule, sa fille avec une balle de fourrage vert sur le dos, montaient en ce moment l'échine d'un coteau, pour rentrer à la ferme, et qu'ils avaient l'air, dans le soir, plus

Le lendemain, nous fîmes consciencieusement
griller le rat.

grands que nature, et que le chien hurlait comme s'il se fût douté de quelque chose, et que les chats-huants, qui sont nombreux dans les vieilles souches, interrompaient de leurs cris, plus tôt que de coutume, le roucoulement des ramiers branchés sur nos peupliers.

Quand tout se fut assombri et assourdi, nous sortîmes de la forteresse d'épines où nous avions guetté la nuit. Je traînais, au bout d'une chaîne enlevée au chenil, le cadavre du rat grillé. Avec précaution, pour n'être pas découverts, mais riant tout bas, nous fîmes le tour des communs et de la maison; puis, à travers la prairie, nous atteignîmes le chemin creux de la Clopinaie. Il était noir comme une gueule de four. Je me retournai, en marchant, pour voir si les rats de notre grenier ne suivaient pas déjà. Mais, sur l'herbe mouillée et vaguement blanche à cause du clair d'étoiles qui commençait, on ne distinguait qu'une trace brune, sinueuse et mince comme un fil jeté à terre, celle de nos pas.

« Ils viendront dans un moment, dis-je à mon frère : nous sommes encore trop près. Ça ne suit pas à moins de cinq cents mètres.

— N'agite pas ta chaîne, répondit-il. Ceux de la Clopinaie pourraient entendre. Elle fait du bruit. »

Un frisson nous prit. Car c'était le seul bruit, à présent, ce cliquetis des anneaux de fer rouillés, les uns contre les autres. Et, j'avais beau tirer doucement, le cadavre du rat rebondissait sur la boue durcie du chemin, et la chaîne, à chaque pas secouée, rendait un son de grelot, qui s'échappait entre les talus et s'épandait dans la grande nuit. Une chouette s'envola en faisant « hou! hou! » Une pierre roula, détachée du remblai de terre que les souches couvraient d'une ombre épaisse, et nous nous arrêtâmes un instant, croyant entendre le rire d'une bête ou d'un homme qui s'était penché sur nos têtes, nous avait vus et se retirait par le champ d'avoine. Mais quand j'arrivai à l'endroit où, brusquement, le chemin perdait ses arbres et s'ouvrait en arche sur le couchant semé d'étoiles pâles, — si pâles qu'on aurait dit les stellaires à moitié blanches et à moitié vertes des fossés ombreux, — je ne vis personne, ni dans le champ d'avoine, ni dans le champ de colza. Devant nous, la mare de la Clopinaie, où chantaient des grenouilles, la barrière faite d'un chêne entier, puis la cour, la ferme et son toit énorme, luisant comme le pré à cause des poils de mousse tout gonflés de rosée.

Une seule fenêtre était vaguement éclairée. Portes closes. Le chien se taisait. Nous franchîmes la barrière, et, nous glissant, pliés en deux, le long des murs, nous entourâmes la métairie d'un cercle magique. J'eus même soin de promener le rat sur le tronc de la vigne, afin d'indiquer le chemin à l'armée d'envahissement qui allait venir. A pas de loups, nous nous retirâmes alors jusque dans la venelle laissée entre deux meules de foin, et de là, retenant notre respiration, nous épiâmes ce qui devait s'ensuivre.

O vous qui avez passé des nuits à l'affût, chasseurs qui savez ce qui rôde d'inconnu et ce qui chemine de troublant sous les étoiles, vous comprendrez qu'en des moments pareils, nul n'est bien sûr de ce qu'il a vu ni de ce qu'il a entendu. Le sang bat trop violemment dans les artères, le cœur est trop ému. Je n'avais que douze ans. J'avais peur. Le vent soufflait, avec un parfum de foin et de moisissure, par le couloir où nous nous étions réfugiés. Mais je n'oublierai jamais qu'en face de nous, sur le mur pâle, le tronc boursouflé de la vigne se tordait, et que, reportant mes yeux vers lui, tout à coup j'aperçus de petits points lumineux, comme les prunelles des rats, qui remuaient le long de ce point aérien. Le corps, je ne pouvais le distinguer; mais l'éclair trottant de ces yeux de bêtes, ces points de phosphore en mouvement, je les aurais pu compter, sans la frayeur qui nous prit, nous fit fuir entre les murailles de foin, et haletants, sans paroles, à travers les campagnes, qui nous parurent pleines de ces mêmes serpents de feu, nous chassèrent jusqu'à la maison.

Nous étions trop profondément impressionnés pour cacher ce que nous venions de faire et ce que nous avions cru voir.

« Vous avez eu tort, dit mon père sérieusement ; dans ce pays-ci, j'ai remarqué que la nuit était rarement sans témoins. Il n'y a pas un braconnier de terre ou d'eau qui échappe aux yeux de ces gens qui se couchent de bonne heure, et qu'on suppose endormis. Je crains que vous ne m'attiriez une mauvaise affaire. »

Le remords nous vint ; mais il était trop tard. Nous ne pouvions pas maintenant recommencer l'opération, et ramener à leur lieu de naissance la troupe de rats, de souris et de bêtes puantes que nous avions, charitablement, conduits chez le voisin. Nous n'aurions pas osé. Et puis, les ruses qui réussissent une fois avaient-elles une vertu de retour ? Nous n'en savions rien.

Huit jours se passèrent. Nous remarquâmes seulement que le plancher du grenier, au-dessous duquel nous couchions, n'était plus effleuré, égratigné ou heurté par la sarabande nocturne des rats poussant une noix devant eux.

Le neuvième jour, un dimanche, avant le dîner, mon père nous fit appeler dans la salle à manger. Nous le trouvâmes causant avec le métayer de la Clopinaie, qui était debout et paraissait très animé. Le père Busson, rasé de frais, avec ses deux petits favoris courts et ses longs cheveux blancs, tournait vers nous sa tête vénérable où clignaient deux yeux vifs.

« Oui, monsieur, dit-il, j'ai vu les deux enfants promener le rat dans le chemin et autour de chez moi. Même que le chien a eu peur, à cause de l'odeur, vous comprenez ; car il est brave, Parisien, et il n'a pas peur de ceux qui courent la nuit. Il a senti par-dessus la haie, et il s'est jeté dans nos jambes. Depuis ce moment-là, on ne peut plus dormir à la Clopinaie, les rats font trop de bruit.

— Allons donc ! vous ne croyez pas plus que moi que les rats changent de maison parce qu'on a promené un rat grillé à travers le pré?

— Monsieur, je sais ce que je sais. On ne peut plus dormir, et ils m'ont mangé pour bien des écus de froment.

— En huit jours?

— Comme je vous le dis. Et il faut me payer le dommage. C'est mille francs que je vous demande, pas un sou de moins. »

Nous étions blancs de terreur, et je crois n'avoir jamais senti un regret pareil. Mon père se fâcha. Le métayer tint bon, et finalement, après avoir fait trois fausses sorties, proposa :

« C'est justement la différence qui nous empêchait d'être d'accord, l'autre jour, pour mon champ. »

L'idée du parc revint à mon père et sauva tout. En dix minutes l'affaire fut conclue, le projet de vente écrit en double et signé.

Le père Busson s'était radouci. Il avait repris sa bonne figure dodelinante et paterne. Même il nous faisait des signes à travers la table, pour nous dire : « Je ne suis plus fâché, mes petits; vous pourrez revenir à la Clopinaie chasser les merles et cueillir des coucous ; » mais nous ne répondions pas à ses avances. La terreur nous tenait toujours.

Lorsqu'il eut relu sa pièce et qu'il la sentit, pliée en quatre, dans la poche de sa veste, il trinqua avec mon père, qui avait fait apporter une bouteille de vin, selon l'usage. Et, en reposant le verre, il eut un demi-sourire que je n'oublierai pas plus que le ruban d'yeux luisants sur le tronc de la vigne.

« Après tout, dit-il, personne n'est sûr des choses de nuit. Si j'ai tant de rats chez moi, c'est peut-être parce que j'ai laissé mon avoine étalée à même dans mon grenier, et mon froment, et mes pois de semence, et aussi parce que mes deux chats sont morts. »

Il était content; mais pour rien au monde il ne l'eût avoué.

« Tâchez de ne pas recommencer de pareilles plaisanteries, nous dit mon père en le voyant s'éloigner. Votre rat m'a coûté mille francs. C'est cher ! »

Le son de sa voix démentait ses paroles, et lui non plus n'avait pas l'air fâché.

Et à présent tout est mort; les quatre haies du champ ont été abattues et nivelées, les arbres brûlés, les ardoises du vieux toit remplacées. Rien n'est plus vivant, si ce n'est la peur de cette nuit silencieuse d'autrefois et de ces flammes menues qui grimpaient sur la vigne, et qui, peut-être, n'ont jamais été.

LA CORNEILLE A BEC ROUGE

Une année, mes parents avaient loué une maison au bord de la mer, beaucoup plus tôt que de coutume, vers la fin du printemps. Je commençais à grandir, et, rendu plus hardi par l'âge, laissé plus libre par tolérance, je courais les grèves, à de longues distances, pour enrichir ma collection d'œufs d'oiseaux.

Quand je songe à la barbarie que j'ai eue d'arrêter ainsi la vie en germe, et de prendre, tout chauds encore de l'aile de la mère, les œufs d'où devaient sortir des bêtes jolies et fines, des chanteurs, des courriers de toutes les saisons nouvelles, des êtres dont la joie, en somme, est faite pour le monde où ils s'échappent, je me rappelle invinciblement cette date où je cessai d'être dénicheur de nids, tout à coup, pour jamais. L'événement fut étrange, et j'en demeurai longtemps frappé.

Nous étions à la Trinité-sur-Mer, près des alignements de Carnac, sur la baie de Quiberon. Il n'y avait, à cette époque, aucun baigneur, et je vivais un peu avec les pêcheurs, gens de misère, hâlés, bronzés, disputeurs et hardis.

Rude existence que la leur! Dès que le soleil baisse, ils partent sur leurs chaloupes. Ils suivent d'abord la rivière où est leur port d'attache; où la marée court éternellement dans un sens ou dans l'autre. A trois kilomètres plus bas la mer commence, et les bateaux s'éparpillent sur l'immensité bleue. Où vont-ils? Cela dépend des jours, du temps qu'il fait, du vent qui souffle, du poisson qu'ils cherchent; les sardiniers traversent la baie de Quiberon et vont dans le courant de Belle-Isle; les forbans, bateaux pêcheurs de homards, pointent sur les îles; les synagos qui traînent le chalut laissent à gauche Port-Navalo et le cap de Saint-Gildas-de-Rhuys, s'orientent sur la chapelle de Saint-Michel-en-Carnac, et gagnent les basses de Plouharnel, où l'eau est peu profonde, le fond de sable, le poisson abondant. Quand ils arrivent, il est six ou sept heures du soir. Et en pêche! On jette le chalut, grande poche de filet qui traîne au fond de l'eau, gueule ouverte où tout s'engouffre, des soles, des raies, des plies, des crabes, des araignées de mer gigantesques, au milieu d'une forêt d'algues resplendissantes; parfois même, quand le chalut va vite, entraîné par les deux voiles carrées que gonfle la brise du large, des bandes entières de mulets, de grondins ou de rougets, happées au passage, demeurent prisonnières dans les flancs de la machine. Toute la nuit se passe ainsi, à la mer, à la fatigue, dans le vent et la pluie, et, après douze heures de pêche, au petit jour, les pêcheurs regagnent le port pour y vendre le poisson, qu'on expédie à Paris par le premier train.

Ces marins connaissent bien la baie dangereuse où ils vivent. De nuit comme de jour ils voient l'écueil : c'est un art difficile, car les roches sous-marines ne manquent pas, surtout aux abords des îles de Houat et de Hœdic.

Or c'est là, là seulement, à Houat, à Hœdic et à Belle-Isleen-Mer, que niche la corneille à pieds rouges et à bec rouge, l'oiseau rare dont les œufs manquaient à ma collection.

Houat surtout m'attirait. J'avais considéré souvent, dans une rêverie de désirs et de regret, la mince ligne brumeuse, que je savais être une muraille de falaises sauvages, et qui rompait, comme un peu de fumée immobile, la courbe de la ligne d'horizon. Comment m'y rendre? Si les synagos avaient voulu! Mais les synagos ne voulaient pas : on ne se dérange pas pour si peu; il y a des habitudes, des projets, des rendez-vous pris avec le poisson, et puis, que voulez-vous! on est fier; les bateaux sont faits pour pêcher, et non pour promener les désœuvrés.

Repoussé de ce côté, j'accostai un matin le père Grundo. Le père Grundo était un ancien douanier, qui avait habité plusieurs années à Port-Navalo et, depuis sa mise à la retraite, employait ses loisirs à pêcher à la ligne, à l'embouchure du Krac'h. De cette circonstance, j'avais conclu qu'il connaissait la baie. La conclusion était erronée, comme on le verra.

« Père Grundo, je voudrais aller à l'île de Houat.

— On vous y portera, et aisément, si le vent est bon. Mais, que diable allez-vous faire dans l'île? On n'y voit que de la roche, et vous en avez ici tant que vous en désirerez, de la jaune, de la noire, de la grise.

— Je vais chercher un nid de corneille à bec rouge. »

Il balança la tête un moment, et dit :

« Ça n'est pas chanceux de dénicher cet oiseau-là. On ira tout de même, puisque vous le voulez. Quand faut-il être prêt?

— Demain matin. »

Avant le jour, le père Grundo m'éveilla, en jetant dans les volets de ma fenêtre une petite pierre, signal convenu. Quelques minutes après, j'étais sur la jetée. Mes deux marins m'attendaient. Le premier était le père Grundo, et le second un cabaretier de la Trinité, propriétaire d'un canot de dix-huit pieds de long, qui devait nous porter à Houat.

L'unique voile, très large et très haute, fut hissée. L'eau frétilla contre la proue. Nous étions partis. Le soleil n'était pas encore levé. L'ombre des hautes rives se projetait sur la rivière où nous avancions doucement, balancés par les dernières ondulations de la mer, qui venaient jusqu'à nous. On n'entendait que le glissement de la chaloupe sur les moires grises du Krac'h et, à travers la brume qui voilait les côtes, le rire frais des petites vagues sur la plage.

« Que c'est joli, père Grundo !

— Faut pas dire ça au départ, répondit le bonhomme, assis à la barre; on ne sait jamais s'il a fait beau que quand on revient. »

Je le trouvai poncif. Bientôt le cap fut doublé. La baie s'ouvrit, immense et lumineuse. D'un seul regard, nous pouvions l'embrasser tout entière, depuis la pointe de Quiberon jusqu'à celle de Rhuys. Le jour blanchit; les étoiles et les phares pâlirent ensemble. Et, en trois heures, gaiement, avec du vent et du soleil plein la voile, nous atteignîmes les falaises de l'île.

Après avoir donné rendez-vous aux deux hommes, qui devaient me rejoindre à la pointe, là-bas, je sautai sur un rocher, puis sur un autre, et, par un sentier en lacet, je montai jusqu'au tertre de gazon ras qui domine de très haut l'île de Houat. J'aurais pu me croire au sommet d'un mât de navire. La terre, autour de moi, avait l'air toute petite comme une hune. Elle était étroite, allongée, cultivée dans la partie la plus proche, sauvage et couverte de landes au delà, et partout enveloppée de rochers noirs, tombant à pic dans la mer bleue. Le spectacle eût retenu longtemps tout autre qu'un dénicheur de nids. Mais, presque tout de suite, je cherchai des yeux la corneille à bec rouge. Les alouettes seules planaient au-dessus des sillons. Je descendis du tertre, et je commençai à faire le tour des criques, par les venelles où les racines de bruyères se tordaient comme des serpents, en paquets nus, pour se redresser plus loin en touffes roses.

Il était plus de midi, et j'arrivais à la pointe la plus farouche de l'île, lorsque je vis s'élever au-dessus de l'abîme et tournoyer une corneille, petite, élégante, dont le bec par moments semblait comme une cerise.

« La voilà ! criai-je à mes compagnons qui m'avaient rejoint. La voilà ! le nid n'est pas loin ! »

Le douanier et le cabaretier se couchèrent près de moi dans la lande, et, rampant, s'approchèrent du bord qui était en pente. Nous passâmes la tête au-dessus des herbes qui tremblaient de la perpétuelle marée d'air froid et d'embruns montant de la falaise. J'eus un frémissement de peur. A soixante pieds plus bas, dans une anse presque fermée par les écueils, presque ronde, la mer s'engouffrait, tournait, se heurtait contre toutes les parois à la fois, avec une telle violence que nous sentions la terre s'agiter sous nos ventres, et tout à coup s'affaissait sur elle-même, comme bue en-dessous par une bouche monstrueuse qui allait la revomir contre nous ; et alors, pendant une seconde, nous pouvions voir la profondeur du puits doublée, et parmi les cascades ruisselantes, dans le demi-jour des reflets verts, les assises de roches où jamais un homme vivant n'avait abordé. C'était le centre de la bataille éternelle, le point où les courants de la haute mer se confondaient et roulaient ensemble à l'assaut de la terre, et l'on voyait parfois jaillir, du milieu du gouffre, une colonne d'eau comme un bras qui battait l'air, et retombait brisé.

Or, à la moitié de la muraille que formait la falaise en éperon, sur la gauche, dans le mugissement des lames, dans la tempête de bruit et d'écume, sur le plat d'une pierre qui surplombait, un oiseau noir, immobile, était couché. Nous pouvions voir sa tête, son bec éclatant posé sur le bord du rocher, l'éclat variable de son œil, qui tantôt nous surveillait, et tantôt se remettait à errer, tranquille, sur la mer furieuse. Il ne se levait pas, bien qu'il eût peur. Il élargissait ses ailes pour mieux attiédir le nid, et parfois les secouait, lorsque la poussière d'eau tombait en gouttes sur ses plumes. En l'air, très haut, un oiseau tout pareil planait, et il n'était plus qu'un petit point dans le bleu.

« C'en est une, dis-je tout bas, une corneille. Elle couve. Qui veut descendre avec moi?

— Pas moi, dit le père Grundo. C'est un métier à se tuer. »

Le cabaretier se souleva sur ses coudes, inspecta la partie avançante de la falaise, et dit :

« Faut que ça vous tente bien, tout de même! Tâchons de trouver l'escalier. »

Je me rappelle que nous nous tînmes par la main, lui et moi, pendant plusieurs minutes, sur l'étroite bande d'herbe rase, bordée de deux précipices, qui pointait vers le large, et que le vent nous poussait, par petits coups sournois, vers la droite; puis que je me baissai, que j'avançai le pied au-dessus du vide, que je trouvai en tâtant un rebord de pierre, et un autre encore, et un troisième, et qu'étourdi par la fumée et par le mugissement de l'abîme, je serrais de toutes mes forces les doigts de l'homme, qui me suivait en

Mes deux marins m'attendaient.

s'accrochant aux pierres avec son bras libre. Je me rappelle aussi qu'arrivé à un mètre à peu près au-dessus du nid, je dis à mon compagnon : « Tenez bien, je vais le prendre, » et qu'à ce moment l'oiseau ouvrit son bec, et que j'aperçus son gosier rose tout béant, d'où devait sortir un cri que je n'entendis pas, et que j'entendis seulement l'exclamation de terreur du père Grundo, debout sur la falaise, au tournant de la crique :

« N'y touchez pas ! n'y touchez pas ! »

Je m'arrêtai, je regardai le gouffre qui me séparait de Grundo, et je sentis le vertige me saisir.

Le cabaretier remarqua que je pâlissais.

« Remontons vite ! dit-il. Laissez la corneille ! »

Je ne sais pas comment j'ai pu remonter le long de l'effrayante muraille que j'avais descendue. Je n'avais plus aucune force, et, malgré moi, mes yeux suivaient le tournoiement de ce bleu et de ce vert des lames qui m'attiraient en bas. L'hallucination mortelle m'envahissait.

Lorsque j'eus repris mes sens, je dis au vieux douanier :

« Qu'aviez-vous à crier ? Vous m'avez fait peur. Ne savez-vous pas que vous pouviez nous jeter à l'eau, avec vos cris ? »

J'étais furieux contre lui, un peu honteux d'avoir cédé à une impression nerveuse, et vexé de ne pas rapporter le nid de corneille. Le bonhomme écouta mes reproches pendant cinq minutes, en bourrant sa pipe, sans répondre ; puis il se rapprocha du bord, dont nous nous étions écartés.

« Elle n'a pas quitté ses œufs, fit-il, c'est bon signe.

— Signe de quoi ? dis-je en me penchant à mon tour.

— Qu'elle ne nous en veut pas, monsieur. Ces oiseaux-là, suffit de voir la couleur de leurs œufs pour qu'ils soient vos ennemis. Mais quand on ne dérange rien dans leur maison, c'est des amis qu'on se fait. »

Je levai les épaules, et je regardai une dernière fois en bas. Au-dessus des tourbillons, enveloppé d'un arc-en-ciel que le soleil venait de jeter comme un pont sur les vapeurs du gouffre, je vis l'oiseau noir, le bec tendu vers le large, les yeux fermés, qui sommeillait sur ses œufs.

De toute l'après-midi, je n'adressai pas la parole au père Grundo, qui ne parut aucunement s'affecter de mon silence. Je visitai toutes les bruyères de l'île, et toutes les plages, et les deux sureaux et le figuier qui représentent à Houat la végétation arborescente, et les maisons qui coupent le vent de mer avec leurs toits de chaume.

Il était tard déjà, et le soleil se couchait, lorsque nous mîmes à la voile pour le retour. Tant qu'il fit jour, la brise souffla. Mais elle tomba dès que le soleil fut couché, la mer demeurant houleuse. Puis de gros nuages montèrent de plusieurs points de l'horizon.

« Ça va mal! dit le père Grundo en allumant une lanterne qu'il pendit au beaupré. Voilà le calme, et nous sommes loin de la Trinité, pour sûr!

— Qu'importe? demandai-je. Vous savez tous deux diriger un bateau la nuit, je suppose? La route vous est connue? »

Ils ne répondirent ni l'un ni l'autre.

Bientôt la nuit devint noire. Les hommes prirent les avirons, et je dus prendre le gouvernail. La voile resta haute, parfois poussée par un petit souffle errant, dernier passage de brise, parfois molle et fouettant la mâture. Je ne m'inquiétais pas, je jouissais plutôt de cette traversée lente, dans le silence prodigieux, et de la magnificence de la mer, qui sous le ciel obscur, tendu de nuages dont une mince bande rougeâtre luisait seule au couchant, s'illuminait jusqu'en ses profondeurs, et devenait de plus en plus phosphorescente. Le ciel était mort; on eût dit qu'il avait versé toute sa lumière dans l'abîme. Le gouvernail que je tenais, frémissant

Je serrais de toutes mes forces les doigts de l'homme.

entre mes mains, laissait derrière lui un sillage comme une fumée d'argent, traversée d'éclairs vifs et dorés : poissons, algues, bulles d'air, je ne savais. Les rames en se levant faisaient pleuvoir, sur les grandes houles rondes, des milliers de gouttes brillantes, qui roulaient un instant à la surface, et fondaient leur rayon dans la clarté des lames fuyantes.

Mon plaisir fut de courte durée. Le père Grundo m'avait recommandé de guetter un écueil que nous devions avoir à un demi-kilomètre en avant, d'en approcher jusqu'à raser une certaine tour de refuge et de tourner à angle droit. Je fatiguais mes yeux à deviner la nuit. Tout à coup le cri d'un corbeau courut sur la mer.

« La corneille rouge! dit Grundo. Attention ! »

J'écartai la voile pour mieux voir. A trente mètres à peine, juste en face, la tour pointait dans l'ombre.

Au sommet, perchés en rond sur la rampe de fer, une douzaine de cormorans, le bec tendu en avant, dessinaient leur silhouette sur le ciel. Plusieurs avaient une aile ouverte au vent, comme un bras levé. La brume les faisait paraître immenses. Deux hérons, posés sur la maçonnerie de la balise, présidaient ce chœur fantastique, tandis que les vagues phosphorescentes battaient le pied de la tour comme des flammes d'incendie.

Nous tournâmes à angle droit, et la chaloupe fut immédiatement enveloppée d'une obscurité si épaisse, que je ne voyais plus rien au delà de la lanterne. Nous étions sous la falaise d'un grand écueil. La marée grondait sur les roches et secouait plus fortement le bateau, et nous sentions l'odeur des goémons froissés et brisés par elle. Qu'y avait-il devant nous? la mer libre? heureusement, mais aucun de nous ne le savait au juste; car, lorsque nous fûmes sortis de ce chemin d'ombre et de vacarme, les deux marins se mirent à se disputer.

« C'est les Méabans que nous venons de dépasser, me dit le père Grundo pour me rassurer.

— Allons donc! interrompit le cabaretier. Les Méabans! T'as donc pas vu que nous avons dérivé? Nous sommes sous les Buissons!

— Pas du tout! A preuve que voilà le phare de la Teignouse...

— Tu t'y connais! C'est celui de Port-Navalo! »

Le père Grundo, qui commandait la manœuvre, voulut faire taire l'opposant, et dit d'une voix forte :

« Barrez droit devant, monsieur; n'y a plus de cailloux : nous allons bien. »

Et ils se reprirent à ramer. Mais j'avais perdu toute confiance. Je crois qu'eux-mêmes n'en avaient aucune. Le peu qui restait de vent sauta au nord; la voile ne servit plus à rien; les deux hommes, las de manœuvrer les avirons, se penchaient de temps en temps, l'un ou l'autre, pour observer la couleur de la mer, et je les voyais, chacun de son côté, secouer la tête en signe de mauvaise humeur. Avancions-nous? N'étions-nous pas, au contraire, emportés en arrière par des courants comme il y en a tant et de si forts dans le Morbihan? La phosphorescence diminuait autour de nous; la nuit occupait, en plus du ciel tout entier, les eaux, qui ne luisaient plus qu'à la pointe des lames. Au bout de trois quarts d'heure, je crus entendre le cabaretier qui disait tout bas :

« T'as pas voulu me croire; j'allons à notre perte ! »

Je demandai :

« Sommes-nous en bon chemin, Grundo?

— Bien sûr! puisque je vous... »

Au même moment, pour la seconde fois, un cri de corneille, non pas d'une seule, mais de toute une bande qui s'envolait et nous frôlait dans l'obscurité, nous fit nous dresser debout, tous trois ensemble.

« Écueil! cria Grundo. Barrez à gauche ! »

J'obéis; la chaloupe entra dans l'ombre d'une énorme roche, dont la silhouette apparut vaguement et disparut, et contre laquelle nous allions nous briser. Les hommes ne ramaient plus. Ils avaient peur. Ils entendaient le roulement continu de l'océan sur le récif invisible.

« Monsieur... »

Un choc assez doux, traînant et glissant, interrompit Grundo. La chaloupe s'arrêta. Elle avait touché. Je poussai un cri et me penchai par-dessus le bordage.

A la lueur des étincelles qui s'échappaient du gouvernail, j'aperçus, à une petite profondeur, un semis de cailloux ronds, une base de galets gigantesques, parmi lesquels nous étions engagés.

« Ce n'est rien, monsieur! La coque est solide : laissez-nous faire! »

Sa voix tremblait. Pendant dix mortelles minutes, je sentis et j'entendis la morsure des roches contre la quille. Enfin, les deux avirons servant de gaffe, et soulevés par la mer qui montait, nous sortîmes de l'écueil. Grundo voulut parler.

« Assez! lui dis-je. Voilà deux fois que nous manquons de nous perdre sur les brisants. A cent mètres au large, et mouillons l'ancre! »

Il se tut. Nous avançâmes un peu. Mais à peine avions-nous fait la moitié du chemin, que nos yeux, rendus plus aigus par la peur, distinguèrent une pyramide noire, plus noire que la nuit, où un peu de lumière flotte toujours.

« Qu'est-ce que c'est? Une roche?

— Non, monsieur, ça vient! Gare dessous! Ohé! Qui vive? »

Une gerbe de feu traversa l'espace, de la forme d'ombre jusqu'à nous, et illumina notre avant. En même temps une voix cria :

« Ronde de douane!

— Gare à tribord! » répétait Grundo.

Un instant après, grâce au calme de la mer, nous étions accostés par la patache des douanes de la Trinité, qui naviguait ses deux voiles en croix, pour mieux prendre le vent. Le brigadier, un fanal à la main, nous considéra un instant, et remarquant la mine dépitée du père Grundo, qui cherchait à se cacher en rabattant sur ses yeux le bord de son chapeau :

« Qu'est-ce que tu pêches donc là, Grundo? dit-il.

— Je ne pêche pas, » répondit le vieux douanier d'un ton de mauvaise humeur.

J'expliquai au brigadier que nous étions perdus. Les quatre hommes qui montaient la patache partirent d'un rire sonore.

« Perdus dans la baie! Ah ça, Grundo, mon bonhomme, tu ne serais pas bon pilote! L'endroit n'est pas joli pour naviguer de nuit. »

Grundo ne répondit pas.

« Où sommes-nous donc? dis-je au brigadier.

— Entre Locmariaker et les falaises de Saint-Philibert, à un mille au plus de la côte, avec des cailloux à gauche, à droite et en arrière. Si vous voulez, monsieur, partons ensemble, je vous montrerai la route, et, avant deux heures, nous serons à la Trinité. Ça va-t-il, Grundo? »

Le bonhomme fit semblant de ne pas entendre. Seulement, une heure plus tard, quand il se sentit en bon chemin, remorqué par la patache, dont les voiles avaient retrouvé un peu de vent, il vint près de moi, qui m'étais couché sur un banc.

« Eh bien! monsieur, me dit-il en croisant les bras, c'est-il des oiseaux à dénicher, les corneilles à bec rouge? Si nous ne les avions pas eues, deux fois, pour nous sauver! J'ai idée que c'est la petite mère qui couvait là-bas, qui nous a suivis toute la nuit...

Voyez-vous, il y a cinquante ans que je les connais : ça se venge du mal et ça se venge du bien qu'on leur fait...

— Vous connaissez peut-être les corneilles, Grundo, mais pas la baie. »

Nous nous quittâmes là-dessus. Mais, revenu à terre, je songeai à ce double avertissement, si étrange, donné assurément par des oiseaux de même espèce, au moment même où nous étions en danger.

Et ni l'œuf de la corneille à bec rouge, ni celui d'aucun autre oiseau ne vint plus enrichir ma collection. J'ai fermé la vitrine, et ne l'ai jamais rouverte.

CONTES

DE BONNE PERRETTE

LE MOULIN QUI NE TOURNE PLUS

Le moulin de maître Humeau tournait si vite et si bien, de jour, de nuit, par tous les temps, que le monde s'en émerveillait et que le meunier s'enrichissait. Il était haut sur une colline, solidement assis, bâti d'abord en maçonnerie, d'où s'élevait une charpente... Oh! la belle charpente, mes enfants, et que celui qui l'avait faite, dans les temps dont on ne parle plus, devait être un bon ouvrier! Elle commençait par un pivot d'un seul morceau, d'où partaient plus de trente poutres courbées portant la cage, les ailes, le toit, et le meunier qu'on ne voyait pas. On avait abattu les arbres à plus de cent mètres autour, et comme le pays était de plaine, très étendu et très ouvert, le moulin se voyait de toutes parts. La moindre brise qui traversait, le rencontrait. Il n'en fallait, pour faire virer les ailes blanches, que ce qu'il en faut pour que les blés chatoient, pour qu'une tige de pissenlit perde ses graines. Un orage le rendait fou. Pendant l'hiver, quand soufflait le vent du nord, le meunier serrait toute la toile, et ne laissait que le châssis en baguettes de châtaignier qui suffisait à tourner la meule, et joliment, je vous assure.

Par la fenêtre, quand il ne dormait pas, maître Humeau regardait les ânes monter au moulin, comptait les fermes, où, le plus souvent, on lui devait quelque argent, et, si les moissons mûrissaient, se réjouissait de ce que le bien des autres allait lui rapporter de profits assurés. « Un sac de blé, deux sacs de farine, » c'était sa devise et sa mesure. Il y gagnait encore assez pour être devenu, en peu d'années, le plus gros personnage du pays. Toute la semaine il était meunier, blanc des pieds à la tête; mais, le dimanche, on l'eût pris pour un vrai seigneur, tant il avait de beaux habits, la mine fraîche et l'air content de vivre. « Maître Humeau! » disaient tous les gens. « Eh! mon bonhomme! » répondait-il.

On ne lui en voulait pas. Il était honnête. A vieillir, malheureusement, un peu d'avarice lui vint. La richesse lui fit le cœur plus dur, et il se montra plus exigeant envers les débiteurs qui payaient mal, moins accueillant envers les pauvres qui n'avaient ni chevaux, ni charrettes, ni ânes, ni mulets, et portaient au moulin tout leur froment dans une poche. Un jour que sur la plaine, toute blonde de chaumes, une brise fraîche s'était levée, qui faisait tourner à ravir les quatre ailes de toile, le meunier et sa fille, les bras croisés sur l'appui de la fenêtre, causaient de l'avenir, et, comme il arrive toujours, l'imaginaient encore plus beau que le présent. Cette fille était jolie, plus demoiselle que meunière, et, sans être méchante, avait pris l'habitude, par la faute de ses parents qui la gâtaient, de juger le monde du haut de son moulin, c'est-à-dire d'un peu trop haut.

« Jeannette, disait le père, les affaires marchent bien.

— Tant mieux pour vous!

— Tant mieux aussi pour toi, Jeannette; car, dans deux ans, ou je ne m'y connais pas, ta dot sera mise de côté, le moulin vendu, et je crois que les bourgeois de la ville, même les plus gros, se disputeront à qui deviendra le gendre d'un rentier comme moi. »

La fille souriait.

« Oui, j'ai eu raison, reprenait-il, de refuser ces petites moutures qui donnent autant de mal que les grandes, et qui ne rapportent rien. La clientèle des besogneux, je n'y tiens pas. Qu'ils aillent à d'autres! N'est-ce pas, fillette? »

La jeune meunière étendit le bras vers un chemin creux, ancienne route à peu près abandonnée, toute couverte de saules, qui s'ouvrait au bas de la butte du moulin, descendait jusqu'au plus profond de la vallée, et, rencontrant un ruisseau, le suivait en se tordant, comme un gros sillon vert, jusqu'à l'extrême lointain où les lignes s'effacent. Par là venaient encore, au temps des récoltes, les charrettes chargées de foin, de blé ou d'avoine, et toute l'année, mais peu nombreux, les habitants des rares métairies perdues dans la partie humide de la plaine. Jeannette montra donc un point de la vieille route et dit :

« Voilà justement la veuve du Guenfol qui monte! Elle a son fils avec elle. Que portent-ils donc sur le dos? Des sacs de grain, si je vois net! Une bonne cliente, la veuve du Guenfol! »

Elle se prit à rire si joliment, que les ailes du moulin, qui tournaient pour moins que cela, se mirent à virer plus vite.

« Une glaneuse, une gueuse! répondit maître Humeau. Tu vas voir comme je la recevrai! »

Il demeura les coudes appuyés sur le bord de la fenêtre, et avança un peu sa tête enfarinée, tandis que la femme, péniblement, commençait à gravir le raidillon. Elle était toute courbée, la veuve du Guenfol, sous le poids d'une poche aux trois quarts pleine, qu'elle portait sur le dos et retenait des deux mains par-dessus l'épaule gauche. Trois fois elle s'arrêta avant d'atteindre le sommet de la colline. Et, quand elle jeta enfin son sac près de la porte du moulin, elle soupira de fatigue et de plaisir.

« Ah! dit-elle en regardant son fils, un petit de cinq ans tout frisé, nous sommes au bout de nos peines, Jean du Guenfol! »

Elle leva la tête.

« Bonjour, maître Humeau et la compagnie. Voilà du joli blé que je vous apporte. Il n'y en a pas beaucoup, mais je le crois de bonne sorte.

— Vous pouvez le remporter, fit le meunier; mon moulin ne tourne pas pour quatre boisseaux de froment. Il lui faut de plus grosses bouchées.

— Vous l'avez bien fait l'an passé?

— Oui, seulement je ne le fais plus. Est-ce compris? »

C'était si bien compris, que la veuve pleurait déjà, en considérant sa poche de grain et la pochette du petit Jean, étalées côte à côte, appuyées l'une contre l'autre, comme une poule grise et son poussin. Les remporter, était-ce possible? Le meunier ne serait pas si cruel. Il plaisantait. Et, faisant mine de s'en retourner :

« Viens, dit-elle, Jean du Guenfol; maître Humeau va prendre ton sac et le mien, et il nous rendra de la farine blanche! »

Elle prit par la main son fils, qui regardait en l'air, vers la lucarne du moulin, et qui disait : « Il ne veut pas! Méchant meunier qui ne veut pas! » Mais à peine avait-elle descendu la moitié de la pente, que l'homme, tout en colère, parut au seuil de la porte, et, puisant dans le sac à pleines mains, lança des poignées de froment contre ces pauvres.

« Le voilà votre grain! Revenez le chercher, si vous ne voulez

« Bonjour, maître Humeau et la compagnie. Voilà du joli blé que je vous apporte. »

pas que tout y passe, mendiants que vous êtes, mauvais payeurs ! »

Et les grains de la glane s'échappaient de ses lourdes mains ; ils roulaient sur la pente ; ils pleuvaient sur la mère et le fils, et, si grande était la force du meunier, qu'il y eut toute une poignée qui vola jusqu'au sommet du moulin, et retomba comme grêle sur le toit. On entendit un craquement, et les ailes s'arrêtèrent net. Mais le meunier n'y prit point garde, car il remontait déjà par l'échelle intérieure, tandis que la veuve, toute désolée, relevait son sac à moitié vide. La belle Jeannette riait à la fenêtre.

Un cotillon gris, une veste noire, c'est vite caché dans la campagne feuillue. En peu de minutes, maître Humeau et sa fille eurent perdu de vue les deux pauvres. Alors ils cessèrent de rire, et s'aperçurent que le moulin ne tournait plus. Les ailes remuaient du bout, frémissaient, pliaient un peu, comme si elles étaient impatientes de repartir; mais le pivot résistait au vent. Le moulin était arrêté.

« Je vais lui donner de la toile, dit le meunier; c'est la brise qui aura faibli. »

Et, d'un tour de manivelle, il déploya sur les traverses de bois toute la toile qu'il déployait dans les jours où le vent se traîne, paresseusement, dans les cieux calmes. La charpente entière fut ébranlée, les murs du moulin tremblèrent, et l'une des ailes se rompit sous la violente poussée de l'air.

« Maudits mendiants! s'écria maître Humeau, voilà ce que c'est que de les écouter! Il y aura eu quelque saute de vent, bien sûr, pendant que je les renvoyais! »

Les ouvriers, dès le lendemain, se mirent à réparer le moulin du meunier. Celui-ci les paya, tendit sa toile, comme à l'habitude, et écouta, de l'intérieur de son réduit, près de ses meules immobiles, attendant ce roulement d'en haut, cette plainte du bois qui, tous les matins, annonçaient que les ailes commençaient à virer. Il dut bien vite replier sa toile, de peur d'un accident nouveau. Les poutres longues pliaient comme des cerceaux, et rien ne tournait.

« Ces ouvriers de village sont des ignorants et des gâcheurs d'ouvrage! dit le meunier. J'en ferai venir de la ville, et nous verrons! »

Il eut, en effet, des ouvriers de la ville, qui démolirent le toit, remplacèrent les quatre ailes, l'engagèrent en de grosses dépenses, et cependant ne réussirent pas mieux que n'avaient fait les autres. Quand on voulut essayer leur machine nouvelle, le vent ne put la mettre en mouvement. Il siffla dans les traverses, tendit la toile, la creva même, et ce fut tout.

Cependant la clientèle s'en allait. Maître Humeau commençait à avoir des procès, à cause des fournitures qu'il avait promises et qu'il ne livrait point. La dot de Jeannette ne s'enflait pas, bien au contraire. Le meunier et sa fille commencèrent à pleurer.

« Je ne comprends rien à ce qui nous arrive, dit Jeannette; mais je crois que ces gens du Guenfol y sont pour quelque chose. Nous les avons offensés, et peut-être qu'ils découvriraient la raison pour laquelle le moulin ne tourne plus.

— S'il ne fallait qu'un beau cadeau pour leur faire lever le sort qui pèse sur nous, répondit le meunier, je n'y regarderais pas.

— Allez donc, et soyez très doux, mon père; car notre fortune dépend peut-être de ces pauvres. »

Maître Humeau obéissait toujours à sa fille, même quand elle n'avait pas raison. Mais en cette circonstance il fit bien de l'écouter.

Par les chemins, si verts qu'ils en étaient noirs, le long du ruisseau, il se rendit au Guenfol. A mesure qu'il s'avançait vers le fond de la plaine, l'air devenait plus humide : des grenouilles sautaient sur la mousse de la route abandonnée; le parfum des plantes à larges feuilles, des foins jamais coupés, des roseaux qui entamaient la chaussée ou dentelaient le courant, dormait au ras du sol. Et le meunier, habitué aux sommets, respirait mal et se sentait d'autant mieux porté à la pitié. Sous les branches, à quelques pas de la rivière, et toute couverte de moisissure, il aperçut la maison du Guenfol : herbes au pied, herbes pendant du toit, elle avait comme une chevelure que le vent mêlait ou démêlait. On n'entrait là qu'en se courbant. Maître Humeau n'y entra pas, car il découvrit en même temps un champ tout étroit qui montait en pente douce, un champ qui ressemblait à une plate-bande et où travaillait un enfant. Jean du Guenfol avait jeté sa veste sur le talus, et dans la mince bande de terre il bêchait de toute sa force, et l'on voyait autour de lui tant de tiges défleuries de pavots, de menthe et de lavande surtout, que le nombre en était plus grand que celui des tuyaux de chaume.

« Voilà donc la mauvaise boisselée de terre d'où ils tirent leur vie! pensa le meunier. Et c'est le petit qui la remue! Holà, Jean du Guenfol! »

L'enfant se retourna, reconnut maître Humeau, et rougit, sans quitter le sillon où sa bêche venait de s'enfoncer. Mais, comme il était habitué à parler honnêtement à tout le monde, il demanda :

« Que voulez-vous, maître Humeau?

— Mon moulin ne tourne plus depuis le jour où vous êtes venus, ta mère et toi, mon petit ami.

— Je n'y peux rien.

— Peut-être que si, peut-être que non. Ma fille Jeannette s'est mise en tête que mon moulin, qui s'est arrêté en vous voyant de dos, pourrait bien repartir en vous voyant de face.

— Ma mère est morte de misère, répondit Jean du Guenfol. Depuis quinze jours il n'y a plus que moi pour ensemencer notre champ, car ma grand'mère est toute vieille. Laissez-moi, maître Humeau. Je n'ai pas le temps de vous suivre. »

Il avait soulevé sa bêche et frappait la terre, qui s'éboulait en mottes velues. Les pavots tombaient, la menthe s'évanouissait en poussière, la lavande se brisait en fils bleus.

« Tu ne fais qu'enfouir de mauvaises graines dans ton champ, reprit le meunier. Écoute-moi : si tu m'accompagnes au moulin, et si tu découvres ce qu'il a, je te donnerai cinq sacs de farine, de quoi manger tout ton hiver.

— Je n'ai pas le temps.

— Tu en choisiras dix au versoir de mes meules.

— Maître Humeau, je ne suis point ouvrier en moulins, et je ne sais pas ce qu'ont vos ailes.

— Jean du Guenfol, je te ferai bâtir une maison neuve au bas de mon coteau, pour ta grand'mère et pour toi, et je t'abandonnerai un de mes champs grand comme trois fois le vôtre. »

Le petit laissa tomber la bêche et suivit l'homme.

Quand ils furent devant le moulin, les ailes ne tournèrent pas toutes seules, comme l'avait cru Jeannette. Mais le petit monta par l'échelle, ayant derrière lui le meunier et sa fille, qui, n'ayant plus d'autre espoir, le suppliaient, chacun à son tour :

« Regarde bien, Jean du Guenfol! Désensorcelle notre moulin! Regarde bien, regarde tout! »

Le petit fureta dans les coins, parce qu'il prenait plaisir à visiter le moulin. Il voulut grimper jusqu'au pivot, et le meunier se courba, disant :

« Monte sur mes épaules, petit; sur ma tête : tu n'es pas lourd! Vois-tu quelque chose du côté du pivot?

— Je ne vois rien, dit Jean du Guenfol; mais je sens l'odeur de notre blé! »

A ce mot-là, maître Humeau fut si troublé, qu'il en faillit tomber à la renverse. Il s'appuya aux murs de bois de son moulin, et dit :

« Jean du Guenfol, je te repromets... »

Déjà l'enfant avait passé sa main dans l'ouverture où l'arbre de pivot tournait si bien jadis. Et, comme il avait la main fine, il tâta les bords de la fente, reconnut le grain de blé au toucher, le retira,... et aussitôt les quatre ailes, poussées par le vent d'automne, virèrent en faisant chanter tout le bois de la charpente.

Depuis lors, nuit et jour, le moulin n'arrête plus.

C'est pour cela qu'on voit maintenant sur la pente une maison nouvelle, avec un champ qui est grenant comme pas un, et qui n'a d'ombre, aux mois d'été, que les quatre ailes du moulin.

LA JUMENT BLEUE

« Emporte bien ta mante, petit, de peur d'avoir froid !
— Je l'ai sur le bras.
— Emporte tes sabots !
— Ils me pendent au cou.
— Emporte ta houssine, de peur des loups qui rôdent !
— Elle est attachée à mon poignet, mère, et solide comme un de mes doigts.
— Bonne nuit pour toi !
— Bonne nuit pour vous ! »

Tous les soirs, quand Jean-Marie Bénic du pays des Côtes partait avec ses juments, la mère ne manquait pas de lui adresser ces recommandations. Elle était veuve, avec cinq fils dont il était le dernier, jeune gars qui allait atteindre ses dix-huit ans. La ferme, abritée par une ceinture de bois que le vent tourmentait, n'était séparée que par là des plages où les vagues écumaient, sonnaient et sautaient pendant trois saisons de l'année. Elle s'appelait la Grénetière, et on pouvait la dire assez mal nommée, car le froment poussait médiocrement dans ces terres salées ; on n'y voyait de belles moissons que celles de sarrasin, qui levaient drues leurs tiges rouges et leurs fleurs couleur de nuages d'été, où les abeilles font leur miel. D'ailleurs beaucoup de genêts, beaucoup d'ajoncs, et des marécages, et des terrains perdus où le vent semait et où la gelée d'hiver récoltait toutes sortes d'herbes inutiles. Mais les prairies étaient superbes, plantées de touffes pressées et gaillardes qui donnaient du foin, du regain et de l'arrière-regain, sans compter cinq mois de pâture; prés humides, cela va de soi, prés qui tournaient entre des coteaux boisés et que traversait un ruisseau à peine gros comme le poing dans le temps chaud, qui s'étendait en nappe et formait comme un lac après les pluies d'automne.

Là vivaient en liberté, depuis la fin de juin jusqu'au milieu de novembre, les six juments qui faisaient l'orgueil et la richesse de la Grénetière. Il était impossible d'en voir de plus belles dans le pays des Côtes, où cependant la race des chevaux est renommée. Un homme de haute taille n'arrivait pas à la hauteur de leur garot. Leur trot valait le galop de plusieurs autres. Pour le pelage, bien qu'il fût quelque peu varié, il se rapprochait de la teinte de l'ardoise, et il y avait même une pouliche de trois ans, la préférée de Jean-Marie Bénic, dont la robe était vraiment bleue, avec une étoile au milieu du front. Les marchands disaient tous :

« Vendez-nous votre pouliche, maîtresse Bénic !

— Nenni, bonnes gens; vous ne l'aurez pas.

— Alors l'empereur la prendra !

— Il est trop loin.

— L'empereur n'est jamais loin, maîtresse Bénic. Il a besoin d'hommes. Il connaît, à Paris, l'âge de votre jument, et son nom, et son poil. Croyez-moi, vendez-la ! »

Elle refusait, car elle avait confiance qu'on ne lui enlèverait pas la Nielle, sa belle pouliche bleue, qui déjà commençait à tirer la charrue, et qui pouvait trotter trois heures durant sans un repos. Assurément elle savait que l'empereur levait les hommes et les envoyait à la guerre : un de ses fils était sur le Rhin, un autre aux frontières d'Espagne. Elle entendait sans cesse parler de batailles gagnées, de villes prises, de canons enlevés, de *Te Deum,* de massacres et de butin; au fond du cœur elle souhaitait la fin de ces victoires qui coûtaient leurs fils à tant de pauvres femmes comme elle, et qui laissaient les plus heureuses sans aide, avec des champs trop grands, des récoltes qui périssaient faute de bras pour les enlever; mais elle ne croyait pas que l'empereur eût connaissance de la beauté de la Nielle, ni de sa vitesse, ni de son poil bleu et de l'étoile blanche du front.

« Bonne nuit pour toi, mon gars! disait-elle. Va sagement, et garde-toi du loup ! »

Et Jean-Marie, à cheval sur la plus vieille des juments, partait en sifflotant pour passer la nuit dans les prés. Il aimait cela. Il s'était construit une cabane de branches sur un talus adossé au bois, d'où il découvrait presque toute la prairie, et là, couvert d'un vieux manteau, son chien Fine-Oreille à ses pieds, il dormait d'un sommeil interrompu au moindre bruit. La nuit l'enveloppait d'ombre et de brume, mais il reconnaissait même alors la présence de ses chevaux et le lieu où ils pâturaient au souffle de leurs naseaux et au rythme lent de leurs foulées. Quand le vent était trop froid, il les emmenait dans une saulaie dont les feuilles ne remuaient que les jours de tempête. En tout temps, il faisait trois rondes avant le lever du soleil, afin que ses juments ne restassent pas couchées sur le flanc dans l'herbe trempée de pluie ou de rosée. Un hennissement l'éveillait, ou un cri d'oiseau, ou le piétinement des animaux qui se rassemblent à l'approche d'un danger. Et seul il sortait de la cabane, fouettant d'une certaine manière qui effrayait les loups et rassurait les bêtes. Elles accouraient à lui dès qu'elles l'apercevaient. Il les flattait de la main. La pouliche bleue quelquefois posait sa tête sur l'épaule du jeune gars, et lui la caressait, disant : « Foi de Jean-Marie, la Nielle, tu resteras toujours à la Grénetière ; tu es trop belle pour la guerre. »

Il se trompait. Le temps vint bientôt de cette séparation. Un ordre fut publié prescrivant d'amener à la ville, pour être examinés par une commission d'officiers, tous les chevaux et juments âgés de quatre ans. La Nielle avait quatre ans depuis quelques semaines. Les derniers jours de mars, pluvieux, traversés de tempêtes de neige et de grêle, rendaient les chemins presque impraticables. La désolation régna pendant toute une semaine chez la veuve de la Grénetière. Ses trois fils présents l'entouraient, le soir, à la chandelle, et discutaient ce qu'il y avait à faire. Les deux aînés, grisonnants déjà, étaient d'avis de cacher la Nielle dans les bois si profonds et sans aucune percée qui entouraient la ferme. Le cadet ne disait rien. Pourtant, la veille du jour fixé pour la conscription des chevaux, sa mère lui demanda :

« Cadet, tu ne parles pas ; mais tu dois avoir une idée ?

— J'en ai une, en effet, qui ne ressemble pas à celle de mes frères.

— Dis-la, cadet.

— Mère, j'ai trop peur de vous faire pleurer.

— Pauvre cadet ! dit la mère en l'embrassant, ceux qui pleurent ne sont pas les plus malheureux : ce sont ceux qui ne s'aiment pas.

— Eh bien ! mère, je pense que nous ne pourrons pas longtemps cacher la Nielle dans les bois, qu'elle sera découverte, et que l'aîné de mes frères ira peut-être en prison. Il vaut mieux la donner à l'empereur, qui a besoin d'elle, et puisque mon tour viendra bientôt de partir moi aussi pour la guerre, m'est avis que nous partions tous deux, la Nielle et moi. Je veillerai sur elle, je la soignerai.

— Mon gars, tu déraisonnes ! Jamais un simple cavalier ne montera la jument bleue. On la donnera à un officier, et j'aurai tout perdu, mon fils et ma Nielle.

— Laissez-moi aller ; j'ai réfléchi à tout, la nuit, en gardant mes bêtes. Vous verrez revenir un jour la Nielle avec Jean-Marie Bénic, qui aura des galons sur ses manches. Je me sens soldat, et je vous jure, pour l'avoir menée contre le loup, que la Nielle est brave aussi. »

Il parlait d'une manière si ferme et si décidée, que la veuve, sans avoir le courage de dire oui, ne crut cependant pas sage de dire non. Elle pleura, comme l'avait prévu Jean-Marie, et resta longtemps assise sur le banc de la grande salle de la Grénetière, donnant des conseils à son fils, et plusieurs fois les mêmes, mais avec plus d'amour et de larmes à chaque fois. Pour les frères, qui étaient de bons cœurs aussi malgré leurs mines dures, ils regardèrent plus d'une demi-heure la mère et le cadet sans rien dire du tout, et gagnèrent le lit en laissant sur la table leurs deux bolées de cidre toutes pleines.

Le lendemain, avant le jour, Jean-Marie Bénic alla dans l'écurie détacher la Nielle, et, sautant sur le dos de sa belle jument, la pressant avec ses talons, il la conduisit une dernière fois au pré.

« Je veux que tu pâtures encore l'herbe de notre Grénetière, disait-il, et je veux revoir, moi, pour lui dire adieu, la place où je t'ai si souvent gardée. »

Personne n'était levé, même dans cette ferme où le coq ne chantait pas le premier d'habitude. La campagne basse était toute blanche de brouillard, et les bois, aux deux extrémités de la prairie, se voyaient à peine, comme à travers un voile de fin lin. Jean-Marie, qui n'avait mis à sa jument ni bride ni licol, la mena le long du ruisseau où poussaient des menthes et des trèfles aussi hauts que le genou, et, laissant brouter la bête, il regardait avec émotion les belles landes de pré qu'il ne faucherait ni ne fanerait d'ici plusieurs années; et ces bois sombres, pareils à des fumées dans la brume, qui auraient perdu plusieurs fois leurs feuilles, et grandi, et poussé avant qu'il ne revînt; et derrière eux il devinait de souvenir toute la métairie, que jamais il n'avait quittée, les terres où l'avoine semée de sa propre main dépassait déjà le remblai des sillons et roulait au vent de mer, les jachères, les landes, le bouquet de pins sur la dune, les sentiers autour des champs, déserts et tendus de fils d'araignées.

« Mange ton saoûl, la Nielle, disait-il, car tu n'auras plus de menthe ni de trèfle à l'armée de l'empereur. »

C'était un prétexte pour lui de ne pas partir encore. Il croyait rester pour sa jument, et en vérité le cœur lui manquait.

Comme le matin se levait, et que les pointes de chênes devenaient rouges à la crête des collines, Jean-Marie Bénic monta debout sur la Nielle afin de voir plus loin; il but ensuite un peu d'eau du ruisseau pour s'en rappeler le goût, et, quand un premier rayon de soleil toucha l'herbe du pré, le jeune homme, avec un cri sauvage comme si on l'eût blessé, mit la jument au galop et fila vers la ville.

A deux heures, Jean-Marie se présentait
devant la commission d'achat.

A deux heures, il se présentait devant la commission d'achat, sous les arbres de la promenade publique. Il y avait là des centaines de paysans qui tenaient leurs chevaux par la bride, et qui déploraient la guerre en comptant leur argent. Plusieurs dirent :

« Voyez la jument de la Grénetière : l'empereur n'en a pas de plus jolie ! Elle sera traversée par les balles ; oh ! la triste guerre ! Elle sera tuée par les boulets. Voyez-la, comme elle passe avec un orgueil dans les yeux ! »

La Nielle, en effet, avait la tête levée, hennissait et piaffait. Le commandant qui présidait la regardait venir au milieu des clameurs et admirait aussi la taille et l'air crâne de Jean-Marie Bénic.

« Jument d'officier, fit-il, jument de colonel pour le moins. Je te donne le maximum du tarif, mon garçon ; es-tu content ?

— Non.

— Qu'est-ce qu'il te faut ?

— M'engager dans le régiment où servira la Nielle. Je ne veux pas la quitter. »

Le commandant, qui avait de terribles moustaches blanches et l'air bon enfant, se prit à rire ; puis tout à coup une larme lui vint aux yeux, sans être annoncée, et il dit, tendant la main à Jean-Marie :

« Voilà un brave, j'en jurerais.

— On fera de son mieux, la Nielle et moi, » répondit le gars.

Quatre jours plus tard ils étaient du même régiment, loin du pays des Côtes, loin de la ferme bretonne où ils avaient grandi l'un et l'autre.

Et cela fit un bon soldat et une bonne jument de guerre.

La Nielle était échue au colonel du régiment, un homme jeune que l'empereur emmenait partout à sa suite. Quels beaux voyages depuis dix ans ! Il avait vu toute l'Europe, moins les îles ; il connaissait la couleur de tous les drapeaux ; il avait reçu de sa main les clefs de plusieurs villes ; il était revenu sans blessure de vingt charges à la tête de ses lanciers, et toutes les trois fois, régulièrement, il montait d'un grade sur l'ordre de celui qui savait tout et n'oubliait personne : brigadier, maréchal-des-logis, marchef, sous-lieutenant, lieutenant, capitaine, commandant, colonel. Il avait pris chaque galon, tantôt de laine et tantôt d'argent, à la pointe de la lance; il attendait la vingt et unième charge pour passer général. Dix chevaux étaient morts sous lui. La Nielle le portait fièrement, comme si elle eût compris. Lui, de temps en temps, dans les marches silencieuses, se penchait sur le cou de la bête, et caressait l'étoile blanche du front.

Jean-Marie, barbu, bronzé, large d'épaules et astiqué comme pas un, avait vieilli très vite hors de France et pris figure de grognard. Il aimait la guerre, mais surtout la Nielle. Pour elle, plus d'une fois, il avait fauché de l'herbe ou de l'avoine avec son sabre en vue du camp ennemi, sous les balles qui sifflaient dans la moisson. Il fleurissait lui-même la têtière de sa belle jument d'autre fois, les jours où elle devait entrer dans une ville conquise; et quand c'était une capitale, il y mettait un gros bouquet. Elle le reconnaissait à la voix; elle piaffait de joie en passant près de lui les matins de revue, quand les visières des casques luisaient au-dessus des lances et qu'il y avait, comme avant la bataille, des commandements, des sons de trompettes et l'éclair de l'acier qui se croisaient dans les plaines.

L'empereur commanda à ses lanciers d'attaquer un royaume. Les lanciers, qui étaient en terre d'Italie, passèrent les montagnes. Tandis qu'ils descendaient sur les pentes, on eût dit des taillis en marche; mais la blancheur des pointes ne venait pas de la rosée, Seigneur! ni de la neige. Les gens du pays, du creux des vallées, regardaient en l'air, et ils avaient peur.

« Que la colère de l'empereur s'éloigne de nous! » disaient-ils.

Elle ne faisait que traverser. Le soir, on voyait sur les montagnes en face monter l'ombre des régiments.

La Nielle allait au pas, jamais lassée, tout en avant. Et quand ce fut l'heure de la bataille, l'empereur était là. Personne ne savait comment il était venu.

Mes enfants, je n'ai assisté à aucune bataille, et je ne puis pas vous répéter même le nom de celle-là; mais ce que j'ai appris de défunt mon oncle, qui s'y trouvait, c'est qu'elle fut terrible. Les morts étaient couchés à pleins champs, et les blessés ne se comptaient pas. Parmi ceux-ci, Jean-Marie Bénic était tombé au revers d'un sillon de blé mûr, une balle dans l'épaule. La jument bleue avait emporté le colonel jusqu'au fond de la plaine, dans la fumée des canons.

Le pauvre gars pensait à la Grénetière. Le soleil était si chaud, qu'il cuisait le sang de sa blessure; et de fatigue, de douleur aussi, Jean-Marie Bénic du pays des Côtes commençait à ne plus rien voir autour de lui, quand il aperçut en avant un point bleu qui venait. C'était rapide comme un boulet de canon, avec deux souffles de flamme à droite et à gauche. Il distingua bientôt des oreilles, des pieds, une crinière, un cavalier; il reconnut la Nielle, la Nielle qui fuyait, ayant collé à son dos, renversé à demi, le colonel, dont les mains avaient laissé échapper les rênes. Elle franchit un fossé, elle entra dans le blé mûr, elle passa à toute vitesse; mais le blessé avait eu le temps de crier :

« La Nielle! »

Alors, comme un grand corbeau d'hiver qui fait un cercle avant de se poser, on vit la belle jument de guerre courir autour du champ, revenir vers le blessé et s'arrêter derrière lui, tendant le cou.

« Bénic, s'écria le colonel, as-tu encore tes deux jambes?
— Oui, mon colonel.
— As-tu tes deux bras?

Reprenant leur lance, les lanciers chargèrent.

— Je n'en ai plus qu'un de bon.
— Moi j'ai les mains brisées. Monte en croupe; chargeons vite. Mes lanciers ont plié; les vois-tu qui se débandent?
— Oui, mon colonel.
— Ah! Bénic, si j'avais des mains!

— J'en ai une pour nous deux ; ça suffit. Charge à l'ennemi, ma Nielle bleue! »

Ils fuyaient en effet, les lanciers, ayant cru que le colonel fuyait lui-même. Mais sur la route, à rebrousse-poil, quand ils entendirent sa voix de commandement, quand ils virent dans la poussière le poitrail de la Nielle et deux hommes à cheval sur son dos qui galopaient, ils tournèrent bride, et, reprenant leur lance, ils chargèrent aussi.

Jean-Marie Bénic et la Nielle gagnèrent la bataille. L'empereur fut content. Il rencontra le soir, en faisant sa ronde de bivouac, Jean-Marie qui pleurait, assis par terre, et qui tenait de son bras valide la bride de la jument bleue. Étonné, il s'approcha.

« Un lancier de ma Garde! Tu pleures un jour de victoire! Tu es donc blessé?

— Oui, mon empereur; mais ça n'est pas ça qui me chagrine.

— Qu'as-tu?

— Mon colonel est mort.

— Je le sais; je le regrette plus que toi. Je vous ai vus charger. Qu'as-tu encore?

— Ma jument, celle que j'avais élevée à la Grénetière, dans le pays des Côtes... »

Il ne put en dire plus long; il pleurait. L'empereur, à la lueur des feux allumés de toutes parts, vit que la Nielle était atteinte d'un éclat d'obus à la cuisse gauche. Il croisa les mains derrière son dos, sous les basques de sa redingote, et dit :

« Guérissez-vous tous deux, je le veux! Quand vous serez guéris, allez-vous-en au pays des Côtes : vous m'avez bien servi. Seulement je retiens son premier poulain pour ma Garde, et dans vingt ans d'ici tu m'enverras ton fils à toi; j'en ferai un officier.

— Oui, mon empereur. »

Cette journée rendit fier Jean-Marie pour toute sa vie, qui fut longue. Il revit la Grénetière, les bois, les prés, le ruisseau où les menthes buvaient le brouillard, et la mère qui l'avait attendu en priant. Il n'avait qu'un bras, comme la Nielle n'avait que trois pieds ; mais de ce bras-là il pouvait encore tenir une charrue, conduire les bœufs et vider un verre. Ceux de son âge saluaient son épaule morte, quand il passait par le chemin. Et les matins de marché, lorsqu'un grand paysan tout las de figure arrivait au bourg sur une jument qui boitait bien bas, les parents les montraient aux gamins, et disaient :

« Voilà Jean-Marie Bénic, voilà la Nielle bleue : les deux blessés de l'empereur ! »

LE POIS FLEURI

Il y a, mes enfants, dans la Vendée, un pays qui s'appelle Beauvoir, et où je suis allée, avec la famille que je servais avant d'être à votre service, mon petit René, mon petit Ambroise, et à celui de vos sœurs. Mais ce que j'en sais, ce n'est pas pour l'avoir vu, car nous sommes passés rapidement dans une grande voiture fermée; c'est pour l'avoir entendu raconter par des anciens qui avaient une mémoire plus belle que les livres.

Or donc, avant la Révolution, qui fut suivie de la grande guerre, un curé du pays de Beauvoir s'était fait remarquer, comme il arrive, par son zèle et sa grande piété. Sa paroisse lui donnait beaucoup de mal, non qu'elle fût trop peuplée, mais elle était presque toute découpée dans une terre que la mer avait autrefois couverte, et qui restait marais, traversée d'innombrables canaux qu'il fallait sauter à la perche, pleine de fondrières cachées par les roseaux, et si triste d'aspect, au moins pendant l'hiver, que l'abbé Sigournais, bien qu'il eût l'âme portée à l'espoir et à la belle humeur, ne pouvait regarder devant lui sans éprouver un serrement de cœur. Ses courses pastorales étaient si longues, qu'il avait cherché un moyen de tromper l'ennui de ces routes interminables. Il l'avait trouvé à peu de frais : l'abbé Sigournais, qui était fort amateur de jardinage, emportait dans sa poche quelques graines recueillies dans ses plates-bandes, et les semait, en passant, sur les levées incultes du marais. De cette façon, une graine sur vingt peut-être germait aux pluies de printemps, et il y avait quelques points rouges, quelques points roses, quelques points bleus dans l'immense étendue, d'ordinaire si monotone, sur les talus plantés de tamaris, au bord des longs fossés hérissés d'herbes.

Parmi ses ambitions terrestres, le bon curé n'en avait pas de plus chère ni de plus inutilement poursuivie que celle de donner son nom à une plante nouvelle, et surtout de créer lui-même cette plante, de la composer, grâce au talent qu'il avait pour greffer, écussonner, et pour opérer le mélange des graines. Son petit jardin, touchant la cure, était un champ d'expérience où l'abbé seul et les merles se reconnaissaient. C'était si dru et si fouillu, que nulle part on ne voyait la terre. Elle était recouverte, sauf les étroits passages entre les massifs, d'une forêt de trois pieds de haut, livrée, comme disait l'abbé, à toutes les énergies, à toutes les combinaisons de la nature : les pieds-d'alouette mouraient accablés par les volubilis ; les groseilliers voisinaient avec les queues-de-renard, les chardons bleus avec les giroflées, les pâquerettes doubles avec les grandes tulipes virginales où les abeilles ne butinaient qu'une fois, mais un miel si délicieux qu'il suffisait d'une tulipe pour embaumer une ruche. Quoi qu'il fît, il obtenait beaucoup de mauvaises herbes, beaucoup d'humidité, un parfum jusqu'à l'automne, dont l'abbé Sigournais se délectait, plus de nids et plus de chansons d'oiseaux qu'aucun de ses confrères n'en avait ; mais de plante nouvelle qu'il pût appeler « la Sigournette », le bon abbé n'en voyait pas.

L'abbé Sigournais n'avait rien à se reprocher vis-à-vis de ses paroissiens. Il répondait toujours au moindre appel de l'un d'eux, soit de jour, soit de nuit, trouvait à l'occasion le conseil qu'il fallait, pour les jeunes, pour les vieux, prêchait tout simplement des vérités de l'Évangile, et ne manquait jamais de donner l'aumône à ceux qui la demandaient. Quand il n'avait plus d'argent, ce qui lui arrivait souvent, il donnait une mesure de graines de légumes récoltées au presbytère, petite si c'était des choux, grosse si c'était des fèves, et nulle charité ne pouvait être mieux entendue ; car il possédait beaucoup plus de sortes de plantes que n'en avaient en ce temps-là, à leur disposition, les paysans ses paroissiens.

Sa peine n'en fut que plus profonde lorsque les divisions produites par les premiers événements révolutionnaires vinrent détruire, jusqu'en sa paroisse lointaine, la bonne harmonie entre des gens qui, du jour au lendemain, se déclarèrent les uns blancs, les autres bleus. Jusque-là ils n'avaient été que laboureurs, pasteurs, pêcheurs d'anguilles ou ramasseurs de varech. L'abbé Sigournais fut stupéfait de les voir sortir d'un naturel qu'il croyait immuable, et parler politique, et répéter des mots qui ne lui étaient point familiers à lui-même, bien qu'il sût lire le latin. Malgré trois beaux sermons qu'il prêcha sur l'union, il constata qu'une partie de sa paroisse s'était complètement séparée de lui ; il eut des ennemis, et, à mesure que les jours passaient, cette injuste inimitié s'accroissait. Il le sentait à beaucoup de signes, dont le principal était le regard de ses ouailles. Où était-il le temps où, du plus loin qu'on l'apercevait, suivant les talus ou passant les fossés, les hommes venaient à lui, contents, la mine ouverte et la main tendue ? Plusieurs de ceux auxquels il avait rendu service se détournaient de lui, par crainte des délations. D'autres le menaçaient. Dans cette pénible épreuve, l'abbé Sigournais montra un grand courage. Il résolut de ne pas faire comme d'autres de ses confrères, qui s'étaient cachés ou enfuis. Il décida en lui-même qu'il resterait dans sa paroisse, et bêcherait son jardin tant qu'on voudrait bien lui laisser la vie.

En 1795, le jour de Pâques, l'abbé Sigournais, après avoir chanté la messe et les vêpres, se reposait dans son jardin, sous un prunier, dont une vigne vierge, deux lierres et cinq clématites variées, grimpant les uns sur les autres, avaient fait la plus épaisse tonnelle, la cloche de feuilles la plus fournie qu'on pût imaginer. Il comptait sur ses doigts les malades auxquels, les jours précédents, il avait porté la communion, accompagné d'un petit gars de quatorze ans, son servant de messe, appelé Lambinet. Et il lui semblait bien que son nombre n'y était pas, lorsqu'une femme parut et dit :

« Monsieur le curé, celui de chez nous n'a pas mangé depuis ce matin, parce qu'il vous attend pour faire ses pâques. »

L'abbé, à cause de l'ombre de sa tonnelle, ne reconnut pas sa paroissienne. Il demanda :

« Quel âge a-t-il, et quel est-il ?

— Quatre-vingts ans, et c'est le grand-père de Lambinet, votre servant.

— J'irai, répondit le curé.

— C'est que, riposta la vieille femme, la route est longue, et voici la lumière qui décroît. Vous savez qu'il demeure à l'autre bout du marais.

— Peu importe, dit simplement l'abbé, je l'avais oublié, ton vieil oncle ; mais je vais réparer, je pars tout de suite. »

Ils prirent, à travers champs, les sentiers coupés de canaux et de fossés.

La femme reprit, ne voulant pas être cause d'un malheur :

« Écoutez, il y a une patrouille de bleus qui garde la route de Saint-Jean-de-Monts : s'ils vous découvrent, ils vous tueront.

— Ça n'empêche pas de partir, fit le curé. Et puis Dieu sera du chemin. »

Il sortit alors de dessous l'abri de son prunier. C'était un grand vieil homme bâti comme ses rudes métayers, pour la fatigue de la vie, et dont la figure, toute ratatinée, toute jaunie, n'avait qu'une seule expression, qui ne changeait jamais, celle d'une bonté triste et que rien n'a lassée. Il passa devant la femme sans plus s'occuper d'elle, et regarda le soleil d'un air de dire : « Pourvu que tu ne me laisses pas au milieu du marais ! »

Une demi-heure après, il se mit en marche, portant une hostie consacrée qu'il avait renfermée dans un médaillon d'argent et pendue à son cou. Devant, à dix pas, s'en allait, roulant d'une jambe sur l'autre et content d'être en danger de mort, le servant de messe, qui avait seulement quatorze ans, mais toute la taille, toute la vaillance d'un homme, et des cheveux roux frisés, et des yeux bleus de marin, qui luisaient parmi les taches de rousseur. Les deux précautions qu'il avait prises, c'était de ne pas allumer la lanterne que Lambinet tenait comme une canne de confrérie, par le haut de la hampe, et de prendre à travers champs les sentiers à tout moment coupés de canaux et de fossés.

Quel tranquille soir de Pâques ! Les pousses des roseaux commençaient à crever les gaines épuisées et mortes de l'an passé, les moissons étaient hautes d'un pied, la lumière jaune du couchant se reflétait dans les eaux. Personne ne se montrait. La peur semblait avoir rendu déserte la campagne. L'abbé s'avançait bien droit, la tête seulement un peu inclinée sur la poitrine, cherchant le sommet des mauvais sentiers en dos d'âne qui endiguaient les fossés. Il ne faisait nulle attention à nulle autre chose du chemin, pas même aux plantes semées de sa main et qui pouvaient, en cette soirée, être épanouies.

Toute sa pensée était concentrée en une muette prière d'adoration. Et ils allaient, seuls dans le pays marécageux, leurs silhouettes grandies par l'ombre qui tombait. Cependant, comme le soleil allait se coucher, l'abbé Sigournais leva les yeux, et il aperçut devant lui un champ où le sentier finissait, et qui était à moitié vert et à moitié blanc. La partie verte portait une moisson assez basse ; l'autre, au contraire, était recouverte d'une végétation haute, fleurie, mouvante au vent léger qui venait de la mer.

« Qu'est cela? demanda l'abbé, dont les yeux n'étaient plus guère bons.

— A droite, répondit le gars, c'est un champ de lin, et à gauche, c'est un champ de haricots en fleur. Il faudra passer à travers l'un ou l'autre, monsieur le curé ! »

L'abbé ne répondit pas, par respect ; mais, quand il arriva à l'endroit où le chemin se perdait et où commençait le labour, il vit deux paysans qui étaient venus inspecter leur bien et juger des récoltes futures. Il les reconnut, et il pensa : « Quel est celui qui sera béni pour avoir ouvert son champ au passage du bon Dieu? » Et il avait à peine formulé en lui-même cette pensée, que les deux hommes le tirèrent de doute. Le propriétaire du champ de haricots s'avança comme un furieux, et cria :

« Ne traverse pas ma récolte, curé, ou il t'arrivera malheur ! »

L'abbé Sigournais réprima la grande indignation qui se levait en son cœur ; il étendit seulement trois doigts, et bénit l'homme qui venait de parler. Aussitôt le second, qui possédait le champ de lin et qui avait enlevé son grand chapeau, dit de sa place :

« Mon lin va fleurir tout à l'heure ; mais vous pouvez passer, le bon Dieu, vous et votre servant. »

Le grand abbé Sigournais, la tête toute droite cette fois, dans l'ombre presque entièrement noire, s'avança dans le creux d'un sillon que pâlissaient un peu des milliers de tiges légères ; et il trouva bientôt un autre sentier, et il arriva, annoncé par l'aboi d'un chien, dans la petite ferme au toit de roseaux, où habitait celui qui attendait ses pâques.

La lune, à moitié pleine, multipliée à l'infini par les flaques d'eau, les fossés et les étangs du pays plat, éclairait assez bien la campagne lorsque le curé, vers dix heures, se remit en route pour regagner le presbytère. Le servant de messe marchait à côté de lui, ne lui venant qu'à l'épaule, malgré sa crue rapide, et, plus fier encore qu'à l'aller, portant sa lanterne allumée qui dansait sur les digues comme les follets de nuit, il sifflait de temps en temps un petit air de chanson pour chasser le sommeil. Ils parvinrent ainsi, peut-être une heure après le départ, à l'endroit où étaient le champ de lin et le champ de haricots. Dans le premier, il n'y avait plus personne ; mais à l'entrée du second, devant la muraille de plantes folles montées en buisson et couronnée d'une lueur qui paraissait de la neige, ils virent un homme à genoux, les bras en croix, le front tourné vers eux. Au moment où ils quittaient le sentier pour traverser de nouveau la pièce de lin, l'homme, qui n'était qu'à quelques pas d'eux, dit d'une voix coupée de sanglots :

« Monsieur le curé ! monsieur le curé ! »

Le grand abbé Sigournais connut au son de la voix que c'était celui de ses paroissiens qui l'avait menacé quelques heures avant.

« Pauvre chrétien, dit le curé, que fais-tu là ?

— Je pleure depuis que vous avez passé dans le champ de mon voisin. J'ai eu peur pour ma récolte, j'ai été un misérable. »

Il sanglotait si fort en disant cela, que l'abbé Sigournais ne put s'empêcher d'aller jusqu'à lui, de se baisser et de l'embrasser ;

et, comme il le tenait encore tout près de sa poitrine, il entendit cette prière :

« Monsieur le curé, je vous en supplie, passez ce soir à travers mon champ, afin que je fasse pénitence! »

Ils virent un homme à genoux, les bras en croix.

L'abbé et son servant passèrent donc au milieu des hautes rames fleuries, qui se brisaient à leur passage, et en cet instant une bouffée de parfums s'éleva des buissons blancs, comme si vingt mille fleurs de pois de senteur s'étaient ouvertes ensemble. D'où l'abbé comprit bien qu'un événement extraordinaire s'accomplissait.

En effet, plusieurs choses merveilleuses furent observées par ceux qui, en cette triste année, purent faire la moisson. Le lin qui avait donné passage à Dieu devint par la suite si fourni et si haut, que de mémoire d'homme on n'en avait vu de pareil. Et ainsi la foi fut récompensée. Mais le repentir, mes enfants, le fut plus magnifiquement encore. Non seulement les haricots réparèrent en deux jours le tort qu'avait fait à leurs feuilles, à leurs tiges, à leurs fleurs, la trouée du servant et du prêtre, mais encore, quand on voulut récolter et briser les cosses mûres, on remarqua que le pois avait été changé. Au lieu d'un petit haricot blanc, maigre et sans tache, les filles et les femmes recueillaient, en nombre inusité, des pois d'une forme plus arrondie, qui portaient, à l'endroit du germe, la figure parfaitement nette d'une hostie entourée de rayons violets, comme un grand ostensoir.

L'abbé Sigournais ne fut pas tout de suite avisé de ce prodige. Il avait été, quelques jours après Pâques, déporté, avec beaucoup d'autres, jusqu'en pays d'Espagne; mais au retour, quand il reprit possession de son presbytère, il put admirer, dans un coin que des mains amies avaient cultivé pour lui, des haricots de l'espèce nouvelle marqués d'un ostensoir violet. Il se réjouit de ce que son rêve avait été réalisé. Et depuis lors, mes enfants, le pois s'est multiplié; j'en ai tenu dans mes mains, du temps que je voyageais en Vendée, et que je n'étais pas à votre service, mon petit René, mon petit Ambroise.

LES CHARDONNERETS DE GALILÉE

Quand Notre-Seigneur Jésus passait par les chemins, il mettait les oiseaux en joie.

Sitôt qu'ils apercevaient sa robe blanche, ils arrivaient en troupes; les uns se posaient sur les branches des haies, et l'on eût dit qu'elles avaient fleuri; d'autres trottaient dans la poussière que ses pieds avaient touchée; d'autres planaient en l'air, et faisaient de l'ombre au-dessus de lui. Ceux qui savaient chanter n'y manquaient pas. Ceux qui n'avaient pas de voix montraient du moins leurs plumes. Tous disaient à leur façon :

« Merci, Seigneur, pour le vêtement, pour la voix, pour la couleur, pour le grain, pour la feuille qui nous cache; merci pour la vie, et merci pour nos ailes! »

Lui souriait, les bénissait, et ils s'en allaient.

Les mères couveuses elles-mêmes n'hésitaient pas à quitter le nid, devinant que, pour cette fois, les œufs n'auraient point à souffrir. Elles venaient, silencieuses, et repartaient bien vite.

Un jour cependant, sur un talus de Galilée, deux chardonnerets s'attardèrent, tristes parmi les autres joyeux. C'était l'époque où l'épine noire est en fleur et l'aubépine encore verte. Jésus vit une souffrance, et s'arrêta. Il comprit ce que les oiseaux ne savent pas dire :

« Maître, nous avons fait notre nid, confiants, au bas d'un arbre. Il y avait deux œufs déjà. Les grandes eaux sont survenues, et ont emporté la maison. »

Lui, leva la main, et dit si doucement que c'était une plainte encore mieux qu'un ordre :

« Recommencez, mes petits ! »

Les chardonnerets bâtirent un nouveau nid, tout en haut d'un chêne, de peur des grandes eaux. Il fallut du temps. Le crin, la laine, la plume, dont se composent les nids de chardonnerets, avaient été employés jusqu'au dernier brin par les premiers constructeurs, les heureux, ceux qu'on entendait chanter tout autour. Et voilà qu'au moment où la maison s'achevait, ronde, ouverte droit sur le ciel et balancée au vent, un orage éclata, si violent, si plein de grêle, que tout fut renversé.

Les deux chardonnerets se mirent à la recherche du Maître. Ils n'étaient point comme nous, qui nous plaignons toujours. Ils voulaient seulement savoir si aucun espoir ne leur restait d'avoir, cette année-là, une famille à élever, et pourquoi deux couvées n'avaient pas réussi. La saison était avancée. Tous les petits, déjà drus, voletaient et commençaient à ressembler aux parents. Le soleil, à midi, chauffait comme le four d'une métairie. Et, de plus, le Seigneur avait continué sa route, prêchant les hommes, et il devait être loin.

Longtemps ils le cherchèrent, n'ayant point de renseignements, ni aucune manière d'en demander. Seulement, quand ils apercevaient, dans un village, une femme qui pleurait, un enfant malade,

« Petits, dit-il, rien n'est perdu, recommencez encore. »

un aveugle, ou même une figure chagrine, ils se disaient : « Le Seigneur Jésus n'est pas là, » et ils continuaient leur route. Cela leur arrivait souvent. Enfin, vers l'été finissant, ils entrèrent dans un bourg où il y avait grande animation. Les enfants portaient des rameaux, les hommes raisonnaient entre eux, disant :

« C'est pourtant vrai qu'il a ressuscité la fille de Jaïre ; nous l'avons vue marcher, pleine de vie. »

Les jeunes filles pleuraient de joie en quittant leurs voiles de deuil. Les deux chardonnerets, sur une branche avançante, à la sortie du village, attendirent Jésus, et, comme la nuit commençait à venir, il passa et les reconnut.

« Petits, dit-il, rien n'est perdu. Recommencez encore. Vous mettrez le nid au milieu de l'arbre, ni trop bas, de crainte des grandes eaux, ni trop haut, car vous n'êtes pas de force à lutter contre l'orage. Allez en paix ! »

Autour de lui, plusieurs hommes étaient groupés. En l'entendant parler, l'un se prit à dire :

« Vous ordonnez aux oiseaux de bâtir un nid, Maître, et l'hiver approche !

— Avant que les matériaux ne soient réunis, dit l'autre, les arbres n'auront plus de feuilles !

— La gelée tuera la mère sur les œufs, dit un troisième, et même s'ils venaient à s'élever, les petits, sur la terre glacée, ne trouveraient plus de nourriture. »

Mais Celui qui, au milieu d'eux, paraissait comme un prince, regarda tristement les hommes, sourit aux deux oiseaux, et dit :

« Le printemps m'obéit, allez en assurance ! »

Et les deux chardonnerets, dans la nuit, s'envolèrent. Sans arrêt et sans fatigue, d'un seul trait de vol ils revinrent au pays où deux fois déjà leur couvée avait péri. Les cavales avaient été mises en pâturage tout l'été, et ils trouvèrent du crin en abondance ; les brebis avaient accroché leur toison aux épines, et ils ne manquèrent pas de laine ; beaucoup de plumes inutiles tremblaient à la surface des abreuvoirs, et ils choisirent les plus duvetées. Le nid fut vite fait. La mère pondit six œufs et se mit à les couver. On vit alors une chose bien étonnante. Tandis que les arbres se dépouillaient partout, celui qui portait le nid, et les voisins, jusqu'à la distance d'un moyen champ, gardèrent leurs feuilles. Pour cet espace béni, le ciel demeura pur. Les nuages se tordaient autour et laissaient une grande déchirure bleue, par où tombaient la lumière et la chaleur sur la couveuse immobile. Le vent s'attiédissait en passant la limite que Dieu avait marquée. Cela dura le temps voulu. Six chardonnerets nouveaux sortirent des six coquilles. Ils virent, comme tous les autres de leur espèce, en ouvrant les yeux, que la terre était belle, prirent les premières plumes, s'essayèrent à voler... Ce fut seulement quand ils eurent toutes leurs ailes que les feuilles jaunirent et que les petits s'aperçurent que l'hiver avait depuis longtemps dépouillé le sol, à cent mètres du nid.

« Vous comprenez, mes enfants, ajoutait bonne Perrette, que si le Seigneur Jésus a fait un printemps pour des chardonnerets dont la couvée était en retard, il ferait bien davantage pour vous si vous le lui demandiez. Mais rien n'aurait eu lieu si le père et la mère n'avaient recommencé leur nid jusqu'à trois fois, et c'est ce qu'il faut savoir. »

LES DEUX CHAGRINS

Lorsqu'on la voyait pour la première fois, on la trouvait grande dame; la seconde fois, on avait surtout d'elle une impression de bonté, qui était la vraie.

L'hôtel qu'elle habitait faisait le coin d'une rue, et par une de ses onze fenêtres, celle de l'angle, on apercevait merveilleusement une avenue plantée d'arbres, ornée de massifs, et si longue qu'aux heures tardives où l'ombre épaissit les feuillages, on l'eût prise pour une entrée de forêt, sans la multitude de passants et de voitures qui la traversaient. Là, derrière la glace, la vieille femme se tenait presque tout le jour, lisant, cousant, tricotant même : elle eût filé comme ses aïeules, si on pouvait encore acheter des rouets ailleurs que dans les villages perdus de Bretagne, de Flandre ou de Lorraine. Et, quoi qu'elle fît, elle n'avait guère qu'une songerie dont sa physionomie était comme pénétrée. Il suffisait de l'apercevoir, droite, blanche et ravagée du visage, portant dans toute sa personne l'indéniable souvenir d'une beauté rare et de la douleur qui l'avait fanée avant le temps, pour dire : « C'est une mère. » Il n'était besoin que de rencontrer le regard de ses yeux pour ajouter :

« C'est une mère qui a perdu son enfant. »

Non qu'elle se plaignît : elle avait une manière si discrète de parler de son chagrin, c'est-à-dire d'elle-même, que personne ne redoutait de la voir. Le monde, qui va surtout à la joie, ne refuse pas d'aller à la résignation. Il allait chez elle. En face du fauteuil bergère qui tendait les bras à l'angle de la fenêtre, passaient et repassaient, — avec des intervalles, il est vrai, — des amies de Mme Le Minquier, qui avaient son âge, d'autres plus jeunes, quelques hommes même qu'attiraient l'indulgent esprit de la femme et le renom ancien de la maison.

Une après-midi chaude de juin, toute la ville était dehors. La foule marchait dans le soleil, des rires montaient vers les fenêtres, les ombrelles emportaient chacune, sur la soie tendue et changeante, un rayon comme les vagues et comme les bulles de savon. La solitude du grand salon paraissait plus profonde que de coutume. Personne n'était encore venu. Mme Le Minquier prit une photographie de toute jeune fille encadrée de noir, qui était toujours posée près d'elle, et pensa : « Ce n'est pas elle ; les photographies nous trompent, les lentilles de verre ne voient pas comme nous. Où est cette grâce qu'elle avait quand elle me regardait ? où l'ovale imprécis de ce visage qui était fait de lumière adoucie ? Tout est appuyé, noirci, défiguré. Plus je vais, et plus l'image que je garde au fond de mon cœur est différente de celle-là. Que je voudrais avoir un portrait qui me la rendît telle que mon souvenir la possède ! Mais qui peut le faire ? Personne. »

A force d'appliquer son esprit à cette contemplation intérieure de l'enfant disparue, la mère en vint à sentir si vivement et si nettement la présence en elle de cette chère image, qu'elle prit une vieille boîte de pastels et une feuille de papier blanc, et tenta de fixer cette intense vision de son amour.

Elle n'avait jamais bien su dessiner. Elle ne s'en troubla pas, et commença hâtivement, dans la fièvre du désir qui l'avait saisie, sans consulter le mauvais portrait maintenant repoussé et retourné

Là, derrière la glace, la vieille femme se tenait presque tout le jour.

sur la table. Elle dessina d'abord les cheveux, que la jeune fille portait autrefois à la vierge, mais qui frisaient et faisaient une ombre transparente au bord des bandeaux plats. Et les cheveux apparurent, sous la caresse de cette main qui les avait aimés, tordus, attachés ou dénoués si souvent; puis le cou, d'une ligne irréprochable; les lèvres longues, rose pâle, où le sourire d'une âme jeune avait persisté jusqu'au delà de la mort; puis les yeux, dont les paupières prirent sans effort leur courbe naturelle, un peu relevés aux coins, ombragés de cils dorés entre lesquels l'âme charmante allait enfin s'épanouir et vivre.

La mère, penchée sur la table, ne se rendait pas bien compte du miracle de tendresse qu'elle accomplissait en ce moment ; elle n'avait que l'angoisse de ce qui manquait encore à l'image à demi tracée, la hâte d'achever avant que le modèle ne s'effaçât dans la lassitude d'une œuvre inaccoutumée. Elle voulut, du même crayon qui avait couru si légèrement jusque-là, dessiner l'iris des yeux, donner le regard à l'enfant. Et elle fut obligée de réfléchir ; et elle s'aperçut, après avoir tâtonné, qu'elle ne savait plus la couleur de ces chers yeux, qu'elle ne l'avait peut-être jamais connue.

Elle s'arrêta. Les larmes l'aveuglèrent. « Oh ! pensa-t-elle, comment une mère ne se souvient-elle pas de la couleur de ces yeux qui la fixent encore, à toute minute du jour et de la nuit ? »

Rarement elle avait souffert plus cruellement. Il lui semblait que c'était là une preuve d'oubli et le début de ce fatal recul de nos souvenirs, qui fait que les plus sacrés et les plus fréquemment évoqués se décolorent, s'altèrent et se mettent à trembler, comme si la brume aussi couvrait les lointains des âmes.

En ce moment la porte s'ouvrit, au fond du salon. Mme Le Minquier cacha rapidement le dessin entre les feuilles d'un buvard, porta son mouchoir à ses joues, tâcha de reprendre pied dans la vie réelle, dont, depuis plusieurs heures, elle était absente. L'homme qui entrait était jeune, et ne comptait plus parmi ses relations ordinaires. Elle ne l'avait revu qu'une fois depuis le grand chagrin. Avec effort, comme ceux qui reviennent d'un rêve, elle sourit et dit :

« Que c'est aimable à vous, monsieur, de vous souvenir d'une

Lui se courba, et donna quelques coups de crayon.

vieille femme qui ne reçoit plus, qui ne paraît plus dans le monde, et dont le nom ne rappelle que des rides à la génération dont vous êtes! Voyez comme je suis peu indulgente à mes heures! En vous reconnaissant, je me suis imaginé que j'allais avoir la bonne fortune de vous rendre service.

— Lequel?

— Mais celui que vous auriez à me demander.

— Non, madame.

— Vous venez pour moi seule?

— Absolument.

— Un peu de lassitude, avouez-le?

— Je descends de voiture.

— De désœuvrement alors?

— J'ignore à peu près ce que c'est. Non, madame. Je passais, et je suis entré, obéissant en cela à une force que je vais vous dire. Vous savez la manie des enfants qui bâtissent des cachettes? Ils y serrent d'anciens jouets, des friandises, des riens qui possèdent pour eux une valeur mystérieuse. Je suis demeuré enfant par cette faiblesse au moins, et je fais des pèlerinages, vous voyez. »

Elle considéra le visiteur attentivement, et vit qu'à travers la barbe blonde et au fond des yeux bleus un peu d'émotion vraie errait dans le sourire. Elle dit, devenant toute grave :

« Vous l'aviez rencontrée ici, plusieurs fois?

— Quatre fois. La dernière, ce fut au bal, un jeudi, un vingt-deux avril; elle portait des souliers de satin blanc brodés d'une marguerite.

— Je les ai encore, dit la mère; vous vous les rappelez?

— Si je me souviens! Je ne crois pas qu'il y eût cette nuit-là, dans tout Paris, un teint d'une fraîcheur plus aristocratique et plus rare que le sien. Je ne voudrais pas raviver...

— Au contraire, monsieur, dites, dites...

— Je ne sais pourquoi une comparaison m'était venue en la voyant, et, depuis, m'est revenue souvent. Quand on effeuille une rose, il y a, dans chaque pétale, un endroit où le jour pénètre à peine et n'atteint qu'en glissant, une zone protégée, si fine de ton qu'elle semble rose près du blanc, et blanche près du rose. C'était cela. »

Mme Le Minquier réfléchit un instant; sa voix, moins assurée, parut demander grâce pour une faiblesse maternelle et pour une confidence douloureuse :

« Croiriez-vous, monsieur, que je ne puis plus me représenter la couleur de ses yeux? Le cher regard m'est sans cesse présent, et l'expression, et cette joie qui était toute la mienne; mais le reste, non. J'en viens à penser que ceux qui aiment, comme les mères, ne voient que l'âme dans les regards.

— Je suis sûr du contraire, madame; c'est l'habitude qui est une cause d'ignorance et d'oubli.

— Comment étaient-ils? Si vous le savez, dites-le. Le doute m'est si cruel!... Vous comprenez?... »

Le visiteur avait baissé la tête. Il avait l'air de suivre avec attention l'enroulement de la colonne torse qui soutenait la table, quand il répondit :

« Ils étaient bleu pâle, avec des raies couleur de violette. Lorsqu'elle était sérieuse, le violet dominait; quand elle riait, le bleu paraissait s'étendre. Et toujours il y avait la petite flamme mobile, ici ou là. »

La mère, d'un geste brusque, ouvrit le buvard, prit le dessin, le posa à plat, et impérieusement, comme ceux qui déchirent le voile secret de leur peine et exigent qu'on la connaisse :

« Tenez, dit-elle; je n'ai que cela, et il y manque la vie! »

L'homme s'était levé. Il considéra quelque temps le portrait. Ses traits changèrent un peu.

« Donnez-moi le crayon, » fit-il.

Elle hésita. Elle devint pâle comme ses mains, quand elle vit que le jeune homme tenait le petit bâton de couleur au bout de ses doigts, qu'il allait corriger l'œuvre unique, retoucher l'image, la gâter à jamais peut-être. Elle se détourna à demi. Lui se courba, il donna quelques coups de crayon, et les yeux devinrent transparents. Il en donna deux autres, et l'éclair de la vie jaillit des prunelles bleues.

Le portrait était fait : la mère l'avait seulement ébauché ; un autre l'avait achevé.

Mme Le Minquier, du fond de son cœur, sentait monter un cri : « Vous l'aimiez donc? » Fût-ce une jalousie, fût-ce autre chose, elle se retint.

Le visiteur demeura muet, prit congé presque aussitôt, et ne revint jamais.

LE BRIN DE LAVANDE

Il y avait dans la Provence rousse, où l'herbe meurt et où mûrit l'olive, il y avait autrefois des seigneurs qui se faisaient la guerre, de château à château et de colline à colline. Ceux qui ont voyagé par là racontent que l'on voit encore des pierres amoncelées autour des fermes, et que les lézards verts qui sortent de dessous les ruines ont souvent le dos noir, à cause de la fumée des incendies anciens qui dévorèrent les châteaux. Aujourd'hui les cigales chantent, les ortolans sifflent à la pointe des mottes; les filles qui trouvent la fontaine éloignée s'arrêtent à mi-descente, pour suivre le vol des palombes au-dessus des bois de pins; une odeur de résine flotte dans l'air, mêlée au parfum des plantes qu'on dirait faites avec de l'encens; les pâtres des hauts sommets découvrent les vaisseaux dans l'étang de Marseille; tout repose ou vit légèrement au soleil de la Provence heureuse : que c'est loin dans le passé, l'histoire du petit comte Roger!

Il n'avait que sept ans, l'âge où l'on compte les heures par les jeux nouveaux qu'elles amènent. Il jouait au ballon, dans une salle voûtée, garnie de tapis d'Orient, située presque au niveau des douves de la forteresse paternelle. Quand il se hissait jusqu'aux barreaux de fer garnissant les fenêtres, il voyait le reflet du ciel dans les eaux immobiles, les cygnes nageant parmi les roseaux, et le mur d'enceinte, à quarante pas en avant, fait de blocs de marbre, et au sommet duquel parfois se profilait la silhouette d'un homme d'armes. Il n'avait ni frère, ni sœur, ni mère. Il devait jouer seul, ce qui est triste, ou avec sa nourrice. Et, depuis deux jours, la nourrice ne cessait de se lamenter, refusait toute nourriture, et tantôt étreignait l'enfant désespérément, avec des mots d'adieu qu'il ne comprenait pas, tantôt se jetait à genoux et sanglotait contre un pilier, tandis que la balle de cuir rebondissait, relancée par le seul petit comte Roger.

« Pourquoi ne joues-tu pas avec moi comme d'ordinaire, nourrice?

— Pauvre chéri! pauvre chéri! Le château est assiégé; les ennemis vont entrer; ils pilleront tout, ils tueront tout.

— Tu mens, nourrice. Puisque mon père est là, ils n'entreront point. Tu n'es qu'une femme! Viens jouer! »

Cependant, mieux que lui qui ne devinait point le danger, elle entendait le pas des compagnies qui se jetaient d'une muraille à l'autre, traversaient les cours intérieures, montaient par les escaliers taillés dans le roc, et apparaissaient tantôt ici et tantôt là, aux points les plus menacés. Elle tremblait au bruit des boulets, dont le heurt presque continuel ébranlait les remparts à l'autre extrémité du château. Et quand elle entr'ouvrait la porte, le souffle humide des corridors voûtés lui soufflait au visage l'appel des trompes de guerre et les cris des combattants.

L'enfant, mécontent et boudeur, s'était assis, le dos appuyé contre un pilier.

Tout à coup un homme se précipite, vêtu d'une cotte de buffle déchirée, tête nue :

« Monseigneur, le château va être pris ! Venez ! Fuyons par le souterrain ! »

La nourrice, à ce mot, a poussé un cri d'épouvante, et s'est élancée à travers les couloirs.

Mais le petit est d'une race héroïque et aventureuse. Il se lève. Il écarte la main que l'homme a tendue vers lui.

« Jean le Bourguignon, dit-il, mène-moi d'abord au sommet de la plus haute tour !

— Nous n'avons pas le temps ; l'ennemi va entrer.

— Pas avant que j'y sois monté ! On m'a laissé ici, toujours, avec les femmes. Maintenant je veux voir la terre de mes pères, du haut des tours, avant de la perdre ! »

Et, comme le géant s'avance, poursuivant le petit seigneur qui recule et voulant le sauver de force, l'enfant lui échappe et se jette dans l'ouverture de la porte :

« Suis-moi si tu le peux, Jean le Bourguignon ! »

Il s'engage dans les corridors, il tourne, il arrive à l'escalier de la maîtresse tour, et disparaît dans la spirale que font les marches, feuilles d'ombre de la grande tige qui monte vers la lumière.

Son pas, rapide et léger comme celui d'un chevreau, sonne dans l'étroite cage de pierre. Le rire de la jeunesse insouciante s'y mêle, et fuit, et diminue. Le serviteur s'épuise à suivre l'enfant ; ses épaules heurtent les tournants, son casque sonne en frappant les parois.

« Monseigneur, arrêtez ! Je vois le bout des échelles sur les murs ! Entendez les coups de feu ! »

Quand il parvient, épuisé, sur la plate-forme de la tour du guet, il voit le petit comte debout. La poussière et la fumée passent en nuages autour de lui. Des flèches et des balles sifflent et égratignent les créneaux. Mais l'enfant, penché au-dessus de l'abîme, regarde le fief paternel étendu à ses pieds. De ses yeux clairs, émerveillés et sans peur, il a dénombré les collines, suivi la bande sombre des pins qui s'enfonce au levant, et la rivière mince entre les champs couverts de moissons.

Il se détourne, il rit.

« Emporte-moi à présent, Jean le Bourguignon. Je n'oublierai plus rien, j'ai vu toute la terre où je reviendrai un jour! »

Il se courbe, il saisit une touffe de lavande fleurie qui pendait sur l'abîme. Et le serviteur enlève dans ses bras le petit comte, qui ne résiste plus, et qui s'abandonne, essoufflé, les paupières closes, tenant serré contre son cœur le bouquet de lavande. Ils descendent l'escalier de la tour; ils atteignent l'entrée du souterrain, que les ennemis n'ont pas encore envahi; ils sont sauvés.

. . . .

Dix-huit ans se sont écoulés. Le comte Roger, conduit en Italie, sur les domaines d'un parent, avait trouvé une hospitalité parcimonieuse. Le père était mort, la puissance de la maison ruinée, et les alliances ébranlées attendaient, pour se renouer ou se rompre, que l'on vît ce dont serait capable cet orphelin qui n'avait encore ni parlé ni agi.

Le jeune homme habitait une ancienne villa délabrée, isolée dans la plaine, avec son serviteur Jean le Bourguignon, devenu tout blanc de cheveux, et de cœur moins hardi. Autour de sa demeure, au delà du jardin de roses, d'ifs noirs et de vignes en berceau, les champs de blé, les prés et les rizières formaient un cercle immense, jusqu'aux montagnes d'horizon. Quelques villes, neigeuses, pointaient sur les sommets lointains. Et parfois, sur son unique cheval couleur de poussière, le comte Roger, avec son écuyer en croupe, se rendait au marché ou à une fête donnée par un seigneur de petit renom. Et il était recherché par les dames, qui, le voyant de belle mine, adroit, fier de regard et réservé en paroles, disaient :

« Qu'y a-t-il donc, au fond de ce joli cœur ténébreux? Nous perdons avec lui nos sourires, que d'autres mendieraient. »

Ce qu'il y avait? Tout un fief de Provence, belles dames, des forêts de pins, des eaux claires, des hauteurs couronnées de villages et la vue de la mer prochaine, qu'il regardait sans cesse en esprit, et qui l'empêchaient d'être attentif au reste du monde. C'était la faute du bouquet de lavande, qu'il avait placé dans sa chambre, attaché à la garde de son épée, et qu'il considérait à tout moment du jour.

Roger se hissait jusqu'aux barreaux de fer garnissant les fenêtres.

Lorsqu'il eut vingt-cinq ans, il acheta des éperons d'or, un casque à plumes blanches, fit ferrer à neuf son cheval gris, emprunta une jument blanche pour son serviteur, et dit à Jean le Bourguignon :

« C'est à toi de me suivre à présent. Nous allons partir pour reconquérir la terre paternelle. Mes sujets se lèveront pour ma cause. L'heure est venue. »

Le vieux soldat n'eût pas demandé mieux que de rester. Il s'était accoutumé à l'exil.

« Comment vous reconnaîtront-ils, monseigneur? dit-il. Voilà dix-huit ans, vous n'étiez qu'un enfant, et toujours enfermé avec les femmes. Aucun ne se souviendra de vous. Et vous n'avez ni armée, ni argent. C'est bien peu de nos deux épées. »

Mais le comte Roger ne doutait pas; il avait, pour répondre aux conseils des barbes blanches, l'oracle mystérieux de sa jeunesse qui lui criait : « Pars donc ! »

Et ils quittèrent la villa au petit jour. Le comte avait serré dans un sachet de soie le bouquet de pauvres fleurs sèches rapportées jadis de Provence, et l'avait placé sur son cœur, sous les plis de sa tunique brodée. On crut qu'ils allaient à la chasse au faucon. Ils devisaient par petits mots, l'un derrière l'autre, comme un maître et son écuyer. Et ils voyagèrent, d'étape en étape, jusqu'au jour où, devant eux, une futaie sombre dont la crête étincelait surgit et grandit dans la brume matinale.

« Ce sont les pins du seigneur mon père, s'écria Roger. Je n'ai cessé de les voir ni de les entendre; ce sont eux! »

Il piqua des deux, et, quand il fut dans la forêt, il ôta son casque et abaissa jusqu'à terre la plume blanche. Un bûcheron travaillait non loin. Le jeune homme poussa vers lui son cheval, et apprit que le nouveau maître du fief, détesté à cause de ses exactions, était occupé à guerroyer contre les habitants de Castelsarrasin, et n'avait laissé dans le château qu'une garnison dérisoire. Ils parlèrent de l'ancien seigneur, et le bûcheron dit :

« Tous ceux qui l'ont connu le regrettent encore. S'il était resté de la graine de cette race-là, jeune cavalier, je t'assure qu'on se la disputerait comme un coq en haut du mât de cocagne, à la foire de Beaucaire.

— Salue donc l'héritier de tes comtes, brave homme, car tu l'as devant toi. »

Mais l'autre, ayant considéré les deux chevaux et surtout l'équipage de Jean le Bourguignon, se prit à rire de telle sorte, en saisissant sa hache, que les coups portaient à faux sur le tronc du pin, et que les copeaux volaient en tous sens, comme des éclats de voix blanches, à travers la forêt : Ah! ah! ah! Hi! hi! hi!

« Tu plaisantes, compagnon; passe ton chemin, et ne me fais pas perdre ma journée. »

Il riait encore lorsque les deux voyageurs aperçurent le premier village, et sur le banc, devant la porte du principal logis, deux vieux qui se chauffaient au soleil d'hiver.

Jean le Bourguignon, qui les avait eus pour amis, les appela par leur nom, ce dont ils furent surpris, et leur conta l'histoire d'autrefois, et comment il avait sauvé le jeune comte, en l'emportant par le souterrain. Puis, désignant le cavalier à la plume blanche, qui s'était écarté de quelques foulées de trot et, la tête levée, regardait aux fenêtres les filles et les femmes de Provence accourues pour le voir :

« C'est lui, dit-il tout bas. C'est lui-même. »

Mais les vieux firent claquer leur pouce, comme des gens qui n'ont plus la force de faire de grands gestes, et, levant leur face incrédule et amusée :

« Que ce soit toi qui nous parles, Jean le Bourguignon, d'honnête mémoire, nous ne ferions pas une demi-lieue pour le savoir : il y paraît à l'habitude que tu as gardée de raconter tes aventures.

Et que tu aies sauvé ta propre vie, nous le croyons sans peine. Mais nous avons eu bien d'autres témoins, qui nous ont affirmé et répété que le jeune comte avait été trouvé mort à côté de son père. Va ton chemin, et Dieu te garde des prisons de notre nouveau seigneur! Il n'est pas tendre aux gens sans aveu. »

Comme ils parlaient assez haut, il y eut des fenêtres qui se fermèrent, par prudence, et Roger sentit au cœur une douleur, qui le fit songer à l'abandon du Maître des cieux par ses disciples de la terre.

Il continua son voyage; il interrogea vingt personnes d'âges différents, montra son visage en pleine lumière, et le blason brodé sur sa tunique. On ne le reconnut point. Il ne recueillit que des moqueries, des paroles comme on en répond aux aventuriers, et des menaces qui le mettaient tout hors de lui.

« Ah! mécréants! criait-il, oublieux des bienfaits et du visage de vos maîtres, je vous corrigerai! »

Jean le Bourguignon avait beaucoup de peine à lui faire entendre que c'étaient là de fâcheux procédés pour un seigneur qui veut reconquérir l'amitié de son peuple.

Vers le soir, ils n'étaient pas plus avancés dans leur projet que le matin. Les émissaires du château les cherchaient. Le pays n'était plus sûr. La colère du comte Roger avait fait place à un chagrin qu'approfondissait encore l'approche de la nuit. Oh! l'heure cruelle à ceux qui souffrent, où le monde s'efface devant la peine qui grandit!

Le comte Roger errait à la lisière des bois. Et, ayant mis pied à terre, au bord d'un étang qu'enveloppaient des collines plantées d'oliviers anciens, il s'étendit pour se reposer, tandis que les chevaux s'ébrouaient de plaisir dans l'herbe verte. Non loin, une jeune

Avant qu'il fût midi, le comte Roger était rentré en triomphe dans le château paternel.

fille lavait du linge, et un peu de jour blanc était encore autour d'elle et des hardes qu'elle agitait parmi les roseaux. Le jeune seigneur remarqua qu'elle avait les cheveux serrés dans un foulard de soie roulé, pareil à un grand sequin, et les traits réguliers, avec les lèvres fières des filles de son domaine qu'on disait semblables aux Grecques. Et il dit à Jean le Bourguignon :

« Celle-ci est de chez nous, bien que je ne sache plus en quel lieu nous sommes parvenus. »

Et la fille, qui l'avait entendu, passa près de lui avec son linge sous le bras, et lui souhaita le bonsoir. Puis, comme elle le voyait pleurer, elle s'arrêta.

Lui, qui n'avait rencontré, depuis l'aube du jour, que des visages de moquerie ou de colère, se souleva sur un coude, la regarda, et dit :

« Belle, celui que vous voyez va s'en retourner bien loin. Il n'a pas été reconnu par les gens d'ici, et il est cependant leur seigneur, leur vrai maître et ami, le comte Roger, fils du comte qui fut dépouillé de ses biens, voilà juste ton âge, dix-huit ans, je suppose.

— J'en ai dix-sept, répondit la fille. Mais vous êtes d'Italie, mon beau seigneur, je le reconnais à l'accent.

— En vérité, je viens de là ; mais je n'y suis pas né. Je vous le répète, je suis le comte Roger. »

Elle sourit ; et, comme le vent soufflait vers elle :

« Oh! dit-elle, quelle étonnante chose! Nous sommes en plein hiver, et je sens un parfum de lavande! »

Le comte Roger entr'ouvrit sa tunique brodée, tira le sachet de soie, et montra les fleurs séchées :

« Voilà dix-huit ans, petite, j'ai arraché cette touffe de fleurs à la plus haute tour de mon château. Elle m'a suivi en exil. Elle était la seule chose que j'eusse emportée de mon pays. »

La jeune fille laissa tomber son linge, prit le sachet, l'approcha de son visage :

« Comte Roger, vous dites vrai, fit-elle ; il n'y a que chez nous que la lavande soit si haute et si parfumée. Vous avez tournure de noble. Je crois en vous. Donnez-moi votre sachet, et remontez à cheval.

— J'irai donc! dit aussitôt le comte Roger. Allez devant moi, comme l'Espérance, et je vous suivrai. »

Elle alla devant lui, jusqu'au village prochain, où les premières chandelles de résine commençaient à s'allumer. Son foulard, bien serré, précédait les chevaux comme un petit croissant d'or. Elle frappa à une porte ; elle cria :

« Ouvrez au comte Roger, bonnes gens ; il a mieux avec lui que son acte de baptême ; il a de la lavande de chez nous, qu'il a cueillie lui-même au jour de nos malheurs ! »

Les gens sortaient aux portes ; les lanternes luisaient sur les seuils ; le jeune seigneur s'était mis à discourir merveilleusement, Jean le Bourguignon à promettre des ducats. La jeune fille disait : « Suivez-le, je l'ai reconnu. C'est lui ! »

Beaucoup d'hommes, moins par souvenir de l'ancien maître que par rancune contre le nouveau, s'armaient. Les collines furent bientôt pleines de troupes de paysans. Les bois s'emplirent de lumières qui descendirent vers le château.

Au premier rayon du jour, la garnison aperçut toute une foule insurgée qui enveloppait la forteresse, et il y eut un combat, mais si peu long et si peu sanglant, que personne ne perdit la vie. Avant qu'il fût midi, le comte Roger était rentré en triomphe dans le château paternel, portant devant lui la touffe de fleurs bleues de la grande tour.

Et, dans tout le pays, ce fut un dicton qu'on répète encore aujourd'hui :

« L'histoire du comte Roger en fait foi : il n'y a point de souvenir, parmi les hommes, qui dure aussi longtemps que l'odeur d'un brin de lavande. »

LA BOITE AUX LETTRES

Nul ne pouvait dire la paix qui enveloppait cette cure de campagne. La paroisse était petite, honnête moyennement, facile à vivre, habituée au vieux prêtre qui la dirigeait depuis trente ans. Le bourg finissait au presbytère. Le presbytère touchait aux prés en pente qui s'en allaient vers la rivière, et d'où montait, à la saison chaude, toute la chanson de la terre mêlée au parfum des herbes. Derrière la maison trop grande, un potager entamait le pré. Le premier rayon de soleil était pour lui, et le dernier de même. On y voyait des cerises dès le mois de mai, des groseilles souvent plus tôt, et, une semaine avant l'Assomption, le plus souvent, on ne pouvait passer à cent mètres de là sans respirer, entre les haies, le parfum lourd des melons mûrissants.

N'allez pas croire que le curé de Saint-Philémon fût gourmand : il avait l'âge où l'appétit n'est qu'un souvenir, le dos voûté, la face ridée, deux petits yeux gris dont un ne voyait plus, des lunettes rondes et une oreille si dure, qu'il fallait faire le tour et changer de côté quand on l'abordait par là. Ah! Seigneur, non, il ne mangeait pas tous les fruits de son verger! Les gamins en volaient leur grande part, et surtout les oiseaux : les merles, qui vivaient là toute l'année grassement, et chantaient en retour de tout leur mieux ; les loriots, jolis passants qui les aidaient pendant les semaines de grande abondance, et les moineaux, et les fauvettes de tout plumage, et les mésanges, espèce pullulante et vorace, touffes de plumes grosses comme un doigt, pendues aux branches, tournant, grimpant, piquant un grain de raisin, égratignant une poire, vraies bêtes de rapine enfin, qui ne savent donner en récompense qu'un petit cri aigre comme un bruit de scie. Même pour elles, la vieillesse avait rendu indulgent le curé de Saint-Philémon. « Les bêtes ne se corrigent pas, disait-il : si je leur en voulais de ne pas changer, à combien de mes paroissiens devrais-je en vouloir aussi ! » Et il se contentait de frapper ses mains l'une contre l'autre, en entrant dans son verger, afin de ne pas être témoin de trop fortes déprédations.

Alors c'était une levée d'ailes, comme si toutes les fleurs des herbes folles, coupées par un grand vent, s'étaient mises à voler : des grises, des blanches, des jaunes, des bigarrées ; une fuite légère, un froissement de feuilles, et puis la paix, pour cinq minutes. Mais quelles minutes ! Songez qu'il n'y avait pas une usine dans le village, pas un métier ou un marteau de forge, et que le bruit des hommes, de leurs chevaux et de leurs bœufs, répandus à travers les campagnes, isolés, invisibles, se fondait et mourait dans le frémissement de l'air qui montait tout le jour de la terre chauffée. Les moulins étaient inconnus, les routes peu fréquentées, les chemins de fer extrêmement loin. Si le repentir de ces dévaliseurs de jardin avait duré, l'abbé se serait endormi de silence sur son bréviaire.

Heureusement, le retour était prompt ; un moineau donnait

l'exemple, un geai suivait : la volière au complet se remettait à l'œuvre. Et l'abbé pouvait passer et repasser, fermer son livre ou l'ouvrir, murmurer : « Ils ne me laisseront pas une graine cette année; » c'était fini : aucun oiseau ne quittait sa proie, pas plus que s'il se fût agi d'un poirier taillé en cône, de feuille épaisse, et se balançant en mesure sur le sable de l'allée.

Les oiseaux devinent que ceux qui se plaignent n'agissent pas. Chaque printemps ils nichaient autour de la cure de Saint-Philémon en plus grand nombre que partout ailleurs. Les meilleures places étaient vite occupées : les creux des arbres, les trous des murs, les fourches à trois branches des pommiers ou des charmes, et l'on voyait un bec brun, comme une pointe d'épée, sortir d'une poignée de gros foin entre tous les chevrons du toit. Une année que tout était pris, je suppose, une mésange dans l'embarras avisa cette fente régulière, protégée par une planchette, qui s'enfonçait dans l'épaisseur des moellons, à droite de la porte d'entrée du presbytère ; elle s'y glissa, revint satisfaite de l'exploration, apporta des matériaux et bâtit le nid, sans rien négliger de ce qui devait le tenir chaud, ni la plume, ni le crin, ni la laine, ni les écailles de lichen qui couvrent les vieux bois.

Un matin, la servante Philomène arriva d'un air furieux, tendant un papier. C'était sous la tonnelle de laurier, au fond du verger.

« Tenez, monsieur le curé, v'là un papier, et sale encore! Ils en font de belles!

— Qui donc, Philomène?

— Vos oiseaux de malheur, tous les oiseaux que vous souffrez ici! Ils nicheront bientôt dans vos soupières...

— Je n'en ai qu'une.

— Ont-ils pas eu l'idée de pondre dans votre boîte aux lettres ! Je l'ai ouverte parce que le facteur sonnait, ce qui ne lui arrive pas tous les jours. Elle était pleine : du foin, du crin, des fils d'aragne, de la plume de quoi garnir un édredon, et, au milieu de tout ça, une bête que je n'ai pas vue, qui siffle comme une vipère ! »

Le curé de Saint-Philémon se prit à rire, comme un aïeul à qui l'on raconte les frasques d'un enfant.

« Ca doit être une mésange charbonnière, dit-il; il n'y a qu'elles pour inventer des tours pareils. N'y touchez pas surtout, Philomène.

— N'y a pas de danger, pour ce que c'est beau ! »

L'abbé se hâta, traversa le jardin, la maison, la cour plantée d'asperges, jusqu'au mur de clôture qui séparait le presbytère du chemin public, et là, d'un effort discret de la main, entr'ouvrit la niche monumentale, où la correspondance annuelle de toute la commune aurait pu tenir.

Il ne s'était pas trompé. La forme du nid en pomme de pin, sa couleur, la composition de la trame, de la chaîne et de la doublure qui transparaissait, l'épanouirent. Il écouta le sifflement de la couveuse invisible, et répondit :

« Sois tranquille, petite, je te connais : vingt et un jours d'incubation, trois semaines pour élever la famille, c'est ce que tu demandes? Tu les auras : j'emporte la clef. »

Il emporta la clef, en effet, et quand il eut rempli ses obligations du matin : visites à des paroissiens dans la peine ou dans la misère; recommandations au messager, qui devait choisir pour lui des graines à la ville; ascension du clocher, dont un orage avait descellé quelques pierres, il se ressouvint de la mésange et songea qu'elle pourrait être troublée par l'arrivée d'une correspondance, la chute d'une lettre en pleine couvée.

Le curé de Saint-Philémon se contentait de frapper ses mains l'une contre l'autre en entrant dans son verger.

L'hypothèse était peu vraisemblable : on ne recevait, à Saint-Philémon, pas plus de lettres qu'on n'en expédiait. Le facteur n'était guère qu'un promeneur mangeant la soupe chez l'un, buvant un coup chez l'autre, et remettant, de loin en loin, une épître de conscrit ou un avis d'impôt dans une ferme écartée. Cependant, comme la Saint-Robert approchait, laquelle, comme on sait, tombe le vingt-neuvième jour d'avril, l'abbé crut prudent d'écrire aux trois seuls amis vraiment dignes de ce nom que la mort lui eût conservés, un laïque et deux clercs : « Mon ami, ne me souhaitez pas ma fête cette année. Je vous le demande. Il me serait désagréable de recevoir une lettre en ce moment. Plus tard je vous expliquerai, et vous comprendrez mes raisons. »

Ils crurent que son œil déclinait, et n'écrivirent point.

M. le curé de Saint-Philémon s'en réjouit. Pendant trois semaines, il ne passa pas une fois dans l'encadrement de la porte sans penser aux œufs tiquetés de rose qui reposaient là, tout près, et, quand le vingt-deuxième jour eut sonné, s'étant courbé, il écouta, l'oreille collée aux lèvres de la boîte, puis se redressa radieux :

« Ça gazouille, Philomène, ça gazouille ! En voilà qui me doivent la vie, par exemple ; et ce n'est pas eux qui regrettent ce que j'ai fait, ni moi non plus ! »

Il avait en lui, tout vieux qu'il fût, des coins d'âme d'enfant qui n'avaient pas vieilli.

Or en même temps, dans le salon vert de l'évêché, au chef-lieu du département, l'évêque délibérait sur les nominations à faire, avec ses conseillers ordinaires, ses deux vicaires généraux, le doyen du chapitre, le secrétaire général de son évêché et le directeur du grand séminaire. Après avoir pourvu à quelques postes de vicaires et de desservants, il opina ainsi :

« Messieurs du conseil, j'ai un candidat de tous points excellent pour la cure de X*** ; mais il me paraît convenable de proposer du moins cette charge et cet honneur à l'un de nos plus anciens desservants, celui de Saint-Philémon. Il n'acceptera pas sans doute, et sa modestie non moins que son âge en sera la cause ;

mais nous aurons rendu hommage autant qu'il est en nous à sa vertu. »

Les cinq conseillers furent unanimes dans l'approbation, et, le soir même, une lettre partait de l'évêché, signée par l'évêque, et qui portait en post-scriptum : « Répondez immédiatement, mon cher curé, ou plutôt venez me voir, car je suis obligé de faire ma proposition d'ici trois jours au gouvernement. »

La lettre parvint à Saint-Philémon le jour même de l'éclosion des mésanges. Elle fut glissée avec peine, par le facteur, dans l'ouverture de la boîte, y disparut, et resta là, touchant la base du nid, comme un pavage blanc au fond de la chambre obscure.

Le lendemain, il se rendit près de la boîte.

Et le temps vint où, sur les ailerons des mésangeaux, les tuyaux bleus tout pleins de sang se garnirent de duvet. Quatorze petits, piaillant, flageolant sur leurs pattes molles, le bec ouvert jusqu'au-dessous des yeux, ne cessèrent, de l'aube au soir, d'attendre la becquée, de la manger, de la digérer et d'en demander d'autre. C'était la première période, où les nourrissons n'ont pas d'esprit. Elle dure peu pour les oiseaux. Bientôt il y eut des disputes dans le nid, qui commença à céder sous l'effort des ailes; on y fit des culbutes par-dessus bord, des excursions le long des parois de la boîte, des stations près de l'entrée de la caverne, par où se glissait l'air du monde. Puis on se risqua dehors.

Le curé de Saint-Philémon assista d'un pré voisin, avec un extrême plaisir, à cette garden-party. En voyant les petits apparaître sous la planchette de la boîte aux lettres, deux, trois ensemble, prendre leur vol, rentrer, repartir comme des abeilles à la trappe d'une ruche, il se dit : « Voilà une enfance terminée et une bonne œuvre finie : ils sont tous drus. »

Le lendemain, pendant l'heure de loisir qui suivait le dîner, il se rendit près de la boîte, la clef en main. « Toc, toc, » fit-il. Rien ne répondit. « Je le pensais bien, » murmura le curé. Et il ouvrit, et, mêlée aux débris du nid, la lettre lui tomba dans la main.

« Grand Dieu! dit-il en reconnaissant l'écriture, une lettre de Monseigneur, et en quel état! et depuis quel temps! »

Il pâlit en la lisant.

« Philomène, attelez Robin, et vite! »

Elle vint voir avant d'obéir.

« Et qu'avez-vous, monsieur le curé?

— L'évêque m'attend depuis trois semaines!

— Ça ne se rattrape pas, » dit la vieille.

L'absence dura jusqu'au lendemain soir. Quand le curé de Saint-Philémon rentra chez lui, il avait l'air paisible; mais la paix quelquefois ne va pas sans effort, et nous luttons pour la maintenir. Quand il eut aidé à dételer Robin, donné l'avoine, changé de soutane et vidé le coffre où il rapportait une vingtaine de petits colis achetés pendant l'expédition urbaine, il était l'heure où, dans les branches, les oiseaux se racontent la journée. Une pluie d'orage était tombée, des gouttes d'eau pleuvaient encore des feuilles remuées par ces couples de bohémiens cherchant la bonne place pour la nuit.

En reconnaissant leur maître et ami qui dévalait l'allée sablée, ils descendaient, voletaient, faisaient un bruit inusité, et les mésanges, celles du nid, les quatorze encore mal emplumées, essayaient leurs premières spirales autour des poiriers, et leurs premiers cris à l'air libre.

Le curé de Saint-Philémon les observa d'un œil paternel, mais avec une tendresse mélancolique, comme on regarde ceux qui nous ont coûté cher.

« Allons, mes petites, dit-il, sans moi vous ne seriez pas ici, et sans vous je serais curé de canton. Je ne regrette rien, non; mais n'insistez pas : vous avez la reconnaissance bruyante. »

Il frappa dans ses mains, impatienté.

Et jamais il n'avait eu d'ambition, non, bien sûr; et en ce moment même il était véridique. Cependant le lendemain, après une nuit coupée d'insomnies, causant avec Philomène, il lui dit :

« L'année prochaine, Philomène, si la mésange revient, vous me préviendrez. C'est incommode, décidément. »

Mais la mésange ne revint pas, ni la grande lettre timbrée aux armes de l'évêque.

LA RÉPONSE DU VENT

Au bord de la mer, les bois de pins du domaine descendaient jusqu'à un promontoire où ils se raréfiaient, s'espaçaient parmi les bruyères, et finissaient en un bouquet de vieux arbres, aigrette verte et superbe dressée dans la lumière. De là on voyait les vagues toutes petites, et, même aux jours de tempête, elles avaient l'air de moutons blancs. Les goélands passaient au-dessous; les palombes, quand elles arrivent du large, se posaient dans les branches; les côtes se repliaient en arrière, et il suffisait de regarder devant soi pour se croire dans une île.

Le pays était chaud, car c'était l'extrême midi, par où finit la France. Mais le vent soufflait en toute saison, et d'où qu'il vînt, de la terre ou de la mer, rencontrant des rochers, des bruyères et des pins, il chantait, d'accord avec eux qui connaissaient sa main.

Un enfant l'écoutait; et voici ce que le vent disait dans les arbres :

« Je suis le vent qui n'a pas de route, et je vais par le monde. Toutes les feuilles tremblent quand je passe, toutes les ailes s'appuient sur moi; j'emmène ensemble les voiles blanches et les flots bleus qui les portent. La terre est petite, j'en ai fait le tour ; mais elle est belle, et je retourne sans lassitude où je suis allé. Si tu venais, enfant, nous partirions joyeusement. Je te montrerais l'espace, pour lequel tu es né comme moi ; tu vivrais parmi les choses toujours nouvelles, dans l'adieu perpétuel et calme des nuées, dont les milliers de gouttes d'eau, tes pensées, mon enfant, reflètent le monde au-dessous d'elles, et ne tiennent à lui que par le lien fragile de sa beauté qui change. »

Le petit ne comprenait pas tout, parce que le langage du vent est quelquefois plus profond que les âmes qui l'écoutent ; mais il dit à sa mère :

« Je voudrais partir.
— Pour quel pays?
— Pour tous les pays.
— Qui te l'a conseillé?
— Le vent qui agite les pins. »

La mère ne dit rien ; seulement, dans son inquiétude de voir l'unique enfant s'éloigner, elle crut qu'elle pourrait lutter avec le vent qui parle. Elle donna l'ordre de couper le bouquet de pins ; et les troncs abattus, jetés à la mer, faute de sentier praticable, furent attachés à l'arrière d'une gabarre et disparurent, traînés à la remorque comme de gros poissons harponnés et luttant.

L'enfant revint sur la falaise. Le vent continua de chanter, plus doucement, il est vrai, dans les bruyères qui poussaient à foison et qui étaient de trois espèces : la mauve, à fleurs serrées comme le réséda ; la rose, dont le calice est allongé, et la grande blanche des marais, qui est la plus capricieuse de formes, arbuste si on la laisse vivre, élégante, élancée, et qui domine l'ajonc même de ses gerbes aiguës.

Sur la falaise, l'enfant écoutait.

Le vent, dans la bruyère blanche, disait :

« Que sont les floraisons de la terre auprès de celles qu'enferme la serre prodigieuse des eaux ? Il n'a été donné à personne de parcourir les jardins sous-marins ; mais ceux qui se penchent sur le bord des navires ont vu monter des profondeurs et onduler au mouvement des lames qui les couvrent des mousses géantes, des lanières pareilles à des flots de rubans multicolores, des sommets d'arbres d'un violet si doux, qu'on ne savait si c'était une végétation venue d'en bas ou un reflet venu d'en haut. Ils ont deviné au-dessous d'eux plus de couleur et de vie que leurs yeux n'en avaient jusque-là retenu. Petit, il est bon de naviguer sur la mer changeante; il y en a qui ne sont pas consolés de l'avoir quittée. »

L'enfant dit :

« Je veux être marin.

— Qui te l'a conseillé?

— La bruyère blanche. »

La mère, qui ne vivait que pour son enfant et par lui, s'alarma; elle fit couper la bruyère blanche, et, de peur que le vent ne parlât encore en glissant sur la roche nue, elle emmena son fils très loin, dans un château d'où l'on n'apercevait que les plis des bois, des moissons et des routes; car le père autrefois avait été marin, et il était mort d'une surprise du vent, beau parleur dans les pins et les bruyères, mais tueur d'hommes aussi, et traître, et sans pitié.

Quand elle eut séparé son enfant d'avec le vent de mer, elle se rassura et pensa :

« Il est si jeune, qu'il oubliera. Rien ici ne ressemble plus aux grèves, rien ne passe qui ressemble aux voiles, et ma voix sera plus forte que le souvenir, chaque jour affaibli. Il m'aime, il m'écoutera; je vieillirai près de lui, et il grandira près de moi. »

Mais nous ne savons jamais par quel fil mystérieux la pensée est ramenée vers le visage des choses qui l'ont tentée, ni quels rappels du passé elle trouve dans le présent. Le petit avait obtenu la permission de rapporter, du premier domaine dans le second, un couple de cygnes, qu'on avait lâchés dans une rivière lente, élargie de main d'homme, que des rideaux de peupliers protégeaient tout l'été et couvraient de feuilles jaunes pendant deux mois d'automne. Chaque matin et chaque soir il leur portait leur nourriture; et il n'aimait rien tant que de les voir nager, le col droit, les ailes soufflées et rapprochées en berceau de neige. A quoi songeait-il?

Un jour, il demanda :

« Pourquoi ne s'envolent-ils pas?

— Parce que le fouet de l'aile a été coupé.

— Et s'ils ont des enfants de cygnes?

— On coupera l'aile aussi aux enfants.

— Oh! je vous en prie, qu'il y en ait un au moins auquel on ne coupe pas les plumes! »

Le printemps suivant il y eut quatre petits cygnes, poilus, qui avaient l'air d'une grosse graine de pissenlit posée sur l'eau. Autour du père et de la mère ils nageaient parmi les nénuphars, et de loin, le soir, quand ils s'enfonçaient et se perdaient entre les gerbes de roseaux qui hérissaient les berges, on eût dit deux grands lis épanouis et quatre boutons gris perdus dans le vert des feuilles. Leurs promenades étaient courtes. Le plus jeune surtout, sorti de l'œuf quatre jours après les autres, ne ramait pas longtemps, et, si faible que fût le courant, ne pouvait le remonter; alors l'un des parents s'arrêtait, tendait la large patte palmée et la laissait flotter en arrière; le petit y grimpait, et, un peu soulevé par un mouvement de rejet du grand oiseau, s'aidant des ailes, des pattes, du bec, il se hissait entre les plumes, dans le berceau vivant et chaud, qui l'emportait doucement, sans secousse, jusqu'à la cabane établie au bord de la rivière.

L'enfant, témoin de ce spectacle, appelait et disait :

« Mère, venez voir! »

Elle venait en deuil, triste et souriante, n'oubliant jamais de regarder l'enfant deux fois plus longtemps que ce qu'il montrait du doigt. Il ajoutait :

« Vous voyez, mère, les parents des cygnes les emmènent sur l'eau; les petits se penchent, et ils connaissent déjà le fond de la rivière, qui est, paraît-il, tapissé d'herbes merveilleuses.

— Donne-moi la main, André. Viens-t'en, viens-t'en. »

Elle écartait l'enfant, et, jalouse de la rivière comme elle l'avait été de la mer immense, craintive et poursuivie de la même vision, elle s'en allait avec lui par les sentiers des bois. Elle savait le secret de causer avec les enfants; elle tâchait d'intéresser à des histoires, à la beauté de la terre, aux travaux des hommes de la campagne, ce blondin, qui avait des yeux clairs, sauvages et inquiets comme ceux d'un goéland : elle n'y parvenait pas. Et peu à peu elle dut convenir que la santé de l'enfant s'altérait, qu'il dépérissait, et que, trop jeune pour exprimer sa souffrance, il manquait néanmoins de quelque chose.

Elle le soignait, et ne voulait pas comprendre.

Un soir de printemps, à l'heure où on ne regarde plus que d'un seul côté, vers la lumière qui tombe, elle vit le dernier-né de la couvée de cygnes, celui dont on n'avait pas coupé le fouet de l'aile, s'élever tout à coup en criant, et, le cou tendu, avec un bruit de rafale, essayant ses jeunes plumes, faire deux fois le tour des peupliers. André le vit aussi.

« Il va revenir, dit-elle, la force de ses ailes n'est pas assez grande; mais demain il partirait. Je vais donner l'ordre au jardinier de l'en empêcher; ce serait un cygne perdu.

— Où irait-il? » demanda le petit.

La mère hésita un instant et répondit :

« Sans doute où le père et la mère ont été élevés. Ils ne sont chez nous que par contrainte. »

L'enfant suivit des yeux, avec une émotion silencieuse, l'oiseau qui achevait le second cercle de son vol, et qui, épuisé, rasait la cime des foins comme une grande faux blanche, et soudainement y sombrait, et demeura étendu.

Ils rentrèrent. Mais le lendemain, avant que personne au château fût levé, l'enfant courut à la cabane, s'agenouilla dans l'herbe toute mouillée de la rosée de la nuit, et entr'ouvrit la porte, que fermait une cheville de bois. Quatre têtes encore duvetées passèrent dans l'ouverture, et au-dessus, un peu en arrière, les becs noirs du père et de la mère sifflaient, tout prêts à mordre.

« Viens, toi, le plus jeune, » dit l'enfant.

Il connaissait les quatre frères, et, sans se tromper, il attira par le col le plus jeune, qui n'avait pas eu l'aile coupée. Il le serra contre lui, tandis que les grandes ailes blanches battaient l'air, et, sous les plumes, avec beaucoup de mal et de temps, il parvint à fixer un papier plié, long et mince, assujetti par un brin de fil. Quand la lettre fut solidement attachée ainsi au corps de l'oiseau, il écarta les bras.

« Tu me rapporteras la réponse, dit-il ; envole-toi ! »

Le cygne marcha quelques pas en roulant, se secoua, s'étira, et, regardant le ciel, battit l'air de ses deux ailes étendues. Il monta en tournant ; les autres criaient et couraient désespérément. Il monta au-dessus des arbres ; le rose de la lumière matinale illumina son ventre ; il plana, cherchant sa route, dans le cercle de prairies et de bois dont la cabane était le centre, puis il piqua au sud, décrut rapidement, diminua jusqu'à ne plus être qu'un petit trait blanc dans l'azur, et disparut.

« André! André! »

La mère, inquiète, appelait son fils.

Il courut à elle, pâle, triomphant, remué dans l'intime profondeur de son âme jeune.

« Regardez! » dit-il.

Elle ne dit rien.

« Il s'est enfui par là, dit l'enfant; et par là, c'est la mer. J'en suis sûr à présent. »

Elle pensa qu'elle avait un fils bien extraordinaire, bien impatient du nid et bien difficile à garder; sa tendresse s'émut et pleura. Le petit devint plus pâle de jour en jour, parce que de jour en jour il attendait la réponse qui ne venait pas.

Il avait écrit et confié au cygne cette lettre au vent de mer :

« Vent de mer, qui m'as parlé, je t'envoie le quatrième de mes cygnes, qui n'a pas eu le fouet de l'aile coupé. Je ne t'entends plus jamais. Je veux que tu saches où je suis, afin que tu viennes et que je t'entende de nouveau, et que ma mère t'entende aussi. Dis-lui que je veux être marin sur la mer, que je mourrai si elle me refuse; mais si elle t'écoute, vent de mer, rapporte-moi mon cygne, et je comprendrai par là qu'elle veut bien. »

Il se passa une semaine, après laquelle l'enfant fut pris de fièvre. Le temps était devenu mauvais, et les nuages glissaient confusément, gris sur gris, emmêlés, les uns lâchant leur pluie et d'autres se déchirant tout à coup pour laisser descendre un rayon de soleil chaud. Dans le parc, entre les averses, la mère entraînait l'enfant.

« Laissez-moi écouter, disait le petit, et écoutez vous-même. »

Elle secouait la tête, désespérée, et elle n'écoutait que son chagrin, qui pleurait au dedans d'elle.

Les herbes ployaient ; des feuilles, arrachées par la rafale, couraient au ras du sol. A mesure que l'après-midi s'avançait, la tempête augmentait ; et tous les bruits accoutumés se perdaient et mouraient dans le grondement des chênes, que le vent ébranlait jusque dans leurs racines. Les branches mortes craquaient ; les troncs fendus des souches sifflaient ; toutes les frondaisons hérissées et couchées des grands arbres avaient l'air d'oiseaux blessés, renversés sur le dos, et qui luttent en détendant parfois leurs griffes pour attaquer.

« Écoutez, reprenait l'enfant, dont les yeux brillaient, c'est lui !

— Qui donc, mon André ?

— Le vent de là-bas. Il a reçu ma lettre : il vient ; peut-être qu'il va répondre ! »

Et il se penchait pour voir, entre les feuillées ou dans l'ouverture des avenues, du côté du sud, les deux ailes en croissant qu'il attendait toujours.

La mère se sentait au cœur une pitié sans borne pour l'enfant malade ; elle s'efforçait de le calmer, de se faire une voix plus aimante encore que de coutume, pour dire :

« Laisse là tes idées folles, mon petit ; ne pense pas, ne parle pas. Promenons-nous et respirons la dernière heure du jour. Il te faut le grand air, mais ne t'agite pas. Viens. »

Le soir, elle le coucha ; et le petit fut pris d'une fièvre ardente. Comme elle le veillait, un domestique entra.

« Madame, c'est M. le comte de Rial, le voisin de campagne de madame, qui demande à être reçu.

— A cette heure-ci?

— Il paraît que la chose est pressée, madame. »

Un homme, en vêtements de voyage, monta, pénétra dans la chambre sur la pointe du pied, et, inclinant sa grande barbe :

« Comment va-t-il?

— Très abattu, plus souffrant que jamais.

— Pardonnez-moi, dit le voisin, qui tendit un paquet enveloppé de journaux : j'ai tué ceci sur mon étang. Regardez sous l'aile de l'oiseau, vous comprendrez peut-être mieux. »

Il se retira aussitôt. La mère développa le paquet, et trouva le corps du cygne, qu'elle reconnut. Vite elle allongea les bras, tenant les ailes par leurs extrémités, et, au-dessus du corps abandonné, les ailes s'étendirent. La lettre tomba, toute mouillée, lisible encore.

Lisez, mère, car le petit dort; lisez promptement, car il a la fièvre; songez, car les remèdes qui guérissent les autres n'ont rien fait pour votre enfant.

L'enfant dormit, et la mère veilla toute la nuit.

Au premier rayon du jour, André ouvrit les yeux, et poussa un cri:

« Ah ! dit-il, voilà mon cygne, et il est mort ! »

L'oiseau était couché sur le tapis, près de la fenêtre.

Mais la mère déjà avait enveloppé l'enfant dans ses bras, et elle disait :

« Ne t'agite pas, ne crains rien. Il est mort de fatigue en arrivant, parce que la mer est loin.

— Non, non : le vent me l'a renvoyé mort parce que la réponse est mauvaise ! »

Elle s'écarta du lit, sourit à l'enfant de toute la force de son amour qui s'immolait pour lui, et murmura :

« Tu te trompes, mon André ; le vent a écrit la réponse.

— Mère, le vent n'écrit pas.

— Qu'en sais-tu, mon petit ? »

Elle alla prendre l'oiseau blanc, l'étendit sur la couverture de soie ; et, sous l'aile gauche, à la place de la lettre, l'enfant aperçut une feuille de chêne percée de menus trous, comme à coups d'épingle.

Il saisit la feuille, la présenta au jour, et tout le sang de son corps chétif afflua au visage, parce que le petit venait de lire trois mots, trois humbles mots, mais qui renfermaient toute une vie :

« Oui, mon André. »

LE GRENADIER DE LA BELLE NEUVIÈME

I

Mon grand-père maternel, le grand-père de votre bonne Perrette, mes enfants, était né en Provence, et c'est pourquoi je vous raconte quelquefois des histoires de ce pays-là.

Il lui manquait un peu de taille pour être ce qu'on appelle un bel homme ; mais il était bien tourné, joli comme une poupée, adroit de la parole et des mains, et gai comme personne ne l'est dans les contrées où il pleut souvent.

La misère, pourtant, ne lui avait pas manqué. Il aimait, sur le tard de sa vie, à nous répéter ce qui lui était arrivé, au temps de la Révolution, lorsque les levées de soldats, chose nouvelle alors, l'amenèrent brusquement, lui, homme de la plaine chaude, gardeur de moutons et de chevaux, sur la grande montagne nommée le mont Cenis, qui regarde le pays italien.

Là, des détachements de l'armée de Kellermann campaient

dans la neige et la boue, mal abrités dans des fortins construits à la hâte, et attendaient l'ordre de se jeter sur la terre promise. Vétérans des anciennes armées, volontaires, recrues, ils parlaient tous les patois de France, et juraient dans tous les dialectes contre le froid, l'abandon où on les laissait, et l'ordre de descendre qui ne venait pas. On les habillait comme on pouvait. Ils avaient des cheveux de toutes les coupes, et on voyait encore des gradés qui les portaient en cadenette, comme au temps du roi Louis XVI.

Deux compagnies, l'une de fusiliers, l'autre de grenadiers, habitaient depuis six mois la montagne, lorsque mon grand-père dut les rejoindre. La garnison n'était pas enviable. Des taudis en maçonnerie et en planches occupaient, à plus de mille mètres en l'air, l'extrémité d'une pointe de rocher. Un petit champ de manœuvre les séparait de la pente formidable où cette saillie étroite était soudée, comme une verrue. Pour horizon, du côté de la montagne, une muraille pierreuse, éboulée par endroits, sans herbe, aux flancs de laquelle un chemin s'élevait en se tordant; de l'autre côté, un gouffre : une plaine tout en bas qui paraissait petite, et qui se ramifiait et aboutissait à des couloirs sombres, à des vallées hautes couvertes de prés et que dominaient des cimes lointaines. Les soldats disaient que c'était la route d'Italie. Ils le savaient pour l'avoir regardée chacun pendant bien des heures. Aucune vie en dehors du campement; aucun mouvement et aucun bruit d'hommes ou de troupeaux. Tout le monde avait peur des Français, même en France. Eux, ils s'ennuyaient. Quand un aigle volait en rond à l'heure de l'exercice, la garnison levait la tête.

Or, un jour d'avril, une file de nouveaux soldats monta là-haut. Ils arrivèrent le cœur gros, épuisés de fatigue, étonnés douloureusement de la rudesse des sous-officiers qui conduisaient la colonne, et de la morne tristesse de l'Alpe sans forêts.

Jean Mayrargues, mon grand-père, par erreur peut-être, avait été affecté à la neuvième compagnie, qui était celle des grenadiers, presque tous vieux soldats, et fiers d'avoir déjà fait la guerre et pillé des villes. Quand il entra dans le terrain de manœuvre tout boueux, piétiné, balayé par la bise, le sergent de l'escouade le présenta au sergent Bourieux, et, riant dans sa barbe :

« Sergent, une recrue pour vous. Vous revient-il, celui-là ? »

Le sergent se trouvait au milieu d'un groupe d'hommes qui l'écoutaient avec des rires d'approbation. Il se tourna, épais sous ses habits bleus, ses fortes jambes gonflant ses guêtres blanches, le bonnet à poil sur l'oreille.

« Ça pour moi ?

— Oui, sergent.

— En voilà un freluquet ! Est-ce que tu sais marcher sur la neige, mon garçon ?

— Non, sergent.

— En as-tu même vu de la neige ?

— Non, sergent.

— Eh bien, tu en verras ! D'où es-tu ?

— De la Camargue. »

Le sergent considéra un moment le petit conscrit pâle, les yeux vifs, la moustache noire toute fine, cambré dans sa veste courte, et maigre de la maigreur nerveuse des gens du Midi.

« Tu en as bien l'air. A l'habillement ! Et filons ! Je t'apprendrai le métier, va, et si tu ne t'y mets pas !... »

Il se retourna vers les hommes en haussant les épaules.

« C'est dégoûtant tout de même, d'envoyer des hommes comme ça aux grenadiers : un air de danseur ! »

Les autres approuvèrent, et déclarèrent que le recrutement n'y entendait rien.

Le sergent Bourieux n'était pas un méchant homme ; mais sa double qualité de montagnard et de gradé lui donnait, à ses yeux, une importance considérable. Il n'aimait ni les gens maigres ni les gens de la plaine. Au retour des marches ou des manœuvres, il ne manquait jamais de dire qu'il recommencerait volontiers l'étape. Sa force était proverbiale, et aussi la haine qu'il portait aux Piémontais.

Le soir tomba vite. L'ombre des pics éloignés ensevelit le fort, et, sur le menu triangle si haut perché dans les airs, il n'y eut plus d'autre signe de vie que la lueur de la lanterne du poste, veillant là-bas au pied de la falaise noire. A cette même heure, les sentinelles postées sur les remblais, en se penchant au-dessus du vide, n'auraient aperçu dans la vallée aucun feu de chalet ou de ferme. Seuls, très loin, des petits points rouges, semés dans les montagnes, rappelaient la position des troupes piémontaises. Les étoiles criblaient le ciel.

Mayrargues, après avoir passé une heure à contempler cette ombre que traversait le vent glacé venu d'Italie, une heure rapide et la meilleure de la journée, parce qu'il était libre d'être triste et de se souvenir, se leva en hâte, à l'appel d'une sonnerie de clairon. Par une ruelle, entre deux casemates, il se faufila. Les fenêtres avaient des reflets tremblants. En approchant de sa chambre, il entendit des rires.

Les hommes, groupés autour de la table, examinaient un objet qu'ils se passaient de main en main.

« C'est à lui ça ?

— Oui, figure-toi, trouvé là, dans le portefeuille, entre deux chemises !

— Une écriture de femme !

— Bien sûr ; tu vois, un papier à fleurs !

— Encore si c'était une lettre, dit le sergent d'un air de suffisance, je comprendrais. Je puis dire que j'en ai reçu des lettres, et de bien des écritures, que vous tous ici, vous ne liriez pas ! Mais ça, une page de prière, ah bien ! non ! C'est la première fois ! »

Mayrargues se pencha. Il reconnut une petite feuille pliée en quatre, qu'il avait cachée précieusement dans la poche de son portefeuille. Les soldats avaient dénoué le foulard qui enveloppait le linge et la paire de souliers, la pelote de fil, le couteau à virole, pointu comme un stylet, que la mère avait empaquetés au départ. Tout était dispersé, roulé entre leurs doigts sales.

Le sergent tenait la feuille ouverte. Mayrargues ne s'occupa pas du reste. Il s'avança vers lui, blême de cette colère subite et folle du Midi qui jette les hommes l'un contre l'autre.

« Rendez-moi cela, dit-il.

— Ah ! ah ! crièrent les autres en se détournant. C'est lui, Mayrargues ! Paraît qu'il y tient à l'objet ! »

Il s'était précipité en avant, écartant les camarades qui entouraient la table, et, emporté par l'élan, avait saisi en l'air, de l'autre côté, le bras du sous-officier.

« Rendez-le-moi !

— Doucement ! dit le sergent, qui d'un tour de poignet se dégagea. Doucement, l'homme, nous allons régler l'affaire. Tu n'entends pas la plaisanterie, à ce que je vois ?

— Pas celles-là, fit Mayrargues, que deux soldats avaient saisi et maintenaient. C'est lâche, ce que vous faites !

— Tu dis ?

— Je dis que c'est lâche ! répondit Mayrargues, les yeux fixés sur Bourieux, dont l'épais visage s'empourprait.

— Eh bien ! d'abord, mon joli garçon, dit le sergent, je vais lire le billet pour amuser la chambrée. »

Il prit la petite feuille ornée d'une guirlande peinte, un papier de fête acheté dans un village, et avec de grands gestes que les soldats trouvaient drôles, jurant après chaque phrase, en guise de commentaire, il lut :

PRIÈRE AUX TROIS SAINTES MARIE

« Sainte Marie, mère de Dieu; sainte Marie-Madeleine, la pécheresse, et l'autre sainte Marie, toutes trois ensemble, ayez pitié des enfants de Provence qui s'en vont au loin. Gardez-les de tout péril, ramenez-les au pays. »

Et au bas :

« A Jean Mayrargues, pour qu'il la porte toujours sur son cœur et la dise chaque soir.
                              « Le Mas-des-Pierres, 1er avril 1795. »

Des huées accueillirent la lecture. Il semblait que tous ces hommes fussent pris d'une sorte d'émulation d'impiété, dans ce milieu de la chambrée commune où le soldat n'est jamais tout à fait lui-même.

Quand le concert d'apostrophes se fut calmé, Bourieux replia le billet, et le mit dans la poche de son habit.

« Maintenant, dit-il, c'est moi qui le confisque, le billet. Ça

Le sergent de l'escouade présenta Jean Mayrargues au sergent Bourieux, et, riant dans sa barbe : « Sergent, une recrue pour vous. »

n'a pas cours ici. Et pour t'apprendre à parler aux chefs, tu seras au rapport de demain matin, mon garçon, avec le motif. »

Les camarades regardèrent, avec un peu de pitié cette fois, Mayrargues, dont la colère était tombée, et qui ne comprenait pas.

« Emmenez-le, » dit Bourieux.

Deux hommes emmenèrent le conscrit. Mayrargues passa la

nuit dans une cabane qui servait de prison. Comme d'ordinaire, au rapport du lendemain, la punition fut changée en huit jours de prison par le capitaine, qui était un soldat de fortune de l'ancien régiment de Picardie.

Depuis lors il y eut une inimitié établie entre le sergent et Mayrargues. Elle prenait toutes les formes, celle surtout des petites vexations qu'un chef, particulièrement un sous-officier, peut infliger à ses hommes. Quand une corvée se présentait, Mayrargues était désigné trois fois sur quatre pour la faire. « Pas de chance, » disaient les camarades, qui n'avaient pas tardé à reconnaître que le Provençal valait autant qu'un Béarnais ou qu'un Limousin. Comme tout finit par se savoir, on avait deviné que la prière enguirlandée avait été donnée à Mayrargues par une jeune fille du Mas-des-Pierres, voisin de la ferme du conscrit. Bourieux en avait profité pour affubler le nouveau soldat d'un surnom féminin. Il l'appelait *la promise*. A l'exercice, le sergent, qui se connaissait en beaux alignements, clignait l'œil gauche, et gravement rectifiait les positions : « Numéro trois, ouvrez le pied droit ; numéro quatre, effacez les épaules ; numéro sept, rentrez le ventre ; comment tenez-vous votre fusil, numéro onze ? est-ce que c'est un balai ? » Mais en passant devant Mayrargues, si le lieutenant avait le dos tourné, il disait : « Voyons, *la promise*, n'aie donc pas l'air si bête ! c'est pas dans la théorie. » Et il regardait, en se pinçant les lèvres, le gros rire silencieux qui courait sur les deux rangs de la section. Pour un bouton mal cousu, pour une tache sur la buffleterie, Mayrargues était rabroué, tandis que d'autres, moins bien astiqués et moins bien tenus, défilaient sans recevoir la moindre observation sous l'œil partial du sergent.

Pendant les marches, très dures pour un jeune soldat nullement accoutumé aux routes de montagne, Mayrargues se sentait aussi constamment observé par Bourieux, qui ne permettait pas aux hommes d'être fatigués, de trouver le sac lourd, le froid piquant ou le chemin difficile. Là-dessus, le sergent avait l'intolérance des gens robustes, qui ne supportent pas qu'on se plaigne autour d'eux, quand ils sont bien portants. Et, s'il y avait un retard dans l'étape, il ne manquait jamais de dire :

« Que voulez-vous ! avec des petites filles comme celles qu'on nous envoie maintenant, soyez donc exacts ! »

Cependant Mayrargues était un brave petit soldat, point bête, débrouillard même, et bon camarade. Après quelques semaines, il avait pris son parti de la caserne, et fait des amitiés. Il eût donné cher pour rattraper l'injure qu'il avait dite au sergent le premier jour. Il s'appliquait, s'ingéniait à donner à son fusil ce que Bourieux avait appelé devant lui « le double poli des vieux grenadiers ». Et il fût mort sur place plutôt que d'avouer la fatigue, dans les promenades militaires.

Mais les anciens gradés ne sont pas faciles à attendrir : Bourieux ne désarmait pas. Les hommes disaient : « Il est comme ça. Quand il a pris quelqu'un en grippe, ça ne change plus. T'en as pour toute la campagne, mon pauvre gars. »

Bah ! on se fait à tout, et Mayrargues ne pensait plus avec tant d'amertume à sa ferme de la Camargue.

L'automne commençait. Le matin, quand on traversait les cours du fort, la terre était dure. Par-dessus les glacis, dans le cercle des montagnes, çà et là, les sapins se poudraient de blanc. Dans la journée, si la compagnie sortait, elle trouvait les chemins détrempés, le vent glacial, et les marches se faisaient plus pénibles, malgré l'habitude.

II

Un matin, au réveil, le bruit courut qu'un détachement devait se rendre sur un col des Alpes où passait la ligne frontière. Un col, c'est beaucoup dire : c'est plutôt, à une altitude si élevée que l'ascension ne peut se tenter que par les beaux jours, une coupure dans les rocs dressés en aiguille et presque toujours voilés de nuages. Les soldats, qui ont une géographie à eux, nommaient cet endroit *la Rencontre,* parce que plusieurs fois il leur était arrivé de rencontrer là des compagnies piémontaises, venues de l'autre côté de la frontière. Leur amour-propre, les rivalités aiguës des troupes de même arme appartenant à deux nations voisines et sûres d'une guerre prochaine, faisaient de ces occasions des événements dont on parlait, auxquels on se préparait. Les chefs se saluaient, de chaque côté de la frontière, avec une courtoisie réservée de généraux d'armée. Il venait aux lieutenants des mots de couleur héroïque. Aucun n'aurait voulu s'asseoir. Malgré la lassitude, ils ne cessaient d'inspecter la formation des faisceaux, causaient avec le soldat, veillaient à la distribution des vivres, et lorgnaient complaisamment les hauteurs et les vallées, en hommes qui ne perdent pas une occasion d'étudier le terrain. Les soldats, eux, quand les officiers laissaient faire, et malgré les perpétuelles fanfaronnades à l'adresse du voisin, ne tardaient pas à lier connaissance. Il y a quelque chose qui rapproche les soldats de toutes races même à la veille des batailles. On riait des patois étranges qu'inventaient les Français pour se faire comprendre des Italiens, et les Italiens pour se faire comprendre des Français. Quelquefois une gourde passait la frontière, et revenait accompagnée de « grazie tante » ou de « merci ». Casques d'un côté, bonnets à poil de l'autre, se rapprochaient et semblaient de loin composer une même foule.

Pourtant ils ne se mêlaient pas. Les soldats ne mettaient pas le pied sur le territoire étranger. Leur camaraderie demeurait superficielle. Les caporaux et les sergents restaient à l'écart. Les officiers ne déridaient pas tout le temps de la halte. Et quand sonnait le départ, l'entrain des hommes à courir aux faisceaux, la correction voulue de leurs mouvements, l'attitude martiale que les moins chauvins se donnaient, l'éclat inusité des commandements, tout, jusqu'à l'accent provocateur des clairons, le pavillon tourné vers la frontière, disait : « Si la guerre éclate demain, avec quel plaisir nous échangerons des balles ! »

Comme il y avait à peu près égale distance entre les forts où les hommes des deux nations étaient cantonnés et le col de la Rencontre, c'était une déception et comme une blessure d'orgueil pour celui des deux détachements qui arrivait le second.

Deux fois de suite, les Français avaient trouvé les Piémontais faisant bouillir la soupe. Une revanche s'imposait.

« Dépêchons, dit Bourieux, un matin, en pénétrant dans la chambre où s'agitaient des bras et des jambes enfilant des vêtements bleus. Nous sommes commandés décidément pour la Rencontre. J'espère que nous allons enfoncer les macaronis, s'il leur prend la fantaisie d'y venir ! »

En peu de minutes les sacs furent bouclés, sanglés, les fusils enlevés du râtelier, et une cinquantaine de soldats s'alignèrent dans la cour, attendant le lieutenant.

Il faisait très froid. Les nuages gris, rayés de blanc pâle, semblaient immobiles. On sentait, les hommes se taisant, que le silence s'était encore accru autour du fort, comme il arrive dans les temps de neige. Et, en effet, des volontaires relevés de garde venaient de raconter que tous les sommets, à moins de cent mètres au-dessus des cantonnements, étaient couverts de neige.

L'officier, debout sur le talus dominant le gouffre de la vallée, observait l'horizon. On voyait sa silhouette svelte et cambrée se dessiner sur le bas du ciel.

Il descendit en courant, s'enfonça dans une tranchée, et reparut le teint animé :

« Je crois, ma parole, que les voisins vont faire aussi une reconnaissance ! Il y a déjà une colonne partie sur la gauche. En avant ! »

Et les jambes nerveuses des grenadiers, tendant les guêtres blanches, commencèrent à monter la pente.

Les hommes étaient de belle humeur. Le froid les stimulait à marcher, et aussi le désir de devancer les soldats de l'autre pays.

« Nous allons leur jouer le tour, disaient-ils.

— Pourvu que la neige soit aussi tombée de leur côté ! » répondaient quelques-uns.

Bourieux déclarait qu'au train dont on marchait l'affaire était sûre, et que la neige ou rien, c'était la même chose pour un grenadier.

« Il n'y a que les petites filles pour avoir peur de la neige, » concluait-il en regardant Mayrargues.

A peu de distance du fort, la route se trouvait semée de plaques blanches, espacées, très minces, et dont le vent avait strié la surface de milliers de petites raies, comme un passage de flèches.

Le lieutenant allait devant et causait avec l'adjudant. Ses hautes jambes avaient une régularité d'allure mécanique. La troupe, derrière lui, ondulait sur le terrain pierreux, un plateau accidenté, bordé de formidables murailles et devant lequel se dressait l'aiguille dentelée du col de la Rencontre. Au-dessus des rangs flottait, au bout d'un fusil, le guidon du bataillon.

Bientôt la couche blanche devint continue. Le pied glissait sur les éclats de roches. L'air plus rare, la neige moulée sur le soulier et soulevée avec lui, rendaient la marche plus rude. Les nuques hâlées des hommes se gonflaient de sang; les conscrits, d'un coup d'épaule, essayaient de redresser le sac mal assujetti; les vieux eux-mêmes commençaient à lever les yeux vers la déchirure de la frontière, avec cette sorte d'inquiétude de ne pouvoir atteindre le but, que connaissent les voyageurs.

Personne ne faiblissait. Mayrargues, qui avait de la voix et de la mesure, chantait un air de caserne que ses camarades reprenaient en chœur.

« Nous arriverons, » disait l'officier.

Le détachement arriva, en effet, un peu avant dix heures du matin, au col de la Rencontre. Mais les Piémontais l'avaient encore une fois devancé. Une compagnie entière barrait la frontière d'une ligne de faisceaux qui luisaient sur la neige.

Les Français étaient furieux. Le lieutenant tançait les sous-officiers, qui n'avaient pas su, disait-il, faire lever leurs hommes. Les sous-officiers grognaient les soldats. Bourieux demandait qu'on lui permit, une autre fois, de choisir une section de vrais marcheurs, rien que des montagnards, pour les mener à la Rencontre. Tous auraient voulu trouver une démonstration quelconque, une vengeance à tirer de cette humiliation répétée pour la troisième fois. Il n'y avait rien de mieux à faire que de manger le pain apporté de la redoute. Les hommes déposèrent le sac et s'installèrent, par petits groupes, sur les arêtes de rochers qui crevaient par plaques noires le grand linceul blanc.

Pas un ne fraternisa avec les Piémontais. L'officier avait commandé la halte à deux cents mètres de la frontière.

Entre les deux détachements, s'étendait un espace immaculé que pas un pied humain n'avait foulé, et qui montait jusqu'à la frontière. Au delà, le sol déclinait sur le versant italien, et l'on n'apercevait guère, de la compagnie rivale, que la pointe des baïonnettes croisées, les casques à revers gris, et le capitaine assis sur un bloc de moraine. Le vent glacé soufflait de l'Italie, et des deux côtés de l'étroit défilé, encombré de pierres d'éboulement, les deux murailles se dressaient, deux tranches de marbres nues, veinées de noir et de jaune, sans une saillie, sans un arbre. Pardessus, une couche épaisse de neige couvrait les pentes, qui formaient comme un toit aigu de trois cents mètres de hauteur. Personne n'avait jamais entrepris de monter jusqu'au pignon. Les chamois s'y montraient quelquefois, gros comme des mulots, flairaient l'abîme et disparaissaient au galop.

Les haltes n'avaient rien de réjouissant dans ce couloir de montagnes. Mais les soldats avaient besoin de repos. Les ordres donnés au lieutenant disaient une heure et demie de halte.

La moitié du temps fixé s'était écoulée. Bourieux, en réunissant la section qu'il commandait, demanda :

« Où est Mayrargues ? »

Personne ne répondit.

« Où est Mayrargues? répéta le sergent. Est-ce qu'il a passé à l'ennemi? »

Quelques-uns détournèrent la tête en riant. Un d'eux la leva et poussa un cri en désignant du doigt la muraille de droite.

Tout le monde regarda.

Au sommet de la montagne, sur la neige, on distinguait la silhouette d'un homme. Il avait dépassé l'arête médiane, et se tenait debout, au bord du précipice, du côté piémontais. Au-dessus de sa tête il brandissait un fusil qui paraissait ténu comme un fil, et qui se détachait en plein ciel, terminé par un petit drapeau.

Au-dessus de sa tête, il brandissait un fusil terminé par un petit drapeau.

« Le guidon du bataillon ! dit Bourieux. Qu'est-ce que cela veut dire ? »

Des interrogations se croisaient, d'un groupe à l'autre. Bientôt elles se fondirent en un cri qui monta vers la cime blanche :

« Bravo ! bravo ! »

Le soldat, là-haut, entendant la voix de ceux de la France, agitait le guidon tricolore en demi-cercle au-dessus de sa tête.

« Abasso il Francese! criaient les Piémontais, abasso! »

Ils tendaient les poings vers cette minuscule silhouette qui les narguait, sur un coin de neige à eux.

Et l'on vit leur capitaine s'avancer vers le lieutenant français pour demander des explications.

Pendant qu'ils causaient, l'homme disparut.

On ne s'occupait plus que de lui. Les injonctions des sergents n'étaient plus écoutées. Une sorte de fièvre avait saisi les hommes : la joie d'une revanche accomplie. Ils s'interrogeaient :

« Qui est-ce ?

— Mayrargues.

— Le conscrit ? le Provençal ?

— Oui donc. Il a pris le guidon. Personne ne l'a vu.

— Il est monté seul ?

— Oui.

— Par où ?

— Sans savoir. Il doit avoir de la neige aussi haut que lui.

— Un luron !

— Pour sûr !

— Et les autres qui l'appelaient petite fille !

— C'est tout de même joli, disait Bourieux. Je n'aurais pas cru cela de la promise ! Les soldats de l'autre bord ne sont pas contents. »

Il était content, lui, ému d'orgueil pour sa section. Il mesurait de l'œil la formidable montée qu'il avait fallu gravir; il pensait à l'audace de ce coup de tête.

« Fier toupet, conclut-il. Il va être puni. Eh bien! vrai, je voudrais la faire, sa punition !

— Oh ! ça ne sera pas grave, » répondit un homme.

Une demi-heure plus tard, les Piémontais étaient partis, de peur d'un conflit possible et sur la promesse du lieutenant que le soldat serait puni. Du côté français, on attendait Mayrargues, mon vieux grand-père, car c'était lui.

Il arriva étourdi par le froid, mouillé par la neige jusqu'à la ceinture, embarrassé d'avoir à se présenter devant ses chefs, maintenant que son idée folle avait eu trop de succès. Il avait toujours le guidon au bout de son fusil. L'officier se porta vivement vers lui, et arracha le drapeau.

« Qui vous a permis de monter là-haut et d'emporter ceci? » demanda-t-il.

Mayrargues ne répondit pas.

« Vous serez signalé demain au général. Avec des gaillards de votre espèce, nous aurions la guerre avant que la République ne l'ait voulue. »

Il levait son cou maigre, tout le corps raide et sanglé, les yeux seuls baissés vers le soldat, qui semblait tout petit près de lui. Mais, quand Mayrargues se fut éloigné, à peu près indifférent à cette fin prévue de l'aventure, le lieutenant se dérida, et les hommes les plus proches l'entendirent qui murmurait :

« Un brave tout de même! »

Il donna de suite l'ordre du départ, car le temps réglementaire de la halte était dépassé, et les nuages, fondus en une seule masse grise, s'abaissaient rapidement.

III

Au tiers du retour la neige recommença à tomber. La descente des montagnes est plus rude encore que la montée. Les soldats trébuchaient, fatigués par une marche déjà longue, par les flocons que le vent leur soufflait au visage, enfonçant jusqu'au jarret dans la couche molle qui s'épaississait sans bruit. L'officier, craignant une tempête comme les jours d'automne en amènent souvent, faisait presser le pas. Ils allaient deux ou trois de front, en longue file, et derrière eux, en une minute, le chemin redevenait uni, sans une trace de leur passage.

Ils ne chantaient plus et se parlaient à peine pour se prévenir, quand l'un d'eux, du bout du pied, heurtait une pierre invisible.

Bourieux s'était mis derrière Mayrargues, en dehors du rang, sur la gauche. Il allait, une main dans son habit, le fusil à la bretelle, insouciant de la neige qui doublait ses fortes moustaches d'un ourlet blanc. De temps en temps il regardait le Provençal, auquel ses vêtements, raidis par la glace, gelaient sur le corps. Le voyant pâlir, il lui tapa sur l'épaule.

« Est-ce que tu n'as pas mangé, Mayrargues ?

— Non, sergent.

— Tiens, bois un coup de rhum. Ça te remettra. Tu n'es pas tout rose, tu sais. »

Sans s'arrêter, l'homme but au bidon de Bourieux, tandis que les camarades échangeaient un coup d'œil d'étonnement, car ce n'était pas un fait ordinaire, de boire le rhum du sergent.

La descente continua, silencieuse, sous la neige exaspérante. On tournait une arête de montagne, puis une autre, indéfiniment, avec un précipice d'un côté, des nuages lourds au-dessus de la tête, et cette impression singulière, quand on ouvrait les yeux, d'un grand écran couleur de fumée enveloppant tout le ciel, tout l'horizon très voisin de soi, et devant lequel tombait la neige, en tourbillons aveuglants.

Les soldats n'avaient qu'une pensée qui les soutenait : gagner le fortin, ou au moins retrouver la route carrossable établie pour l'artillerie, et où la marche serait moins fatigante.

Il s'en fallait de plus d'un kilomètre encore que le sentier débouchât sur la route. Le détachement traversait un espace libre entre deux bouquets de sapins, et qui était une prairie pendant la belle saison. Tout à coup les soldats qui marchaient à côté de Bourieux s'écartèrent d'un bond. Un homme roulait à terre devant eux avec un bruit d'acier heurté, et demeurait immobile, la face dans la neige.

« Mayrargues ! » dirent-ils.

Le sous-officier le prit par le bras :

« Allons, dit-il, ça n'est rien, levons-nous ! »

Mais il aperçut, en le soulevant, le visage de Mayrargues raidi par le froid et pâle comme la neige, et comprit que c'était grave.

Le lieutenant accourut, considéra le petit soldat, lui frappa dans les mains, le secoua, l'appela, et n'obtenant pas de réponse, ni le moindre signe de connaissance, haussa les épaules.

« Je ne peux pourtant pas l'attendre une seconde fois, celui-là ! Il fait un temps de chien ! Où le mettre, ce Mayrargues ?

— Mon lieutenant, dit un clairon venu à l'aventure, il y a une cabane.

— Où cela?

— Au bout des sapins. »

Le lieutenant se détourna vers le sergent.

« Bourieux, dit-il, prenez le clairon avec vous, et conduisez Mayrargues à la cabane. Vous ferez du feu.

— Oui, mon lieutenant.

— Et si vous n'êtes pas rentrés à six heures, j'enverrai le médecin et une civière. »

Le détachement disparut au tournant de la pente. Bourieux et le soldat prirent Mayrargues par les épaules et par les pieds, et montèrent en diagonale vers l'extrémité du bois de sapins. Au milieu de la petite vallée, la neige s'était amassée. Ils s'enfoncèrent comme dans une rivière qu'on passe à gué, gagnèrent le versant opposé et bientôt les derniers arbres, qui penchaient leurs branches jusqu'au sol. La cabane était là, un abri de berger composé de quatre murs de terre coiffés d'un toit de bruyères. Ils poussèrent la porte, et sur un reste de paille entassé à gauche et retenu par deux planches, le lit du propriétaire, ils déposèrent Mayrargues.

Le clairon courut aussitôt chercher du bois mort dans la sapinière, pendant que Bourieux rapprochait, sur la pierre servant de foyer, des tisons que le vent avait pelés de leurs cendres et des brins de bruyère et de paille épars çà et là. Il y mit le feu hâtivement, et revint à Mayrargues. Toujours d'une pâleur de mort, le pauvre petit soldat, toujours la même figure serrée dans l'invisible étau du froid qui l'avait saisi. Il avait la tête appuyée au mur, tout près de la porte, et les pieds vers le feu, qui fumait un peu et ne flambait pas. Le sergent déboutonna le gilet, enleva le baudrier, et avec un peu de rhum versé dans le creux de la main, commença à frotter les tempes et les joues de Mayrargues. Bien qu'il fût dur au mal pour les autres et pour lui-même, habitué aux accidents de montagne, peu expansif de sa nature, cela lui faisait quelque chose de se savoir seul dans cette cabane, courbé au-dessus de cet homme qui, depuis vingt minutes, ne remuait plus.

Surtout il se reprochait de l'avoir méconnu, taquiné plus que de raison, et d'être cause au fond de cette imprudence folle. Car, si on ne l'avait pas tant appelé petite fille, gringalet et le reste, il n'aurait pas eu l'idée, le pauvre garçon, d'aller planter le guidon français à trois cents mètres en l'air, dans la neige et l'air glacé.

« Faut être brave tout de même, murmurait Bourieux. Ce que ça faisait plaisir de le voir là-haut, les bras en l'air, et tous les Piémontais furieux, criant comme des perdus ! » Et il frottait plus dur les tempes, les joues, essayait de desserrer les dents du malade, appuyait en mesure sur sa poitrine qui ne respirait pas.

A la longue, il se sentit pris de peur. Ce n'était pas un évanouissement ordinaire. Et que faire de plus, pourtant ? Il était seul. De grosses larmes lui montèrent aux yeux, et il se releva pour aller chercher le clairon. Au moins ils seraient deux à partager la responsabilité, deux à certifier qu'ils avaient tout fait pour sauver Mayrargues.

Le soldat rentrait dans une trombe de vent et de neige qui s'abattit sur le lit. Il rapportait quelques branches mortes de sapin.

« Jette vite sur le feu, dit le sergent; il gèle autant que dehors, ici.

— Toujours pas bougé ? demanda l'homme.

— Non, jette vite. »

Tous deux disposèrent les branches au-dessus des tisons, et, couchés sur le sol, se mirent à souffler pour hâter la flamme. Une grande fumée s'éleva, qui remplit la cabane, puis une flambée ardente léchant le mur jusqu'à la moitié de sa hauteur.

« Ne t'ennuie pas de souffler, dit le sergent. Moi, je vais l'approcher. »

Il se leva, leste, ravivé par la chaleur, saisit Mayrargues sous les genoux et sous les reins, comme un enfant, et l'étendit devant le foyer.

« C'est que, dit le clairon, s'il est gelé, tu vas le tuer!

— J'ai fait tout le reste, dit Bourieux, et tu vois! »

Le corps du soldat était raide. Pas une plaque rose ne revenait aux joues. Le clairon souleva une des paupières : l'œil était renversé en arrière et fixe.

« J'ai peur, grommela le soldat, que le pauvre ne soit...

— Tais-toi, interrompit Bourieux. Ce n'est pas possible! Non, pas possible! »

Il prenait les mains de Mayrargues, les présentait à la flamme.

« Je crois qu'il se réchauffe, » disait-il.

Le clairon tâtait, puis hochait la tête.

« C'est le feu, sergent. »

La fente, par-dessous la porte, hurlait comme la gueule d'une bête. Il commençait à faire noir, à cause de la tempête et de l'heure. Les deux hommes à genoux, ayant devant eux Mayrargues, le maintenaient tantôt sur un côté, tantôt sur l'autre. La même angoisse les étreignait.

Le sergent regarda dehors.

« Quatre heures environ, dit-il. Le médecin ne sera pas ici avant deux heures. Sais-tu une prière, clairon ? »

Le clairon leva les yeux, étonné.

« J'ai oublié celles que je savais, dit-il.

— Moi je n'en ai jamais su, fit Bourieux; ça serait pourtant l'occasion. »

Il fit un geste de découragement; puis, comme s'il se rappelait subitement quelque chose, il fouilla dans la poche de son habit à la française. Sa physionomie s'illumina. Il retira un papier plié en quatre, usé aux coins, froissé partout.

« En voilà une, dit-il. Comme ça se trouve! C'est la sienne! »

Et aussitôt le sergent commença, de sa grosse voix bourrue qui épelait les mots :

« Sainte Marie, mère de Dieu ; sainte Marie-Madeleine, la pécheresse, et l'autre sainte Marie, toutes trois ensemble, ayez pitié des enfants de Provence qui s'en vont au loin. Gardez-les de tout péril, ramenez-les au pays. »

— Ainsi soit-il, dit le clairon.

— Je crois, ajouta Bourieux, que j'aurai fait pour celui-là tout ce qu'on peut faire, même des choses dont je n'ai pas l'habitude !

— Oh! oui, alors!

— C'est que, vois-tu, conclut Bourieux, Mayrargues à présent, c'est comme mon enfant! »

Ils se remirent à frictionner le malade, découvrant sa poitrine, écoutant le cœur qui ne donnait aucun battement.

Au bout d'une demi-heure, le clairon poussa un cri : Mayrargues ouvrait les yeux. Il n'avait pas de regard, il restait livide; mais on le sentait sauvé.

« Bois, bois, mon petit ! fit le sergent en présentant sa gourde aux lèvres serrées de Mayrargues.

— Tiens, j'ai du pain ! dit le clairon, courant à un sac. Prends, Mayrargues ! »

Ils s'étonnaient naïvement que le grenadier ne pût encore ni boire ni manger, puisqu'il vivait.

Cependant quelques gouttes de rhum passèrent bientôt, puis une gorgée. Puis le petit Provençal fut secoué d'un grand tremblement. Il prit un peu de pain, il se releva tout seul, il parla.

. . . .

Vers cinq heures et demie, comme le jour diminuait rapidement, Mayrargues demanda lui-même à partir.

« Mieux vaut essayer de rentrer que de passer la nuit ici, » dit-il.

Et il sortit, soutenu par le sergent et par le clairon.

La tempête s'était un peu apaisée. La neige tombait encore. La descente fut pénible, et l'on dut s'arrêter souvent, sans savoir si l'on repartirait. Mais c'était le retour, la caserne chauffée, l'abri, les compagnons, la vie assurée : ils se relevèrent à chaque fois.

Bourieux se montrait doux, attentif, comme il n'avait jamais été avec Mayrargues.

Au moment où le dernier détour de la route allait les amener en vue du fort, il serra la main du petit soldat qu'il tenait dans la sienne :

« Écoute, Mayrargues ?

— Oui, sergent, répondit une voix faible.

— Je ne t'appellerai plus petite fille.

— Non, sergent.

— Ni la promise, ni rien! Tu es un brave!

— Oh! sergent.

— Et tu es mon ami à la vie! Tu m'as fait honneur, mon petit grenadier! A notre entrée en Piémont, tu pourras piller...

— Oh!

— Tuer, voler, faire les cent coups. Je ne te dirai rien, tu es mon ami. »

Il devait pleurer, car il s'essuya les yeux du revers de sa manche, tandis que, du fort prochain, un groupe de soldats levaient les bras et criaient :

« Les voilà! les voilà! »

SOUVENIR D'ARTISTE

Il y avait un jour en Provence un petit gars.

Ceci n'est point un conte, et le petit gars vit encore, seulement il est devenu homme.

Il était le treizième de quatorze enfants. Le père avait un état qui lui donnait du pain pour sa nombreuse famille : Dieu ajoutait au pain beaucoup de santé, beaucoup de gaieté, beaucoup de courage, de sorte que le père, la mère et les quatorze enfants, s'ils n'avaient pas la plus riche part de ce monde, avaient peut-être la meilleure.

Tout jeune, Pierre montra un goût très vif pour la musique : il oubliait l'école pour écouter au coin d'une rue la chanson des guitares espagnoles ou des harpes italiennes qui mendiaient par la ville, et se montrait habile sur tous les instruments qui ne coûtent rien, depuis la viole primitive construite avec une calebasse, jusqu'à la guimbarde dont il sonnait comme un vieux curé basque.

Par bonheur il avait un frère aîné, le seul de la famille qui eût reçu de l'instruction, qui était professeur au collège. Le frère aîné jouait du violon, assez mal, il est vrai; mais il eut l'esprit de s'apercevoir que son cadet en jouerait mieux que lui. Il devina cette âme d'artiste, apprit à Pierre les notes, les gammes, le peu qu'il savait d'harmonie, et sur ses minces économies, un jour de largesse et de bonne inspiration, lui acheta un violon.

Comme il aimait son violon, ce petit! Soir et matin, à la maison ou dans la campagne, il s'exerçait à le faire parler. C'était un enchantement pour lui. Cet enfant des faubourgs trouvait tout seul des airs que des musiciens plus savants lui eussent peut-être enviés : car il y a des hommes, vous savez, qui naissent avec un rossignol dans le cœur, et, si pauvre que soit la cage, il faut que l'oiseau chante.

A vrai dire, Pierre n'aimait que la musique, et son père en devint inquiet.

« Mon fils, dit-il, les violoneux ni les flûteurs ne deviennent riches. D'ailleurs, flûter ou violoner, ce n'est pas travailler. Prends un état. Fais-toi perruquier, mon garçon; tu auras des heures libres, et le soir ou le dimanche rien ne t'empêchera, puisque c'est ton goût, de faire danser la jeunesse dans nos mas de Provence. »

L'enfant obéit. Il entra en apprentissage chez un perruquier. Là, tout le jour, il rasait, peignait, coiffait, tournait des papillotes. Mais, le soir venu, il s'échappait en courant, et son maigre souper dans une main, son violon dans l'autre, il se rendait dans quelque ferme des environs.

Le mas était en fête : dans l'aire ou sous la grange, les filles et les gars de Villeneuve ou de Roquemaure, de Château-Renard ou d'Aramon, en costume de fête, impatients, l'attendaient. Il montait sur un tonneau, et traderidera, il préludait à la danse, d'un coup d'archet si net, si gai, si fort, qu'on sautait malgré soi en l'écoutant. Il menait rondement la farandole, on s'en souvient encore, et beaucoup le préféraient à de plus grands ménétriers. Et puis jamais il n'était las, jamais il ne demandait trêve. Un verre de vin noir au milieu du bal et une poignée de gros sous à la fin, et le petit était content, car sa joie n'était pas tant de gagner un peu d'argent que de faire chanter son violon.

Quand il revenait chez lui, par les chemins déserts, il lui arriva plus d'une fois de s'arrêter en pleine campagne, de s'asseoir au sommet d'un talus, et de jouer pour lui seul, en face des étoiles, dans la paix profonde de la nuit. Il n'était jamais si heureux que dans ces moments-là. Ce n'étaient pas des farandoles qui jaillissaient alors des cordes de l'instrument, c'étaient des mélodies courtes comme l'inspiration de la jeunesse, mais d'une puissance singulière et suivie d'accès subits de gaieté, d'un éparpillement de notes triomphantes jetées au vent; une sorte de rêve triste et joyeux, qui lui venait il ne savait d'où, et que son archet traduisait sans effort.

Hélas! les heures vont vite; la mère l'attendait, là-bas, dans la petite maison, pour verrouiller la porte; et l'enfant se remettait à trotter sur la route, absorbé dans ses pensées, songeant avec envie à ceux qui peuvent jouer du violon à toute heure du jour sans être jamais grondés.

Bientôt on résolut de lui faire faire sa première communion, car il était sage et instruit en sa religion.

Un soir qu'il récitait son catéchisme sans en manquer une réponse, — c'était l'avant-veille de la fête, — à l'une des grandes sœurs qui aidaient la mère dans les soins du ménage, il entendit ses parents qui causaient à demi-voix.

« Comme il sait bien sa leçon! dit la mère en s'arrêtant de dévider les cocons de soie amoncelés près d'elle dans un panier.

— De ce côté-là, répondit le père tristement, rien ne lui manquera.

— Ni d'aucun côté, mon ami ; il aura tout ce qu'il faut : le livre de messe de Marguerite, une chemise en fine toile que m'a prêtée la femme du tailleur, un habit qui n'est pas d'hier sans doute, mais qui n'a ni taches ni reprises, et des souliers tout neufs de la Toussaint. Que veux-tu encore ?

— Eh ! pauvre, où trouveras-tu un cierge de cire blanche ?

— Jésus ! c'est vrai, dit la mère en joignant les mains, je n'y pensais pas.

— J'y pensais, moi, et c'est ce qui me fait de la peine. Les journées ne sont pas bonnes, il n'y a pas d'argent à la maison, et je ne veux pas acheter à crédit.

— Surtout chez Roufelligues le cirier, qui n'aime que les deniers comptants !

— Et le sacristain Guidolet tout de même. Mais j'y songe, mon ami, nous pourrions vendre quelque chose, mon mouchoir de velours noir ou la broche de fiançailles que tu m'avais donnée, tu t'en souviens, à la foire de Beaucaire.

— Pas cela, dit le père rudement : une heure de gêne n'est pas une raison pour vendre ainsi sa joie passée et les souvenirs du bon temps. Non, puisque nous ne pouvons faire mieux, il aura pour sa première communion le même cierge que j'ai eu pour la mienne. »

Le même cierge ? La mère n'osa demander où il se trouvait, car l'homme n'aimait pas qu'on raisonnât avec lui ; mais elle ne put s'empêcher de chercher. Elle fouilla par la pensée tous les coins de la maison, fit l'inventaire de deux armoires et d'un coffre où, parmi les menues hardes de la famille, étaient mêlées quelques reliques

Le père prit son couteau, choisit une belle tige de saule, la coupa et la jeta à son fils.

de ses vingt ans : le bouquet de noces, une broche en grenat et ses petits souliers à boucles de satin qu'elle n'avait jamais remis. Eh bien! non, malgré tous ses efforts de mémoire, l'impeccable ménagère ne put se souvenir d'avoir jamais vu, depuis vingt-cinq ans de mariage, le cierge de première communion de son mari.

Le lendemain, au petit jour, le père éveilla l'enfant.

« Pierre, dit-il, viens avec moi.

— Où irons-nous, père, si matin?

— Chercher ton cierge pour demain.

— Ah! quel bonheur! s'écria l'enfant; dites, père, aura-t-il une poignée en papier d'argent comme celui de Raymond, ou en papier d'or comme celui de Renaud? Père, le fils du vicomte Raoul aura même à son cierge une poignée de soie blanche d'un pied de long, avec une frange!

— Paix! répondit le père. Lève-toi vite, et viens. »

Ils partirent de la maison comme le soleil se levait.

Au bout de la rue, l'enfant fut étonné de ne pas tourner à droite : c'était le chemin pour aller chez le cirier Roufelligues. Mais il pensa :

« Nous allons chez Guidolet. »

Ils arrivèrent près de la vieille église, où le sacristain régnait sous le nom du curé; où, dans une armoire autrefois pleine d'ornements qu'il avait détournée de son usage primitif, Guidolet conservait, à l'abri de la poussière, des cierges de toute sorte, lisses, gauffrés, dentelés, cierges droits et cierges en spirale, dont le pied était garni de manchettes de papier, de soie ou de velours.

Le père ne s'arrêta pas davantage.

Pierre le suivait, ébahi, car au delà de l'église il n'existait aucun magasin où l'on pût acheter un cierge, et c'est tout au plus si l'on aurait trouvé quelques livres de chandelle dans une maigre épicerie suburbaine.

Les maisons devenaient plus rares et n'avaient plus qu'un étage. Des bouts de haie rompaient le développement monotone des façades et des murs de jardins. La campagne n'était pas loin. En quelques minutes ils y furent tout à fait.

Le ciel était de bonne humeur ce matin-là, les feuilles aussi, qui bruissaient, et les cigales de même, — ces petites bêtes toujours gaies, — qui chantaient au bout des épis de blé.

Ils marchèrent assez longtemps dans la poudre blanche de la route. L'enfant courait devant et jetait des pierres aux alouettes qui s'envolaient des champs de luzerne, tandis que le père cheminait d'un pas égal, cherchant l'ombre des haies de tamarins. Mais le bonhomme était plus grand que les tamarins n'étaient hauts, et les rayons déjà chauds du soleil atteignaient par moments sa tête grise et penchée.

Enfin, au bas d'une côte, ils entrèrent dans un petit val plein d'une herbe épaisse et verte, au milieu duquel coulait un ruisseau bordé de saules.

« C'est là, » dit le père.

L'enfant regarda, et ne vit rien qui ressemblât à un cierge.

Sans s'expliquer, suivant son habitude, le père prit son couteau, choisit une belle tige de saule, droite, lisse, gonflée de sève, qui pendait sur l'eau, la coupa, et, la jetant à son fils :

« Ébranche-la, dit-il, et retourne à la maison. Moi, je vais à ma journée. Demain matin nous ferons le cierge. »

Pierre, tout penaud, repassa par les rues de la ville, et rentra chez sa mère.

« Qu'apportes-tu là ? dit la sœur aînée.

— C'est mon cierge, » répondit le petit en essuyant une larme.

Le lendemain, quand Pierre s'éveilla, il aperçut près de la fenêtre son père, qui avait pris la branche de saule, et qui la pelait. L'écorce se détachait par longues bandes, et le bois tendre apparaissait, plus blanc que la cire. La base fut soigneusement taillée, enveloppée dans une manchette de papier gauffré, et tout en haut, sur le petit bout, le père, pour finir, piqua un clou en guise de mèche.

De loin, on pouvait s'y méprendre. Le petit était tout consolé.

On partit; une demi-douzaine de frères et de sœurs inégaux lui faisaient cortège. Les petits pieds vont vite; on atteignit bientôt l'église, et Pierre alla prendre sa place dans les bancs réservés aux communiants. La nef et les chapelles se remplirent, l'orgue chanta, le sacristain Guidolet entra, le roseau à la main, pour allumer les cierges.

Quand il arriva à celui de Pierre, il essaya vainement d'enflammer la mèche. Elle s'élevait pourtant droite et fine sur la cire mate. Une fois, deux fois, trois fois il s'y reprit.

« Qu'est-ce là ? » murmura-t-il, et il passa la main sur ses paupières avec un air d'impatience; car, pour piquer le roseau juste sur le bord d'une bougie et l'y maintenir immobile, d'ordinaire il avait la main sûre, le sacristain Guidolet.

Pendant ce temps, le petit Pierre, un peu tremblant, regardait l'image de Jésus couché dans sa crèche, et songeait qu'après Dieu il n'y a point de honte à être pauvre, et que, s'il avait fallu un cierge dans l'étable de Bethléem, saint Joseph n'en aurait pas trouvé d'autre qu'une branche écorcée ou quelque moelle de palmier.

Guidolet dut renoncer à la lutte, et, rouge de colère, il dit à demi-voix :

« Ça vient de chez Roufelligues, je le parierais, ce cierge-là ! Ça t'apprendra, mon bon, à te fournir chez Roufelligues : ses mèches ne s'allument pas. »

Et d'un geste vif il porta son roseau sur la mèche voisine, qui s'enflamma aussitôt.

Il jeta la branche au feu. Elle fuma, craqua et lança
une belle flamme blanche.

L'orage était passé. La cérémonie continua. L'enfant reçut son Dieu, et oublia pour un temps, dans la joie qu'il en ressentit, et son cierge de bois, et Guidolet, et même son violon. Seulement, au retour de la messe, il jeta la branche au feu. Elle fuma, craqua, et lança une belle flamme blanche.

« Té! voilà comment on s'y prend, maître Guidolet, s'écria-t-il, pour allumer ces cierges-là! »

Et l'enfant n'y pensa plus.

Non, l'enfant n'y pensa plus; mais, après de longues années, l'homme s'en souvient encore.

Il habite Paris à présent, loin du pays natal. De ménétrier de village il est devenu grand artiste, aimé du public, décoré par les souverains, compté parmi les maîtres. Cependant, au milieu de ses triomphes, il lui arrive souvent de penser à la misère d'autrefois, avec un peu de regret peut-être, avec joie sûrement. Il se rappelle le temps où, pieds nus, il courait par les chemins pour faire danser la farandole dans les mas de Provence; le temps où, sur le revers des talus, il jouait des sérénades aux étoiles; le temps où il portait à l'église de sa paroisse un pauvre cierge de saule blanc que le sacristain Guidolet ne parvint point à allumer.

Ce qui le faisait pleurer alors, le fait sourire aujourd'hui.

Car la misère, voyez-vous, c'est comme une amande amère qu'on jette au bord du chemin : elle y tombe, on l'oublie, elle y germe; quand on repasse au même endroit, vingt ans après, on trouve un amandier en fleur!

LA VEUVE DU LOUP

« Petite Élise, qu'y a-t-il dans l'étang d'Agubeil?

— Des fleurs de roseau que personne n'ose cueillir et des poissons que personne n'ose pêcher.

— Qu'y a-t-il encore ?

— Un martin-pêcheur, des demoiselles à ailes vertes, des grenouilles qui coassent, des poules d'eaux qui plongent, des salamandres qui chantent le soleil mort, des corbeaux qui volent et ne s'arrêtent pas.

— Est-ce tout ?

— Non, il y a l'ombre de la Veuve du loup, qui va, qui vient, et ne s'éloigne guère.

— N'y passe donc jamais, petite Élise; car il t'arriverait malheur au bord de l'étang d'Agubeil. »

L'enfant promettait. Et le grand-père, qui était de son métier colporteur, avait bien soin de se détourner de sa route et d'éviter les abords de cet endroit sauvage, où un péril trop réel le guettait, lui et sa race.

C'était un très vieil étang formé par l'écoulement des eaux d'une vallée étroite, tournante, sans habitations, qui, sur plus d'une lieue de long, constamment fidèle au même pittoresque, offrait aux yeux le paysage d'une bande de prés serrée par des collines boisées. La colline qui barrait la vallée, tout au bout, était d'ardoise, abrupte, crevassée, pleine de failles profondes où les serpents avaient leur nid, et où s'enfonçaient les racines de genêts. Nul autre arbuste que celui-là n'avait pu s'implanter sur cette butte de rochers. Mais il y atteignait une taille magnifique ; il y régnait ; il jetait, pendant cinq mois de l'année, la gaieté de ses fleurs jaunes parmi les frondaisons vertes des bois de chêne qui aboutissaient à l'étang. Il y avait souvent des pétales fanés qui tombaient sur l'eau et que le vent poussait au bord comme des voiles, si bien que les paysans disaient : « Quand même tous les genêts de la terre disparaîtraient, on en trouverait encore de la graine dans Agubeil. » Ils n'aimaient pas cependant de s'approcher du bord. Ils regardaient le clair de l'eau, en labourant les champs situés sur les plateaux. Quelques-uns se risquaient à y tendre une ligne de fond ou une nasse au temps des fenaisons ; mais nul ne se souciait de demeurer dans le voisinage de la Veuve du loup, dont c'était le domaine.

Hélas ! que cela nous reporte à une époque lointaine et lamentable ! Je n'ai connu la Veuve du loup que très vieille et détestée. Les gens du bourg se détournaient sur son passage, pour ne pas avouer par un signe qu'ils la connaissaient. Plusieurs refusaient de lui vendre la farine, le sel ou les quelques boisseaux de pommes de terre dont elle avait besoin pour vivre, et elle devait, le plus souvent, s'adresser aux paysans et aux marchands des bourgs plus éloignés. Elle était grande, sèche, impérieuse et dure de figure, et elle faisait peur aux enfants quand elle s'approchait d'eux. Ses

Le long des blés,
ses souliers
blancs dans l'herbe haute,
elle va posément,
et sans peur,
et sans tourner la tête.

cheveux, ses épaules, tout son corps disparaissaient dans les plis d'un manteau noir que les femmes d'autrefois portaient le dimanche, et qu'elle portait toujours, dès qu'elle quittait sa maison. Était-ce par pauvreté, ou bien en signe de deuil? Qui eût pu le savoir? Elle était toute mystérieuse. Personne ne tendait la main à cette femme, personne ne la saluait, personne n'aurait eu l'idée d'entrer chez elle pour savoir même si elle vivait, quand depuis des semaines et des semaines on ne l'avait pas vue. Les mères disaient : « Si tu n'es pas sage, je le raconterai à la Veuve du loup, » et le petit se taisait et se réfugiait dans leurs bras.

Elle avait été fort belle cependant, et peut-être bonne, la Veuve du loup. Elle avait aimé et épousé un meunier dont le moulin, aujourd'hui ruiné, levait sa roue de bois à la bonde de l'étang, à l'endroit même où, avec des débris de pierres et de poutres, la femme avait rebâti la hutte qu'elle habitait encore. Les temps étaient alors troublés, comme je l'ai dit, et les hommes se battaient, les uns dans les dernières bandes de chouans qui tenaient la campagne pour le roi, les autres dans les armées de la République. Il vint un jour où, par lassitude de la guerre, la paix fut faite. Les volontaires rentrèrent chez eux ; les partisans quittèrent les bois et les champs d'ajoncs. On commença à réentendre la voix des enfants autour des métairies, et à voir des femmes avec un rouet, tranquilles, sur le seuil des maisons.

Le grand-père de la petite Élise et le meunier, qui appartenaient aux deux partis ennemis, jeunes alors, ardents, animés l'un contre l'autre par d'anciennes rivalités de village, on ne sait trop lesquelles, revinrent le même jour des deux armées. Ils s'étaient cherchés dix fois, sans se trouver, dans les batailles. Et voici que, dans le chemin qui sortait du bois et longeait le pied de la crête rocheuse, ils se rencontrèrent, un soir de mai. Le meunier portait son uniforme de grenadier, les guêtres hautes, l'habit à la française, la cocarde tricolore sur son grand chapeau de feutre. Le chouan avait un brin d'aubépine à la boutonnière de sa veste de futaine rousse. Du plus loin qu'ils se virent, ils armèrent leurs fusils.

« Jean-François! cria le meunier, tu vas me saluer, car j'sommes vainqueurs!

— N'y a pas de vaincus, dit Jean-François en enfonçant son chapeau sur ses oreilles. Prends à droite, et je prendrai à gauche. La paix est faite.

— Pas avec moi. Tu as dit du mal de ma femme! Tu as ri de l'incendie de mon moulin! Tu as tiré sur mes camarades!

— Toi sur les miens; je faisions la guerre.

— T'as rien perdu, et tu es vaincu; j'ai tout perdu, et je reviens gueux. Lève ton chapeau!

— Jamais devant toi! »

Ils levèrent leurs fusils. A ce moment la femme du meunier parut sur la butte. Elle poussa un cri. Au-dessous d'elle, dans le chemin tout vert de feuilles nouvelles, deux hommes se visaient, à quarante pas, sur la pente.

« Jean-François! » cria-t-elle.

Mais le cri se perdit dans le bruit de deux détonations. Une fumée monta du chemin creux. Le grenadier était couché, renversé sur le dos, le cœur traversé d'une balle. Jean-François sautait par-dessus la haie voisine, et s'évadait dans la campagne.

Oh! l'affreuse vision! Quarante ans s'étaient écoulés, et elle était encore là, emplissant d'horreur ce lieu maudit, où le dernier coup de feu de la grande guerre paysanne avait retenti. La meunière, devenue à peu près folle, avait relevé de ses mains les ruines de sa maison, et, sauvage, enlaidie par le chagrin et la misère, avait perdu jusqu'à son nom d'autrefois. Car les paysans, la voyant vivre comme elle vivait, et se souvenant de la violence d'humeur de son mari, ne l'appelaient plus que la Veuve du loup. Elle pillait les champs de pommes de terre pour sa nourriture et les bois pour son feu ; elle braconnait comme un homme, et surtout elle tendait des lignes et des filets dans l'étang d'Agubeil. Le plus rarement qu'elle pouvait, et seulement quand les provisions manquaient ou qu'elle avait quelque pièce de choix à vendre, elle se rendait au village. On la croyait capable de tout, parce qu'elle ne parlait que d'une chose. Elle disait : « Le meunier est mort, Jean-François mourra. Il tombera où est tombé l'autre. J'ai une balle pour lui, en réserve. Quand il passera devant l'étang d'Agubeil, il y restera. Je n'irai pas le tuer ailleurs ; mais je le tuerai là, lui ou ceux qui sont nés de lui. »

Et, depuis quarante ans, elle guettait sa vengeance. Le colporteur évitait, pour cette raison, de s'approcher des collines qui enfermaient l'étang, et il défendait à son unique petite-fille Élise, toute sa famille, hélas ! de s'avancer sur la route où il avait jadis rencontré son ennemi. Comme il était d'un âge avancé, maintenant il s'accusait, comme d'un péché, de s'être défendu en ce temps-là, et il faisait dire, tous les ans, une messe pour le grenadier de la République. C'était un homme triste. Quelquefois, quand il rentrait à la brune, avec son ballot de marchandises sur les épaules, et qu'il découvrait tout à coup, par-dessus les talus des chemins creux, une touffe de coquelicots, il aimait mieux faire un détour d'une demi-lieue que de passer devant. Toute sa joie, sans cesse inquiète, était de voir grandir Élise.

La petite eut bientôt dix ans. Et ce fut une fête très douce quand, vêtue de blanc, et pâle, et débile parmi ses compagnes, mais plus gracieuse et plus recueillie que la plupart, elle fit sa première communion. Le bourg était décoré de guirlandes vertes. On était au commencement de juin. Toutes les mères avaient leurs places, ce jour-là, dans l'église, derrière les petites. Toutes pleuraient. Jean-François, parmi elles, faisait comme elles, et, bien qu'il ne la quittât point des yeux, il pouvait à peine voir son enfant, à cause des larmes qui coulaient malgré lui. Il avait tant de raisons de pleurer, tant de deuils dans le passé, tant d'émotion profonde dans le présent, et une crainte, malgré lui, pour l'avenir! Le matin, Élise lui avait dit : « Grand-père, je prierai pour celui de la Veuve du loup, veux-tu? » et il avait répondu : « Voilà quarante ans que je le fais. »

Aussi, las de cette fatigue insolite, il la laissa rentrer seule à la maison, qui était tout à l'extrémité du bourg, et la confia à deux femmes qui faisaient route de ce côté; puis il entra à l'auberge. « Donnez-moi du vieux vin bouché, dit-il, pour que je voie si je suis jeune encore. » Le vin tarit ses larmes, l'égaya, et lui fit oublier Élise.

L'enfant se trouva bientôt seule, dans la maison qui avait une porte sur la route et une autre sur la campagne. Elle était bien habituée à la solitude. Mais, ce jour-là, il lui parut dur de n'être pas entourée. Elle entendait passer des bandes d'enfants et de mères, qui avaient des voix plus retenues que de coutume et plus chantantes. Elle se prit à considérer, sur la table, trois gâteaux de pain bénit qu'elle avait rapportés de l'église, et qui étaient faits en forme d'étoiles, oui, comme les étoiles en papier doré qu'on met sur les oriflammes.

« Une pour mon grand-père, songea-t-elle, une pour ma tante Gothon. Pour qui la troisième? »

Elle réfléchit, n'ayant personne qui troublât son rêve. Et elle se sentait le cœur si large, si content et si pur, qu'elle n'avait peur de rien, et qu'elle se répondit à elle-même :

« Pour la Veuve du loup ! »

Pauvre petite de dix ans qui ne croyait pas au mal parce qu'elle était blanche, et qui avait plus de courage qu'un homme parce qu'elle était heureuse ! Aussitôt, sans plus réfléchir, elle prend un gâteau de pain, et sort par la voyette du champ, le long d'un blé, ses souliers blancs dans l'herbe haute. Elle va posément, et sans peur, et sans tourner la tête. Son voile s'accroche aux épines, et elle le retient en le croisant sur sa poitrine. Elle a l'air d'une apparition au-dessus des épis. Et la campagne devient déserte, boisée, farouche, et on n'entend plus les voix qui bourdonnent dans l'air des villages.

Le grand-père boit toujours à la table de l'auberge. Élise approche de l'étang d'Agubeil. Elle ne pense pas aux défenses qu'on lui a tant de fois répétées. N'est-ce pas un jour comme il n'y en a pas d'autre ? Et qui donc irait, si ce n'est elle, donner du pain bénit à la Veuve du loup ? Personne n'a pensé à la veuve du meunier, qui n'a ni enfants, ni parents, ni amis qui songent à elle, si ce n'est la petite qui monte à présent, parmi les genêts, sur le roc fendu et mousseux.

Elle est arrivée au sommet. Elle a descendu la pente de l'autre côté, jusqu'à une cabane de pierres couverte en branches, et dont la porte bâille à moitié. Que c'est pauvre chez la Veuve du loup ! On dirait une étable à pourceaux. La clarté de l'eau monte entre les collines et remplit la vallée prochaine. En se penchant, en s'accrochant aux touffes de genêt, on pourrait se mirer tout en bas. Le cœur de la petite Élise s'est mis à battre. Elle a franchi le seuil, avec sur les lèvres : « Bonjour, madame la Veuve du loup ! »

Mais il n'y a personne. Des pots pour faire la cuisine, des paquets d'herbes, un fusil dans un coin, un vieux chapeau avec une cocarde, une chaise, un foyer d'ardoise calciné, c'est tout. Le grand soleil de juin fait craquer les branches mortes de la genêtière. Les grillons chantent éperdument.

« Je veux pourtant qu'elle sache que je suis venue, » dit Élise.

Et elle a pris son couteau, et, de la pointe, elle a écrit les six lettres de son nom sur le gâteau de pain bénit. Puis elle a posé le gâteau tout au bord du foyer. Elle s'en va. Elle a peur à présent. Elle court jusqu'au logis de l'aïeul.

« Grand-père, grand-père, j'ai porté un gâteau à la Veuve du loup ! »

Quand le vieux, qui rentrait, entendit ça, il devint blanc comme l'aubépine qu'il avait autrefois à sa boutonnière, au temps de la grande guerre.

Quatre mois ont passé. La petite Élise est malade, et tout le voisinage croit qu'elle va mourir. Elle est si faible, que sa pauvre petite tête déraisonne, et que les gars du bourg, tant qu'ils voient le toit de la maison, retiennent leurs attelages et évitent de crier sur les bêtes qu'ils mènent aux champs. Jean-François ne rit plus, Jean-François ne boit plus avec ses amis ; il ne quitte pas la salle carrelée où les minutes sont comptées par la respiration haletante de l'enfant, qui a l'air de vouloir épuiser la vie à la boire si vite, si vite. C'est un souffle à peine perceptible, mais que Jean-François entend mieux que tous les bruits du dehors et qui le tient éveillé des nuits entières. Oh ! s'il pouvait s'espacer ! si la fièvre tombait ! si seulement Élise ouvrait les yeux qu'elle tient obstinément fermés ! Elle n'a pas prononcé une parole depuis une semaine. Le grand-père a vu défiler près du lit toutes les enfants du même âge, et sur leur visage, quand elles se retiraient, il a lu le même mot : « Adieu, petite Élise ! » Elles l'ont quittée. Personne n'ose plus entrer, parce que le malheur est trop proche. Le médecin a dit : « Je repasserai, » et il n'est pas revenu. Jean-François n'a plus de larmes à pleurer. Il est assis dans le fauteuil de paille que la rentière du bourg lui a prêté. Il regarde le lit blanc qui se voile d'ombre, la tête pâle qui ne vit plus que par le menu souffle des lèvres écartées, et la nuit tombe, et les campagnes sont muettes pour douze heures à présent.

Vers le milieu de la nuit, un rayon de lune a glissé par la fenêtre, et au même moment Élise a relevé ses deux paupières blanches. Le vieux s'est penché au-dessus du regard de son enfant, et il n'a reconnu ni le sourire, ni la clarté, ni la joie qui étaient toute la petite Élise ; mais il a entendu une voix non éveillée qui demandait :

« Grand-père, où êtes-vous ?

— Ici, ma petite, tout près. Tu ne me vois donc pas ? »

Elle a continué :

« Je voudrais un poisson d'argent qui nage dans l'étang d'Agubeil. Il est au bord ; il a deux nageoires rouges ; il passe entre les roseaux. Allez le chercher. Je serai sauvée si je mange du poisson d'Agubeil. »

Élise a refermé les paupières. Elle n'a pas compris ce que Jean-François lui a répondu. Elle a eu seulement un de ces sourires d'enfants qui demandent et qui remercient, comme si c'était une même chose.

Le vieux n'a pas hésité longtemps. Il a réveillé la voisine, et, tandis qu'elle veille auprès du lit de la malade, il est monté au grenier, où est serré un carrelet de fil de lin avec une armature de coudrier. Le voilà qui sort par la porte du jardin, son filet sur l'épaule. La campagne ouvre ses chemins bleus, ses voyettes où la trace des bêtes rôdeuses raye les herbes gonflées d'eau. Pauvre

La Veuve du loup lança dans l'étang l'arme qui avait fait
la grande guerre.

Jean-François, tu sais quelle vengeance te guette là-bas ; tu sais qu'elle ne dort guère, et qu'au bruit du carrelet tombant dans l'étang d'Agubeil une femme va se glisser entre les genêts, et que le caprice de la petite Élise peut te coûter la vie.

Mais le vieux est de ceux qui aiment. Pas un moment il n'a ralenti sa marche. Seulement, au lieu d'aborder l'étang par la chaussée, il a tourné à travers les bois, et quand il a eu descendu la pente, quand il a senti l'ombre des branches qui se retirait de dessus lui et le laissait en pleine lumière de lune, sur une bordure de pré qu'effleurait la nappe immobile, il a signé son front et son cœur qui tremblait un peu.

Il tend les perches de coudrier ; il cherche de l'œil le poisson d'argent. Il n'aperçoit que les lueurs mêlées de ténèbres qui rôdent à la surface, et s'épanouissent, et se meuvent très vite sans qu'on puisse suivre le mouvement. Où est le bon endroit? Il lève au hasard le filet et le plonge entre deux touffes de roseaux. Toutes les étoiles ont tremblé du frémissement de l'eau.

La Veuve du loup ne dormait pas. Elle avait entendu un bruit de branches brisées dans le bois, et elle avait vu sortir du taillis celui qu'elle attendait depuis tant d'années, le meurtrier de son mari, l'ennemi qu'une inconcevable folie ramenait à cette place du crime inexpié. Chez elle, il y eut un sursaut de plaisir sauvage. Par la lucarne de sa maison, elle regarda Jean-François debout sur la marge de l'étang. « Je te tiens ! » dit-elle tout bas. Et elle se mit à rire. Et elle décrocha le fusil rouillé avec lequel, bien souvent, elle avait abattu les canards ou les cygnes qui se posaient sur l'étang d'Agubeil.

Les genêts étaient si hauts, que Jean-François ne pouvait découvrir la forme noire qui se courbait et s'approchait du bord de la crête. Le canon d'un fusil passa entre les brins de verdure, s'inclina vers la rive voisine, chercha la place du cœur sur la poitrine de l'homme, et les anges de Dieu qui volaient dans la nuit eurent ce spectacle d'horreur : la Veuve du loup visant son ennemi et touchant la gâchette de l'arme.

Mais, au moment où le doigt allait presser la détente, **sur la** surface de l'étang la femme aperçut les étoiles qui dansaient. Elles couvraient l'eau de leurs flammes vivantes ; elles enveloppaient la motte de terre où l'homme était posé. Et chacune d'elles ressemblait au pain bénit et doré que la petite Élise avait laissé dans la cabane.

« Allez-vous-en, les étoiles, allez-vous-en ! »

Mais les étoiles ne s'en allaient pas.

Trois fois la Veuve du loup releva son arme et la rabaissa. La troisième, Jean-François prit un poisson au fond de son carrelet, le saisit, et s'enfuit en laissant le filet sur les herbes.

Le bois craqua comme au passage d'un cerf poursuivi.

Alors, poussant un grand cri de rage, ayant laissé échapper sa proie, la Veuve du loup se dressa sur l'extrême bord du rocher, et lança dans l'étang l'arme qui avait fait la grande guerre. Le fusil tournoya, tomba, troua les eaux pleines d'étoiles, qui se refermèrent à jamais sur lui.

Jean-François courait déjà par les sentiers, hors du bois, avec le poisson d'argent qui devait sauver la petite Élise . . . . . .

Le lendemain, la Veuve du loup quitta l'étang d'Agubeil. Elle se mit en marche vers la ville, arriva à la porte d'une maison de refuge pour les vieillards, et dit :

« Je suis la Veuve du loup, qui a, pendant quarante ans, vécu pour sa vengeance. L'homme est venu à l'endroit marqué. Je l'ai vu au bout de mon fusil. Mais les étoiles ressemblaient trop au pain bénit de la petite. Ça m'a fait faillir le cœur. Je ne suis plus bonne à rien : prenez-moi. »

On la crut un peu folle, et on la prit. C'est là que je l'ai connue et qu'elle est morte.

LE QUATRIÈME PAUVRE

La mère chantait, pour endormir son enfant, un de ces vieux chants venus on ne sait d'où, comme les pèlerins d'autrefois. Devant elle, au delà du seuil de la ferme, une prairie descendait, étroite, tondue ras par la dent des moutons et où séchaient des langes et de menues hardes blanches posées sur des cordes tendues ; puis c'étaient des dunes de sable, toutes pareilles, fuyantes, désertes, incultes, où parfois, lorsque le vent soufflait en rafales, des touffes de jonc clairsemées faisaient en se pliant courir un frisson d'argent. Très loin, dans les beaux jours, on apercevait la mer comme une bande de lumière, la mer sans navires d'une côte sans profondeur et sans abri.

Le pays n'était pas gai, mais Julienne s'y plaisait parce qu'elle y était née. Il eût été inhabitable, s'il n'y avait eu derrière la ferme quelques champs entourés de murs en pierres sèches, où poussaient assez bien l'avoine et merveilleusement les pommes de terre. En faut-il beaucoup plus pour être heureux ? Julienne ne le pensait pas, ou, pour mieux dire, elle ne se l'était jamais demandé. Elle aimait sa Renardière, la dernière ferme avancée en éperon dans le sable des plages ; elle aimait ses quatre enfants, son mari, qu'elle avait pris pauvre et qui peinait rudement, tantôt bêchant la terre, tantôt récoltant le varech ou tirant la seine avec le fils aîné. Elle avait grande miséricorde pour les mendiants qui passaient, et, avec six amours et une pitié comme ceux-là, Julienne avec raison n'enviait personne.

Il faisait ce soir un temps gris, très bas, qui limitait l'horizon et ne disait pas l'heure. Cependant le soleil devait se coucher. La pluie fine tombait par la cheminée sur le couvercle de la marmite et grésillait sur les charbons. L'homme était en mer avec son fils Hervé ; la femme berçait l'enfant le plus jeune et chantait la chanson indéfinie des longues attentes :

> Il n'est pas core sept heures et demie ;
> Comme le vent qui donne ici,
> Comme le vent qui frappe et donne,
> Comme la pluie qui tombe aussi.

Le bruit de la barrière invisible qui s'ouvrait et retombait, là, tout près, dans le courtil qui touchait la maison, fit se redresser Julienne. Elle écouta. Un seul pas résonnait sur le sol mouillé.

« Ce n'est pas eux, » pensa-t-elle.

Et un homme qui portait un paquet noué au bout d'un bâton apparut, comme une ombre noire, dans l'ouverture de la porte. Elle eut peur, parce qu'elle était seule. Elle ne voyait que deux yeux roux, qui la regardaient, et une barbe de coureur de routes, à moitié blanche, à moitié blonde, élargie par le mauvais temps et collée en mèches par la pluie.

« Que demandez-vous ? fit-elle. Le couvert pour la nuit ? »

L'homme inclina la tête pour toute réponse.

Elle crut le reconnaître ; car, éloignés des bourgs et des villages comme ils l'étaient à la Renardière, ils logeaient souvent les voyageurs et les vagabonds.

« Allez dans la grange ; mettez-vous dans la paille qui est tirée. Mon mari vous portera la soupe tout à l'heure, je l'entends qui vient. »

Elle n'entendait que son cœur qui disait : « Viens ! viens ! » et qui se rassura, et songea au nourrisson, et se remit à suivre la chanson tranquille des heures, lorsque le mendiant se fut retiré.

Il n'est pas core huit heures et demie...

Elle avait la figure maigre, jeune encore, et, sous les bandeaux châtains à moitié cachés par la coiffe, des yeux noirs, faciles aux larmes, qui s'inquiétaient vite et riaient rarement et par éclairs. C'était une nature maternelle et primitive, que la solitude des campagnes avait gardée intacte. Quand Julienne voulait, l'homme, plus grossier et plus rude, cédait presque toujours ; il avait, obscurément, le sentiment de l'abri profond de cette maison qu'elle mettait en ordre, sans relâche et sans bruit, et lui, tout le jour dehors, dans le vent des plages ou de la mer, quand il rentrait, il montrait ses dents blanches.

La main qui agitait le berceau diminua l'amplitude de l'oscillation, la réduisit à un petit frémissement, puis se détacha de l'osier, qui cessa de se plaindre. Et ce fut alors que le vent gémit plus fort autour de la maison et que la mère devint une pauvre femme seule, attentive et angoissée.

Pour ne pas avoir peur, elle se leva et s'occupa du ménage. Une demi-heure s'écoula ; la nuit tombait. Tout à coup :

« Nous voilà ! dit l'homme. J'ai faim. Mauvaise pêche ! »

Il entra. Moitié paysan et moitié marin, vêtu de toile bleue et coiffé d'un casque de toile cirée jaune. Sa longue tête aux yeux enfoncés se pencha dans l'ombre de la pièce pour chercher la mère, qui s'était accroupie près du foyer et qui écumait la soupe. La femme l'aperçut, fit un signe de tête, sourit au fils qui, derrière lui, par-dessus l'épaule paternelle, tâchait de voir aussi.

« Bonsoir, m'man ! »

Elle embrassa le grand fils, qui tendait sa joue mouillée de sel et de brume, et elle alluma la bougie, qu'elle avait économisée jusque-là. La flamme éclaira, le long du mur, une bourriche creuse où achevaient de mourir trois poissons à peau rugueuse, couleur de vase, sous deux crabes lie de vin, aux pattes repliées, pareils à des galets de marbre.

« C'est la soupe pour demain, dit l'homme. La mer est trop forte ; mangeons. »

Ils prenaient place autour de la table, et le fils fermait la porte, quand la porte fut repoussée de l'extérieur.

« Peut-on entrer ? demanda une voix.

— Où couche-t-on ici ? demanda une autre.

— Dans les fossés de mes champs ! cria l'homme. En voilà des chemineaux qui ne savent pas parler ! Où couche-t-on ! Est-ce que je tiens une auberge ? »

Dans le trou brumeux de la porte, et noires dans les demi-ténèbres du crépuscule finissant, deux ombres se reculèrent à l'approche du paysan. Les errants le jugeaient trop grand et trop solidement musclé ; ils baissèrent le ton.

« Vous ne voudriez pas nous laisser dehors par le temps qu'il fait ? reprit l'un d'eux.

— En vérité, si, tas de fainéants ! On ne voit qu'eux sur les routes où il n'y a pas de travail à faire ni à prendre. Et il faut tra-

Un homme apparut, comme une ombre noire, dans l'ouverture de la porte.

vailler pour leur donner ce qu'ils veulent ! Allez coucher dans les cailloux de la côte : les poissons ne vous dérangeront pas.

— J'en ai déjà logé un dans la grange, dit posément Julienne. Elle est assez grande pour trois, m'est avis. »

L'homme s'était retourné, mécontent, s'était rassis et mangeait sans rien dire.

Le vent grondait. On entendait le frottement des manteaux des gueux sur le mur.

« Fais-leur la charité, reprit Julienne.

— Ils sont trop, à la fin! Tous les jours ouvrir sa maison, donner sa paille, dont les bêtes ne veulent plus ensuite, et donner la soupe chaude! Non, c'est trop souvent! »

Mais, comme il disait cela sans s'interrompre de manger, et plutôt comme un regret d'une faiblesse déjà consentie, Julienne dit :

« Bonnes gens, longez la maison, et au fond de la cour, quand vous aurez dépassé l'écurie, entrez dans notre grange et séchez-vous. Tout à l'heure j'irai vous servir. »

Lorsque le paysan, sa femme, son fils Hervé furent seuls dans la maison close, avec les trois enfants qui dormaient dans la chambre voisine, ils se mirent à parler de la saison de pêche, qui était mauvaise, et de la récolte, qui avait mal réussi. Depuis deux mois que le froment était battu, les deux hommes couraient inutilement la côte : les dorades et les lubines se faisaient rares ; le mulet semblait avoir fui en haute mer ; les casiers tendus pour prendre les homards ne prenaient que des crabes, et les quelques poissons de roche pêchés à la ligne sur les bas-fonds pierreux de Faillebelle ne pouvaient être d'aucun profit. Ce sont des bêtes couleur d'arc-en-ciel dont personne ne voulait que les pêcheurs.

« Écoute, Julienne, conclut le métayer, si cela continue, je ne pourrai plus payer la ferme, et le maître nous chassera. Tu as le cœur trop tendre pour les mendiants et les chemineaux ; à partir de demain je leur fermerai la grange, et, s'ils ne s'en vont pas, je leur courrai dessus avec Hervé, qui est d'âge à tenir une fourche. »

Le jeune gars montra ses poignets, dont les os étaient saillants sous la peau brune. La mère regarda les deux hommes d'un air de reproche, soupira, trempa une seconde soupe avec ce qui restait de bouillon dans la marmite et sortit avec une écuelle fumante dans la nuit. Elle avait pris une lanterne dans sa main gauche, et, comme elle longeait la maison, elle aussi, elle vit, dans le rayon qui la précédait et trouait les ténèbres, une forme mouvante.

Elle s'arrêta et retint un cri. Elle pensa que c'était un pauvre encore qui venait demander l'abri, et elle éleva un peu la lumière pour se rendre compte. En effet, un vieux, dont la barbe était roulée comme les vrilles des pois de mai et qui portait un chapeau d'ancêtre vendéen, à grands bords, déformé par l'usage de deux ou trois générations, s'avança dans la lueur et dit :

« Pour l'amour de Dieu, maîtresse Julienne, ne me laissez pas coucher dehors !

— Vous parlez comme les autres pauvres ne parlent plus, dit Julienne ; je vous logerai donc, mais ce sera la dernière nuit. Mon mari fermera la grange. Comment vous appelez-vous ?

— La Misère. »

Elle le considéra, et fut étonnée de ce qu'il avait les yeux très bleus et très doux, comme un enfant. Malgré le vent qui soufflait et la pluie qui tombait, elle ne se sentait pas plus pressée de rentrer que si on eût été dans la saison chaude, un jour de clair soleil. Elle demanda :

« Je ne sais pas si vous dites votre vrai nom. Mais d'où venez-vous, la Misère ?

— De partout.

— Vous reçoit-on bien?

— De moins en moins.

— Alors pourquoi marchez-vous toujours, sans savoir où vous logerez ?

— Pour empêcher le cœur des hommes de se fermer tout à fait. Quand je passe, il n'y a que moi ; quand je suis passé, Dieu bénit. »

Maîtresse Julienne, de la Renardière, trouva que ce pauvre avait l'air d'un des apôtres qui sont sculptés et peints dans l'église de son village, et elle dit, sachant bien que la nuit est pleine de passants que nul ne connaîtra jamais tous :

« Venez. Le meilleur coin est à droite, au fond ; si vous ne trouvez pas de paille fraîche, tirez-en de la meule ; moi, je vous le permets. »

Et quand les quatre mendiants furent assis en cercle autour de l'écuelle et éclairés par la lanterne que la femme pendit à un clou du mur, la grande nuit suivit son cours. La bourrasque redoubla; la grande marée qui montait laissait tant de bruit dans le vent, qu'on eût dit qu'elle battait la maison et voulait la détruire.

Julienne cependant rentra contente, et dit :

« Ils sont quatre à présent, autant que nous avons d'enfants. »

. . . .

Au petit jour, le père et le fils se levèrent pour aller panser les bêtes et voir si le temps permettait de se risquer sur la mer.

Mais à peine avaient-ils franchi le seuil, que Julienne se mit à crier :

« Accourez ! à moi ! quel malheur ! »

Ils furent en un instant près d'elle, au fond de la seconde

chambre, et, tandis qu'elle fondait en larmes, ils virent l'armoire ouverte et le tiroir défoncé, où les économies de l'année avaient été serrées.

L'homme devint furieux; il s'en prit à sa femme, grâce à laquelle

Tous quatre, par les dunes où l'herbe était mouillée, ils gagnèrent la plage.

pourtant la Renardière avait toujours été heureuse, et lui fit une scène terrible, l'accablant de reproches :

« N'est-ce pas ta faute? Pourquoi reçois-tu les voleurs? Te voilà bien, avec ton bon cœur stupide! Cours après eux maintenant! Nous sommes ruinés, et c'est toi qui l'as voulu, brigande, hôtesse de chemineaux et de va-nu-pieds! »

Le petit Hervé était tout pâle de saisissement de voir pleurer sa mère et s'emporter son père.

Ce ne fut qu'après une demi-heure que le paysan s'avisa de rechercher si on ne trouverait pas les voleurs. Il traversa la cour, prit sa fourche dans l'écurie et entra dans la grange. La femme et le fils l'accompagnaient, en arrière.

Sur la paille, il n'y avait plus que le quatrième pauvre, qui dormait.

« Houp ! Debout, misérable ! Où sont les autres ? »

La Misère ouvrit les yeux, sans bouger. Il était enveloppé de sa limousine, qui n'avait plus de couleur, et son visage avait la pâleur des tiges sèches de froment qui l'enveloppaient.

« Tu n'as pas l'air d'entendre, coquin ! Où sont les autres ? »

Mais le regard de ce pauvre était si clair et si profond, que l'homme crut voir la mer du large, qu'il voyait tous les jours du bord de son bateau. Tout affolé de colère qu'il fût, il n'osa pas toucher le mendiant, et dit moins rudement :

« Je ne t'accuse pas ; je ne te ferai pas de mal. Dis-moi seulement où sont les autres qui ont volé.

— Voilà bien un quart d'heure que j'ai entendu courir devant la porte, métayer de la Renardière. Mais, au train dont ils allaient, vous ne les rattraperez pas. »

Et toujours couché, semblable à une statue par le calme des traits, parlant comme quelqu'un qui avait autorité, il demanda :

« Que t'ont-ils donc volé ? Ton bonheur ?

— Non.

— Un de tes enfants ?

— Non.

— Ta conscience d'honnête homme qui a toujours bien travaillé et bien fait son devoir ?

— Non. Ils m'ont pris quinze pistoles d'argent que j'avais mises dans mon armoire.

— Alors, dit le pauvre, tu n'as perdu que ce qui se répare. Que me donneras-tu si je te fais retrouver ce qu'on t'a pris ?

— Choisis, dit le paysan.

— Je choisis la clef de ta grange, » dit la Misère.

Le métayer de la Renardière regarda la longue pièce de fer rouillée, usée, qui dépassait la serrure, et haussa les épaules.

« C'est pour y revenir ? dit-il.

— Moi ou d'autres ; car tu perdras toujours plus à fermer ton cœur et ta grange qu'à les ouvrir l'un et l'autre. Décroche ta seine, ta plus grande, et suis-moi. »

Il se leva, et le métayer, qui était grand, remarqua que ce pauvre avait encore la tête de plus que lui. Il n'en obéit que mieux, et sur un brancard, aidé par le fils et la femme, il emporta son filet.

Tous quatre, par les dunes où l'herbe était mouillée et fumait au matin, ils gagnèrent la plage. La mer, apaisée, roulait sur le sable des vagues d'un violet pâle, que bordait une frisure d'argent. Très lentement ils s'avancèrent, longeant le flot. La Misère ne disait rien et fixait le creux des lames où l'eau était limpide. Parvenu au milieu de la vaste courbe, il fit signe :

« Tendez la seine. »

Le métayer et son fils entrèrent dans la mer, et le filet s'arrondit sur plus de cent brasses de long. Tandis qu'avec effort ils tiraient la seine, dont les lièges dansaient à la lame, et qu'ils formaient « la baillée », le pauvre monta sur la dune voisine et s'y tint debout. Les deux hommes, attelés aux bâtons, le corps rejeté en avant, les jarrets tendus, avançaient péniblement ; on eût dit que derrière eux un poids insolite les retenait. L'eau restait paisible, transparente, et semblait vide. Cependant l'énorme cercle se rétrécissait peu à peu, et des traits de feu le traversaient. Les pêcheurs, devinant le poisson, maintenant retournés vers la mer et courbés, et saisissant les mailles, en haut et en bas, aussi vite qu'ils pouvaient, amenaient la poche. Bientôt ils poussèrent un cri : dans le filet, ce n'était plus qu'une masse grouillante de mulets qui sautaient, battaient l'eau de leur queue, se précipitaient contre l'obstacle, se mêlaient, s'épouvantaient, et, enveloppés par les plis de la seine, entassés sur la plage, s'amoncelèrent en un tas, comme un écueil tout blanc d'écume.

« Cours à la maison, Julienne, attelle le cheval, amène la charrette : il y en a un tombereau plein. Ah! la belle journée ! »

Le métayer et son fils, pour ne rien laisser perdre, se précipitaient de droite et de gauche, et saisissaient les poissons qui tentaient de s'échapper en suivant la pente mouillée.

Quand ils se relevèrent, radieux, pour chercher la Misère, ils ne virent personne sur la dune. Les œillets de sable s'ouvraient au jour, et regardaient seuls.

. . . .

Depuis lors, la grange de la Renardière est restée ouverte. La clef n'a été ni rapportée ni remplacée. Jamais le métayer ne compte plus les mendiants que sa femme y reçoit, et ils sont nombreux, dans les mois d'hiver et en ce pays écarté. Pour elle, quand elle raconte cette histoire à ses enfants ou à ceux des autres, elle ajoute, sans y manquer jamais :

« Mes petits, recevez les pauvres, et ne vous effrayez pas s'ils sont beaucoup : ce n'est pas à nous de choisir. Le premier peut être mauvais, et le second, et le troisième. C'est souvent le quatrième pauvre qui est le bon. »

CELUI QUI MENAIT LA RIVIÈRE

Ceci, mes enfants, se passait en Espagne, il y a longtemps.

Figurez-vous une grande plaine entourée de montagnes, et dont on ne voyait la sortie ni au levant, ni au ponant, ni au nord, ni au sud. Le cercle de sommets dentelés qui l'enveloppait ne perdait que rarement et par places la couleur bleue dont les lointains, même tristes, sont embellis. Le matin et le soir, quelques rayons d'aube ou de couchant les montraient dans leur nudité sauvage : roches amoncelées en pyramides, falaises, aiguilles de sable ou d'argile que fondaient les nuages et le vent. Mais nulle part on ne voyait de forêt ou la moindre tache verte, et c'était partout la muraille de désolation, le relief tourmenté et la clarté de reflet des terres infécondes. Presque personne n'était monté jusque-là. Des chasseurs racontaient qu'ils avaient failli y mourir de soif, et qu'on n'y rencontrait d'autres bêtes que des aigles, venus dans le tourbillon d'une rafale, et pressés de retourner en d'autres contrées moins inhospitalières à la vie.

La plaine était également désolée. De rares troupeaux broutaient une herbe courte, qui avait à peine le temps de percer la surface du sol et de verdir, et, tendre encore, était saisie et desséchée par le soleil. Une chaleur lourde pesait tout l'été sur cette vallée enclose. Les mirages y étaient fréquents. Le blé ne poussait guère sa paille plus d'une main au-dessus de la terre craquelée en tous sens. La douceur de l'ombre manquait, parce que l'eau manquait elle-même, et ce qu'on pouvait recueillir des pluies d'hiver, dans les citernes, suffisait à peine pour abreuver les hommes et les bêtes.

Dure contrée! Mais le cœur de l'homme est ainsi fait, que ceux qui habitaient cette vallée l'aimaient et se jalousaient les uns les autres, travaillant, peinant, luttant pour augmenter chacun sa parcelle de poussière, où la moisson n'était qu'une espérance souvent trahie.

Ils n'avaient guère de communication avec le reste du monde. Leurs procédés de culture restaient primitifs, leurs mœurs violentes; leurs toits de boue séchée et de pierre, espacés à travers la plaine, avaient connu des drames sanglants dont le motif était fréquemment dans la prétention de deux familles à l'usage d'un même puits. De là des rivalités tenaces, des rancunes, des vengeances à vingt ans de distance. Une fille qui avait en dot une citerne pouvait passer pour riche, et se mariait facilement. Un jeune homme de même.

Et c'est ce qui avait peut-être contribué à rendre bizarre et plus solitaire que d'autres Agaré, fils de Munoz, sixième enfant du plus riche propriétaire de la vallée.

Le père avait dit : « J'ai cinq citernes. J'en laisserai une à mes cinq premiers fils. Mais Agaré aura le droit de puiser, pour sa maison et pour ses troupeaux, à chacune des cinq citernes. Le bois du treuil lui sera commun avec le maître de l'eau, ainsi que la pierre creuse où viennent boire les bêtes. Il aura son chemin sur la terre de ses frères. Il respectera leurs avoines et leurs blés en passant. Les aînés respecteront son convoi de mules chargées d'outres. Ainsi la paix sera établie. »

Hélas! déjà une sourde guerre se devinait entre les frères. Sous l'œil même du père, ils plaisantaient le cadet et lui promettaient de lui mesurer strictement son droit, et de l'en priver quand les années seraient dures.

« Agaré, disaient-ils, légataire de terres sans eaux et de troupeaux sans citernes, tu feras bien de ne pas t'approcher de nos réserves quand l'été sera commencé. Les filles de nos domaines riront de te voir mendier de l'un chez l'autre, et conduire tes mules chargées d'outres à la marge de nos puits. Nous, les hommes, nous serons là aussi, et nous avons des couteaux pour couper les sangles des harnais et le cuir tanné des boucs, où la boisson se conserve. »

En parlant ainsi, ils touchaient de la paume, sur leur ceinture de peau, la lame longue et mince de leur poignard.

Agaré ne répondait rien. Mais, de plus en plus, il fuyait ses frères et suivait son humeur vagabonde. Tout petit, il avait donné des signes d'une nature songeuse et passionnée. Il quittait la garde des chèvres pour tendre des pièges aux outardes, oiseaux géants et de pied rapide, qui abondaient dans la plaine. Il oubliait de rentrer aux heures accoutumées ; on l'avait plus d'une fois cherché avec inquiétude, et trouvé assis sur une pierre, jouant, pour lui seul et pour les étoiles qui se levaient, des airs qu'il tirait d'un chalumeau en racine de buis. Il connaissait presque seul les montagnes. Et maintenant qu'il avait atteint l'âge d'homme, il y passait une partie de sa vie. Qu'y faisait-il? Nul ne le savait. Les laboureurs, les tondeurs de brebis, les porchers errants s'écartaient de sa route quand il revenait, le prenant pour une sorte de sorcier et d'être de dangereuse approche. Lui, cependant, jeune et souple, gai de visage tant qu'il n'apercevait pas les hommes, il traversait la plaine de jour et de nuit. A la ceinture, à côté de son couteau, il portait son chalumeau pendu. De ses courses, qui duraient parfois une demi-semaine, il ne rapportait guère que des cailloux de toute couleur, qu'il rangeait le long des murs de sa chambre, et des herbes que personne n'avait vues et ne savait nommer.

« A quoi te serviront tes courses dans la montagne? disaient encore ses frères. Tu ne rapportes ni gibier ni plantes utiles. Tu seras toute ta vie un pauvre, et nous te refuserons ton pain, parce que tu n'auras pas voulu le gagner. »

Agaré avait déjà parcouru la moitié du cirque immense des hauteurs qui enserraient la plaine, lorsqu'un jour il rentra, à l'heure où la nuit éteint le bruit des fermes et rassemble les bêtes dans les parcs. Sur sa route il avait rencontré des cadavres de brebis, et des chèvres mortes de soif et de besoin. Il avait entendu les lamentations des bergers et les cris de fureur des paysans dont les troupeaux périssaient. Car on était à la fin du mois de mai, et, depuis le commencement de février, pas un nuage n'avait passé sur la vallée, pas un orage ne s'était écarté des sommets pierreux qui les retenaient. Une grande misère régnait. Une plus grande s'annonçait. L'eau se corrompait dans les citernes presque vides. Les épis, à demi mûrs, penchaient la tête au ras des sillons. La campagne avait pris la couleur de la cendre, et le vent promenait en tourbillons une poussière faite de débris de fleurs, de feuilles, de graines d'avoine et de froment émiettés et perdus.

Dans la salle où Agaré pénétra, les cinq frères étaient assis autour du père, près de l'endroit d'où s'élevait un feu d'herbes et de bouses sèches. La fumée montait librement au milieu de l'appartement, noircissait la voûte, et s'échappait par une ouverture béante sur le ciel. Ils avaient des figures lasses et dures. Ils s'étaient querellés à cause des nombreuses pertes de mules et de moutons survenues pendant la semaine, et dont ils se renvoyaient l'un à l'autre la responsabilité. Une jeune fille, les jambes pendantes au bord d'un coffre, le long du mur, avait un voile sombre sur la tête et des yeux qui luisaient au feu. C'était une parente, accourue pour chercher de l'eau fraîche chez les Munoz. Deux cruches pleines étaient posées à ses pieds. Elle se reposait avant de partir.

« Écoute, Juanita, dit le père, qui avait un mouchoir sur les cheveux et un collier de barbe blanche autour du visage, répète bien chez toi que ce sont les dernières cruches que je donnerai. Nous n'avons plus d'eau. »

Agaré, debout près de la porte qu'il venait ouvrir, l'air étrange, la main étendue vers l'ombre où se tenait la jeune fille, dit :

« Juanita, il y aura bientôt de l'eau pour tout le monde.

— Ah! coureur de sentiers, vagabond, fainéant, c'est donc toi! crièrent les fils du vieux Munoz. Qu'as-tu fait ces jours-ci, quand nous peinions pour arroser nos champs de haricots et nos dernières planches de maïs, qui vont mourir? Les bras manquaient; nous t'avons cherché, et, comme toujours, tu perdais ton temps au loin. Malédiction sur toi!

— Ne le maudissez pas, dit le père. Mais laissez-moi lui parler comme il convient. Agaré, tu ne sers de rien dans la ferme. Je ne puis plus nourrir l'enfant qui refuse de m'aider. Tu vas jurer de ne plus quitter le domaine, ou bien je te chasse, et ta part d'héritage accroîtra le bien de tes frères.

— Bien dit! répondirent les voix sonores des hommes.

— Que réponds-tu? demanda le père. Es-tu résolu à demeurer parmi nous? »

Le cadet fit du regard le tour de l'assemblée qui le jugeait, et les figures étaient si rudes et si menaçantes, qu'il arrêta enfin ses yeux et les reposa sur la jeune fille aux deux cruches d'eau, qui écoutait, immobile sous le voile bleu, dans l'ombre. Et comme s'il s'adressait à elle, et comme s'il prophétisait, il dit :

« Je retourne aux montagnes; mais je reviendrai, et je serai accompagné par la joie vivante que vous ignorez. Mon long travail sera récompensé. Voyez mes habits déchirés, mes pieds ensanglantés, mes mains noueuses comme le buis de mon chalumeau. Je vous le dis, j'ai trouvé le salut de tous les hommes et de tous les troupeaux. Quand je descendrai, le peuple de la vallée courra au-devant de moi. Mon nom sera béni par-dessus le nom de mes aînés. Tous chanteront la gloire de la conquête que je ramènerai.

— Il est fou! Le vent des montagnes stériles lui a tourné l'esprit! »

Les frères l'injuriaient. Le père plaignait son fils. Mais Agaré s'était déjà glissé dehors, et s'éloignait dans la nuit tranquille. Ses sandales ne faisaient de bruit qu'en se posant sur des tuyaux de chaume, qui craquaient.

« Prends mon pain pour ta nourriture, » murmura une voix près de lui.

Il se retourna. La petite Juanita l'avait suivi.

« Prends mon pain, et bois l'eau de ma cruche. C'est encore celle de ton père, qui me l'a donnée. »

Elle portait sur ses deux épaules les deux vases de terre. Elle pencha l'un d'eux, en abaissant le bras qui le tenait par l'anse du sommet, et le jeune homme but à sa soif en regardant le visage de Juanita, qui souriait de compassion tendre et de regret. Ils étaient dans un sentier, parmi les blés morts. On entendait le bruit des cigales et des petites grenouilles qui cherchaient la rosée sur la terre avare.

« Pauvre gars! continuait Juanita, j'ai pitié de te voir chassé. Tu n'as plus d'asile. Si je savais où tu te caches, j'irais bien, au prix de la fatigue de mon corps, te porter chaque soir la moitié de mon pain. »

Il s'essuya les lèvres, prit la moitié d'un pain qu'elle avait dans son tablier relevé, et dit :

« Merci, ma très douce. Tu as le cœur d'une épouse. Tu seras bonne pour tes enfants. Aussi je te préviens : quand tu entendras le son de mon chalumeau, lève ta jolie tête de dessus la terre où tu travailles ; et, quand tu m'apercevras, accours à ma rencontre pour être associée au triomphe d'Agaré. »

Juanita abaissa l'un des vases, Agaré but à sa soif.

Elle ne comprit pas. Elle hocha la tête sous son voile, comme celles qui doutent. Et lui s'enfonça dans l'ombre transparente de cette nuit d'étoiles, qui rendait la plaine pareille à la moitié d'une coquille de nacre. Il diminua sur le sentier. Il devint plus petit et plus incertain de contour que les rares bouquets de tamaris qu'agitait çà et là le vent de la nuit. Juanita regardait encore, les deux bras levés et courbés au-dessus de ses épaules, et Agaré était déjà loin, au delà des champs cultivés, où la moisson perdait, d'heure en heure, son dernier reste de sève.

. . . .

Il marcha toute la nuit. Un peu avant l'aube, il arriva au sommet d'un col formé de rochers et de terres éboulées, que dominaient deux pics de granit noir. Les deux murailles s'élargissaient en descendant vers la plaine et dessinaient sur le ciel des tours et des donjons d'une élévation prodigieuse. Les gens du pays appelaient ce lieu le Château de Fer. Agaré descendit dans une excavation qu'il avait creusée au pied d'une des murailles. Il tâta le fond avec la main. Les pierres étaient mouillées comme s'il avait plu.

« Bon, dit-il, l'humidité persiste. Pourvu que j'aie le courage de creuser encore, la source jaillira. »

Il se mit à genoux, et, avec ses doigts nerveux, il arrachait une à une les pierres, qu'il jetait sur les bords. Malgré le froid et le vent très vif des hauteurs, la sueur coulait de son front. Il enleva sa veste, et la lança parmi les débris.

« Travaille, Agaré, disait-il. C'est le grand jour aujourd'hui ! »

Une fièvre de courage et d'espoir l'avait saisi. En se penchant, il sentait la fraîcheur des eaux vives et prochaines. Le ciel blanchissait au-dessus de lui.

Enfin, à l'instant précis où le soleil mettait une teinte rose à la crête des montagnes, Agaré entendit un grondement de tonnerre. Il poussa un cri. Un jet d'eau bouillonnant, plus gros que le corps d'un homme, s'échappa du fond du puits.

« La rivière ! la rivière ! la voilà ! »

Pâle de joie et de lassitude, Agaré grimpa le long des pentes de la fosse, qu'il avait creusée cent jours durant. Il se dressa sur l'extrême bord, tourné vers la plaine, et ses yeux s'emplirent de larmes, parce qu'il aperçut la maison de son père, petite comme une motte de guéret, dans la vallée.

« Maison de mon père, dit-il, je vais retourner vers toi, avec le salut de mon pays qui me suivra. J'ai découvert la source. J'ai arraché la vallée à la soif. O vous, dont j'aperçois les villages et les fermes, vous ne serez plus réduits à ménager l'eau de vos citernes. Vous ne craindrez plus la longueur de l'été. Vos bêtes boiront au courant de la rivière bleue, et vos champs, jusqu'à l'extrémité de la plaine, sentiront le voisinage des eaux vives. Les plus petites racines vont tressaillir et croître. Bientôt les arbres pousseront dans la terre qui les ignorait. Je vois l'ombre monter avec les branches nouvelles des profondeurs du sol. Je vois les herbes hautes, les fleurs réjouies, les récoltes devenues semblables à celles des terres heureuses, et mon nom béni dans les générations. Écoutez le vagissement de la rivière qui naît. Elle va s'échapper du berceau que j'ai fait. Elle va courir; elle va s'élancer vers vous, et ses deux bords s'appelleront la joie et la richesse ! »

Il se retourna. Le vaste trou qu'il avait creusé était plein d'une eau agitée de remous, glaciale et pure, et que traversaient des gerbes de bulles d'air comme des queues de comètes, attestant la vigueur de la source qui allait déborder son vase. Agaré était exalté, ivre de son triomphe. Et, en ramassant sa veste, en se courbant, il entendit, ou il crut entendre, mais il ne savait d'où elle venait, une voix qui disait :

« Prends ton chalumeau, Agaré, et conduis la rivière. Elle t'obéira comme les serpents charmés par les joueurs de flûte. Tu mèneras la fiancée qui descend des montagnes. Elle n'ira qu'où tu voudras. Elle ralentira sa course pour ne pas te dépasser. Mais prends garde de ne pas cesser de jouer; car elle roulerait alors sur toi ses eaux, que rien ne retiendrait plus. »

Le jeune homme tira son chalumeau de sa ceinture, le porta à ses lèvres, et, sautant de roche en roche, dévala sur la pente.

Derrière lui, en gerbes d'écume, grondant, mouillant les pierres desséchées, éclaboussant les murailles de granit, la rivière se précipita. Au-dessus d'elle, dans la vapeur qu'elle projetait jusqu'au sommet des monts, un arc-en-ciel tremblait.

La descente dura deux heures.

Cependant les hommes de la plaine, qui partaient pour le travail quotidien, remarquèrent de loin cette traînée d'argent qui zébrait la montagne. Quelques-uns ne s'en inquiétèrent pas. D'autres dirent :

« C'est un nuage, un brouillard du matin, que le vent couche sur les pentes. »

Mais quand tous les habitants furent disséminés dans la plaine, et que le soleil mit un éclair sur toute la longueur du torrent, ils commencèrent à s'inquiéter. Un frisson d'air frais courut à travers les champs. L'arc-en-ciel appuya son auréole, comme une arche de rubis et d'émeraude, aux tours du Château de Fer. Bientôt le son perçant du chalumeau leur parvint. Ils virent, au bout de la vallée, un homme qui courait, ayant derrière lui une vague qui s'avançait sans déferler, ronde, éclatante, frissonnante à son extrémité, prête à écraser ceux qui s'opposeraient à elle.

Alors ils se réunirent et coururent au-devant d'Agaré, levant leurs pelles et leurs bêches avec des cris furieux.

« Misérable ! que fais-tu ? Tu veux noyer nos biens et nos maisons ? Va-t'en de là ! C'est mon champ ! Celui-là est encore à moi. Passe ailleurs ! Va-t'en ! »

Les laboureurs et les pasteurs, par groupes, de toutes parts, se ruaient à la rencontre d'Agaré, et tiraient leurs couteaux et le menaçaient.

Lui, quand ils le serraient de près, s'arrêtait de jouer un instant, et la vague, en se brisant aux deux bords du chemin qu'elle

se creusait, faisait fuir les agresseurs. Mais ils l'accompagnaient, et leurs clameurs attiraient de nouvelles foules.

A droite, à gauche, affolé, le jeune homme

Le jeune homme tira son chalumeau
de sa ceinture,
et le porta à ses lèvres
en sautant de roche en roche.

se jetait pour éviter les pierres qu'on lui lançait.

« Laissez-moi ! disait-il. C'est la richesse que j'apporte ! C'est le salut de tous ! »

Les cris de mort se multipliaient autour de lui. Des pasteurs à cheval galopaient à la tête de la rivière, et, sauvages, vêtus de peaux de bêtes, tâchaient d'atteindre Agaré du bout de leurs bâtons ferrés. Une pierre le blessa au bras droit. Il saisit son chalumeau de la main gauche, et couvert de poussière, de sang, pâle de la grande clameur de haine qu'il soulevait, il continua d'aller. Mais il pleurait. Il avait à peine figure d'homme. Le torrent s'étalait derrière lui en un long ruban tumultueux. D'un bord à l'autre les hommes, séparés par le flot, s'injuriaient et se provoquaient à cause de leurs biens engloutis. Les troupeaux fuyaient dans les avoines et les blés. Une poussière immense, comme celle d'une tourmente de vent, noircissait un quart de la vallée.

Agaré ne marchait plus que lentement. Il sentait sur ses talons le froid de l'eau qui cherchait sa proie. Le son du chalumeau s'affaiblissait. Les pierres, mieux ajustées, frappaient la poitrine ou la tête déjà sanglantes. Lui, ne répondant plus, levait les yeux vers la ferme paternelle. Il approchait du village.

« Pourvu que j'aille jusque-là ! songeait-il. Mon père et mes frères me sauveront ! »

Et à l'extrémité d'un grand champ de maïs, où il entrait, et qui appartenait à son père, il vit une troupe d'hommes qui travaillaient en hâte.

« Ce sont les domestiques de chez nous, dit-il, et mes frères. »

La petite flûte reprit son refrain dans le vacarme de tout le peuple et des eaux qui suivaient. Un homme passa à cheval devant Agaré, se courba, le frôla de son poing, et cria :

« Frère de malheur ! mon père m'envoie te dire de retourner d'où tu viens ! Prends garde !

— Je n'ai plus que la force d'aller droit, » dit Agaré.

A ce moment, les multitudes qui accompagnaient le torrent poussèrent une clameur plus forte, parce qu'elles voyaient l'homme près de tomber. Elles se précipitèrent en avant, et se rangèrent, comme en front de bataille, afin de s'opposer à celui qui menait la rivière. Elles étaient noires comme une futaie et hurlantes comme une meute de chiens.

Agaré s'avança vers elles. Au premier rang, il reconnut son père et ses cinq frères, et aussi Juanita. Et il se prit à espérer.

Mais, du plus loin qu'il put se faire entendre, le père cria :

« Détourne le fléau ! Nous avons creusé un fossé qui l'emmènera, si tu ne t'arrêtes pas. Fils maudit ! n'entre pas dans mon champ de fèves, qui porte toute ma richesse de l'année ! »

Le pauvre gars ne voyait plus guère quand il arriva près du fossé. Une grêle de pierres et de bâtons lancés s'abattit sur lui. En même temps, une voix haute et claire domina le tumulte :

« Agaré ! Agaré ! tends-moi la main pour passer ! »

C'était Juanita, qui s'était jetée en avant, seule, à dix pas des autres.

Il étendit le bras qui tenait le chalumeau. Mais il ne put que toucher le bout des doigts d'enfant qui se penchaient vers lui. La rivière déferla avec un bruit plus puissant que les cris de la foule, et le corps d'Agaré roula sous la vague déchaînée, dans la fosse qu'avaient creusée ses frères.

Les eaux avaient coupé en deux les foules humaines, les troupeaux, les groupes de maisons. Elles s'élancèrent sans guide, au hasard de leur course folle. En peu de minutes, la vallée fut barrée d'un trait d'eaux vives qui grossirent, élargirent leurs bords, et, rencontrant la montagne à l'extrémité opposée, tournèrent jusqu'à un défilé, par où elles s'engouffrèrent et se perdirent.

Ce fut, dans toute la plaine, une confusion inexprimable pendant trois jours. Les hommes, les femmes d'une même famille se cherchaient, s'appelaient d'une berge à l'autre, et ne pouvaient se rejoindre. Les cadavres des bêtes, saisies par le courant et noyées, flottaient à la dérive. On voyait l'eau s'échapper subitement de son lit et creuser des bras nouveaux ou des étangs qui luisaient sur les terres dévastées. Les chèvres en déroute erraient sur les falaises bleues.

Puis le cours de la rivière s'assagit. Les hommes trouvèrent un gué. Avec le temps ils bâtirent un pont. Des arbres percèrent la vase des terrains arrosés, et des commencements de prairie encadrèrent de bandes vertes les eaux devenues calmes. Les troupeaux oublièrent le chemin des citernes et burent aux abreuvoirs des plages, parmi les joncs. Au printemps, des fleurs qu'on n'avait pas vues, des arbres qui n'avaient jamais poussé dans la vallée germèrent çà et là. Des ombres, encore légères, annoncèrent la place où s'élèveraient plus tard des vergers et des bois.

Et on se ressouvint d'Agaré, qui avait mené la rivière. Mais son nom n'était plus prononcé avec colère. Les femmes plaignaient le malheur du dernier des fils de Munoz. Elles se montraient, comme un reflet de sa gloire, la jeune fille qui l'aimait. Les hommes pensaient : « Il a été l'honneur et la richesse du pays. Celui qui ne tenait ni la bêche ni la charrue a transformé la terre. Que sa mémoire vive parmi nous ! » Ils élevèrent une colonne où fut gravé le nom d'Agaré.

La petite Juanita, triste et fière, mais surtout fière, disait :

« C'est le bout de ce petit doigt-là qu'il a touché ! »

LE RETOUR

I

Comme le soir était tout venu, et que la patronne du restaurant avait déclaré qu'elle entendait rester libre pour passer en famille la veillée de Noël, Jean Fauveau était remonté dans sa chambre dès huit heures. »

« Si c'est des raisons ! avait-il dit en sortant du mauvais cabaret-crèmerie qui occupait le rez-de-chaussée. La veillée de Noël, est-ce que ça ne ressemble pas aux autres veillées ? »

D'ordinaire, l'ouvrier typographe demeurait jusqu'à l'heure du coucher à bavarder avec la patronne ou avec les autres clients, mangeurs économes et las de leur journée, qui fréquentaient à la même enseigne. Et puis sa mansarde n'était pas chaude, par ce temps d'hiver et cette nuit claire, où la Loire charriait des glaçons, où la terre était couverte de neige, où l'eau des toits faisait une barbe à la gueule des gouttières.

Jean Fauveau s'approcha de la fenêtre, qui donnait sur la Loire et sur les quais de Nantes. Le fleuve coulait, rapide, resserré entre les bordures de granit, et les mille courants qui se mêlaient, comme les fils d'un câble énorme, pour former cette masse en fuite vers la mer, tantôt soulevaient la surface en torsades de feu, tantôt plongeaient et disparaissaient sous la nappe grisâtre qu'ils moiraient légèrement. Les bateaux dormaient, tout bruns, rangés en files. Au delà, les cales de constructions maritimes, les chantiers, les toits amoncelés des maisons basses de la Prairie-au-Duc, et les étendues lointaines des campagnes de l'autre rive, vers la Vendée.

Non, Jean Fauveau, vous vous trompez, cette nuit ne ressemble pas aux autres. Les camions ont presque tous cessé de rouler; les passants sont plus rares et moins affairés que de coutume; beaucoup de boutiques ont déjà leur devanture à demi fermée, et la menue bande de lumière barrant la chaussée dit que la famille, les petites gens assemblés autour de la lampe, commencent le repos du lendemain.

Nuit de Noël! Jean Fauveau songeait, et, comme le vent soufflait du sud, régulier, calme, en marée souriante qui caresse la terre, il entendit les cloches de son pays, les cloches de Vendée, qui sonnaient. Elles sonnaient dans des clochers invisibles, éloignés de bien des lieues, et leur bruit arrivait atténué, inégal et continu, pareil au bourdonnement des moucherons d'été à la pointe des arbres. Il disait : « Venez à la grande nouvelle qui a réjoui les humbles depuis dix-huit cents ans. Venez, les opprimés, parce que la Justice est née ; venez, les souffrants, parce que l'Espérance a paru ; venez, les inquiets de la vie, parce que la Paix éternelle s'est levée ! »

Et l'homme, appuyé aux vitres qui tremblaient comme des cordes de violon, se souvint de la terre dont il était l'enfant, pays de ravins au creux desquels chantent des ruisseaux sans nom, pays de bocages et de blés, pays dont les moindres fermes, posées au sommet des coteaux, s'écoutent vivre l'une l'autre quand les six bœufs labourent aux deux versants de la vallée, ou que les hommes font la moisson aux crêtes des collines sœurs. Le sol est rude à travailler, et les têtes aussi sont dures, et violentes, et difficiles à calmer.

Pourquoi avait-il quitté la Musse-aux-Lièvres, ce Jean Fauveau qui gardait encore, sous ses habits d'ouvrier de ville, la démarche bouvière, les yeux vagues, le teint rose piqué de rousselures de sa mère vendéenne? C'est que justement la mère était morte, et, à propos de l'héritage, il y avait eu une scène terrible dans la grande salle de la métairie si paisible d'ordinaire. Le fils, qui n'avait alors que seize ans, beau brin de jeunesse, tout doré de cheveux et candide de visage, mais en qui revivait l'énergie sans frein des aïeux, avait osé demander un soir : « Donnez-moi mon droit. J'ai hérité de not'mère avec ma sœur Justine : je veux ma part. »

L'audace était grande et presque incroyable. Demander des comptes, exiger l'héritage ! Alors le père, qui avait du mal à vivre malgré son travail opiniâtre, lui qui mettait son autorité bien au-dessus de la loi et ne connaissait pas de volonté qui passât devant la sienne, s'était levé du coin de la cheminée, et, à coups de trique, avait chassé comme un vaurien l'enfant qui manquait aux usages anciens.

Ils ne s'étaient plus revus. Jean s'était dirigé vers la ville. Il était entré comme apprenti, puis comme ouvrier dans l'imprimerie d'un journal, et, huit heures par jour, il travaillait dans l'atelier bas d'étage, au bruit des machines qui roulaient, au feu des becs de gaz qu'on devait allumer, à cause de l'obscurité de la rue, bien avant le coucher du soleil. Et certes il s'était résigné, même habitué à son sort. Il avait vingt-quatre ans. Mais, depuis le retour du service militaire, où la vie en plein air l'avait pendant plus de deux ans ressaisi, il trouvait les semaines plus longues et l'atmosphère de la ville plus lourde. Plusieurs fois l'idée lui était venue de revoir sa sœur Justine et le toit de la Musse-aux-Lièvres, qui fumait entre trois ormeaux aussi vieux que les chemins ; car pour le père, c'était fini entre eux, n'est-ce pas, et à jamais !

Les cloches de Vendée sonnaient, appelant les paroisses qui ne dormaient pas ce soir-là.

Elle avait dû vieillir, la sœur Justine, depuis huit ans qu'il n'avait plus rencontré le regard de ses yeux gris. Elle ressemblait au père, haute sur jambes comme lui, la taille courte, le visage long et sévère, l'air peu commode aussi dans l'ordinaire de la vie. Elle faisait la moitié du travail à la métairie, cueillant les choux pour les bêtes, conduisant une charrette aussi bien qu'un homme, capable de toucher les bœufs comme un valet de ferme, entendue dans les soins du ménage au point que les jeunes filles des fermes voisines venaient lui demander des leçons. Qui est-ce qui savait mieux écrémer le lait, baratter, modeler le beurre en belles mottes fermes qu'elle marquait d'une quadruple empreinte de feuille de fougère ? Où mangeait-on du pain plus blanc que celui qu'elle boulangeait et cuisait chaque semaine ? A l'époque des grandes fatigues d'été, quand les faucheurs d'herbe tombent de lassitude à l'heure de midi, quelle mère était plus exacte à paraître sur la lisière des champs, les mains embarrassées : « Ohé le père ! ohé Jean ! voilà la soupe, voilà le cidre ! » Et dans la serviette qui enveloppait la soupière, on trouvait presque toujours une galette dorée, qu'elle avait pétrie à la première heure du jour et mise sous la cendre.

C'est vrai qu'elle n'aimait pas qu'on se mêlât de ses affaires, qu'elle grondait si on passait avec une veste mouillée trop près de ses armoires luisantes comme du cuivre neuf. Mais elle avait le cœur tendre avec ses airs revêches, et si le père souffrait, si Jean souffrait surtout, il n'était rien de si doux que les yeux inquiets, où l'habituelle préoccupation du devoir faisait place à la pitié, au souci d'amour. Ah! Justine! Justine! combien de fois, dans la solitude du régiment ou de la ville, votre pensée avait remué le cœur de Jean Fauveau, comme le seul souvenir qu'il eût d'une affection sans reproche et sans lassitude!

Les quais étaient devenus à peu près déserts, la lune se levait au-dessus de la vallée; la neige prenait, au toucher du regard, une mollesse aérienne. Le vent faiblissait, mollissait, et on eût dit qu'il se repliait devant la marée envahissante de la clarté lunaire.

A pareille heure, la porte était close et la chandelle allumée, dans la grande salle de la Musse-aux-Lièvres. Si le père n'avait pas changé de coutume, il épluchait des châtaignes, assis au côté droit de la cheminée, parlant peu, levant les yeux de temps à autre vers l'horloge qui tictaquait près de la fenêtre, tandis que Justine et le valet, de l'autre côté du foyer, se chauffaient, l'homme ne faisant rien, la vieille fille ayant les doigts occupés, bien sûr, et l'esprit en songerie. Quelle place tenait encore le fils, le frère, dans ces cœurs silencieux? Même en tenait-il encore une? Que cela était cruel de ne pas savoir si le regret était pareil là-bas et ici! Quel réconfort c'eût été d'aller seulement s'asseoir au fond de la chambre, sans rien dire, de les voir, et d'emporter la certitude qu'on appartenait encore à une famille par un lien relâché, usé, mais non tout à fait brisé.

A mesure qu'il y pensait, la tentation devenait plus forte, et Jean finit par dire : « J'irai, je ne demanderai que la permission de les regarder ; je les suivrai à l'église, mais je ne me mettrai pas dans leur banc, à cause du père qui m'a chassé. Et je reviendrai ici avec une image nouvelle de leurs figures, et eux ils auront une nouvelle idée de moi, parce que nos souvenirs commencent à s'effacer. »

Il sortit de la mansarde, jeta la clef sous le paillasson et courut à la gare, d'où partait un train pour la Vendée.

Après trois quarts d'heure de route, il descendit à une petite station, seul voyageur qui eût affaire dans cette campagne profonde, où tout de suite il entra. Comme il la reconnaissait ! Les chemins en berceaux tordaient leur voie herbeuse à travers les champs de guéret poudrés de blanc. Il y faisait sombre, tant il y avait de ramures aux souches inclinées. La glace des ornières craquait sous le pied, et c'était un bruit presque effrayant dans le silence total de dix heures du soir. Les cloches ne sonnaient plus. Aux carrefours, les arbres s'écartaient; Jean Fauveau s'arrêtait, et il respirait à pleins poumons l'air de chez lui, l'air qui émeut de joie le sang qu'il a formé. Il regardait toutes choses avec une surprise de les retrouver. Il nommait par leur nom les prés, les pièces ensemencées ou prêtes pour la semence, et les toits à peine visibles que la neige confondait avec la pente des terres.

Oh! le long voyage à chaque pas retardé! Les étoiles s'étaient mises à fleurir comme une treille prodigieuse ; l'amas de leurs floraisons faisait des grappes, et les grappes se superposaient et se mêlaient, et c'était de l'or partout, dont il tombait des gouttes à travers l'azur. Pour qui donc ? Bien peu d'hommes en ce moment levaient les yeux. Mais qu'importent les hommes ? Il y avait non loin de là des étendues de mer immobiles qui reflétaient cent milliards d'étoiles, et des cailloux vernis par le torrent d'un fossé qui en reflétaient une seule, toute tremblante. Et sans doute les saints de Vendée, en l'honneur de la Noël, comme les aïeules l'ont raconté, passaient à cette heure même en bénissant la terre confiée à leur patronage. L'air était frémissant comme d'un battement d'ailes. On ne voyait aucune forme s'y mouvoir; les cieux paraissaient vides; mais une consolation descendait vers ceux qui regardaient en haut. Beaucoup d'enfants, couchés dans leurs berceaux, tournaient leurs yeux vers la fenêtre sans volets et souriaient obstinément. Beaucoup de mères,

Assis dans la cheminée, il était en pleine lumière.

qui chantaient en vain pour les endormir, disaient : « Voyez, il a pourtant tout ce qu'il lui faut ! » Les saints passaient.

Jean Fauveau pensait : « Je n'aurais pas cru que ça fît tant de bien de revenir! Comme il fait doux chez nous! » Et il n'avançait guère, bien qu'il eût hâte de revoir la Musse-aux-Lièvres. Mais, vers les onze heures de nuit, quand il fut devant la porte du milieu, sous les trois ormeaux qui étaient pleins d'étoiles entre leurs branches, sur le tertre d'où les grandes haies sombres semblaient

couler vers les vallons, il fut pris d'un tremblement de peur :
« Le père ! Que va-t-il dire ? Il est là tout à côté. Il va sortir, tout
à l'heure, avec son livre de prières sous le bras, et, pour la huitième fois, prendre tout seul avec Justine le chemin de la messe de
minuit. Sans doute il en souffre encore, et il me renie tout bas. »

Le mugissement d'un bœuf s'éleva de l'étable voisine. Jean se
détourna, et il entra par l'étable, où les bêtes étaient couchées,
masses d'ombre chaudes, soufflantes, dont il voyait les yeux
vaguement se diriger vers lui et le suivre. Elles ne se levaient pas.
Elles n'avaient pas peur ; elles reconnaissaient, à la façon qu'il avait
de marcher, que c'était un paysan des terres profondes de par là.
Et il se sentait un peu chez lui, les voyant calmes comme autrefois et sans surprise. Il lui en vint du courage, et, comme l'étable
communiquait avec la maison, il se trouva tout à coup à l'extrémité de la salle, dans le noir de la porte restée ouverte, son chapeau à la main. Le foyer flambait.

Un cri partit :

« Ah ! Jean ! »

La femme s'était dressée, prompte comme une mère. La première, elle avait entendu. Le premier, son regard infaillible avait
deviné dans l'ombre l'enfant qu'elle attendait depuis huit ans. Elle
était debout, une main sur le dossier de sa chaise, la poitrine haletante, la physionomie transfigurée de joie. Ses yeux, éclairés par la
flamme, disaient : « Viens ! » Mais elle n'osait s'avancer ni parler,
et, muette, elle interrogeait le père, de qui elle dépendait comme
Jean, comme le valet renversé en arrière et stupide d'étonnement,
comme les bœufs et toutes choses dans la métairie. Lui n'avait pas
fait d'autre mouvement que de lever les yeux vers le fond de la
salle. Assis dans la cheminée même, tout contre le chambranle,

les jambes pliées et rapprochées, les mains ramenées sur les genoux, il était en pleine lumière, et la lumière pénétrait ses yeux, qui étaient les mêmes, toujours calmes, sévères, sans une faiblesse. Aucune lassitude du corps n'avait diminué leur volonté. Le poil qui descendait le long des joues, en deux favoris courts, était tout blanc. L'âge et le malheur avaient taillé en pleine chair dans le masque amaigri. Mais la vigueur du ressentiment n'était pas tombée. L'émotion, s'il en avait eu, était restée en lui. Le regard ne disait qu'une chose : « Je me souviens, tu es Jean le chassé, Jean l'ingrat. Si tu ne viens pas demander ton pardon, que viens-tu faire ici ? »

Jean se taisait. Justine, un moment indécise, voyant qu'ils ne se parlaient point, comprit que ce n'était qu'une visite du frère, et qu'il fallait une permission pour entrer. Alors, étendant les deux mains vers le père, pour le supplier de ne pas s'opposer, d'avoir pitié d'elle au moins, elle alla jusqu'à la porte de l'étable, et dans ses bras elle enveloppa son frère Jean, mettant la mauvaise tête blonde sur son châle noir, qui lui donnait un air de veuve, et murmurant : « Te voilà ! te voilà ! »

Elle se dégagea ensuite, tout doucement, le prit par la main, et l'amena, à travers la chambre, jusqu'auprès du foyer. Le père fixait toujours l'enfant qui s'approchait ; mais Jean à mesure avait baissé la tête, et il aurait pleuré, sans la honte que lui faisait le bouvier, qui regardait aussi.

« Mon père, dit-il, nous n'avons pas de travail demain, et je suis venu à la Musse, si vous voulez bien, pour passer la fête. »

Le vieux attendait-il autre chose ? Il ne répondit rien. Seulement, après un intervalle pendant lequel une cloche se mit à sonner au loin, il allongea le bras droit et désigna une chaise, de l'autre côté de la cheminée, près du garçon de ferme.

C'était la permission accordée. Mais il avait eu un geste si grand et si autoritaire, que les enfants se turent, oubliant leur âge. Peu à peu cependant Justine, assise à côté de Jean, osa lui parler par phrases courtes, à voix basse, cherchant à reconnaître, sous ses nouveaux habits, Jean d'autrefois. Elle se mit à lui dire des choses du pays :

« Ça n'a pas beaucoup changé ici. Tu vas retrouver toute la Musse, demain, quand il fera jour. Pourtant, je te préviens, le grand cormier a été cassé par l'orage, tu sais, le cormier qui donnait de si belles cormes molles ?

— Oui, disait Jean, je me rappelle, au coin de la pièce de la Lande, près de la barrière qui était si lourde.

— Oh ! elle est pourrie, celle-là, et remplacée. Il y a aussi la haie entre les deux Guittières, que le père a fait abattre. Maintenant le froment vient là comme chez lui, et l'avoine de même. Pour les étables, tu comprends, les bœufs ont souvent été vendus, achetés et vendus encore depuis le temps ; mais c'est toujours la même espèce, des vendéens qui ont de la corne, qui sont braves ; tu verras.

— Je n'aurai pas le temps de voir, Justine.

— C'est vrai, tu n'auras pas le temps... La ville !... La ville !... »

Elle soupira, et ajouta :

« Tu trouveras dans le bourg une maison neuve qu'a bâtie le métayer du Hutreau, l'ancien, qui avait de la vigne blanche au bas de chez nous. »

Et ainsi, par phrases coupées de silence, le frère et la sœur, serrés l'un contre l'autre, isolés dans leur amour, comme s'ils formaient une île dans la salle, commençaient à revivre la vie commune dont l'un s'était exilé. Mais leurs mots chuchotés ne faisaient pas tant de bruit que le soufflet de l'air sous les portes, que le craquement des brindilles sèches dans le feu, que le tic-tac de l'horloge. Ils parlaient craintivement. Quand le père remuait ses souliers ferrés, on voyait bien, au contraire, que celui-là osait et commandait.

Le vieux métayer n'avait pas cessé d'éplucher, pour le souper de Noël, des châtaignes bouillies, qui formaient à côté de lui une motte violette et fumante au fond d'un plat de terre; mais il n'en mangeait plus, comme il faisait de temps à autre avant l'arrivée du fils, et ses mains bosselées, maladroites aux menus ouvrages, ne s'arrêtaient pas de travailler. On l'eût dit indifférent à la présence de Jean Fauveau. Quelquefois seulement il dressait sa tête grise; il tendait vers l'ouverture de la cheminée sa bonne oreille et les boucles de ses cheveux longs sur lesquelles était marqué le pli luisant du chapeau, et il écoutait le son des cloches qui venait de là-haut.

Il devait être onze heures et demie quand il se leva, traversa la chambre, et dit : « C'est l'heure. »

Jean Fauveau le trouva de si haute taille debout, qu'il en fut stupéfait comme d'une chose qu'il ne se rappelait pas. Il demeurait courbé vers le foyer, devant la flamme diminuée qui continuait de brûler les deux bouts du fagot jeté en travers des chenets.

Peut-être sentait-il derrière lui les yeux du métayer, qui, dans l'ombre, se vêtissait, et, pour la première fois, regardait son fils humilié et l'appelait de cette voix muette du cœur, qui se fait entendre pourtant et qui relie les âmes.

Jean souffrait, et il devinait une autre souffrance voisine de la sienne, dans le silence de la chambre de la Musse-aux-Lièvres. Le père prenait son chapeau, décrochait son bâton à poignée de cuir;

les bœufs, réveillés dans leur somnolence nocturne, frottaient leurs cornes aux planches des mangeoires. Il y eut plus loin un cri d'effarement de toute la volaille, canards, poulets et oies, des battements d'ailes, une bataille de deux cents bêtes logées à l'étroit et heurtant les cloisons de la cabane. Et, tout de suite après, Justine, qui était sortie, ouvrit la porte de la Musse en secouant son tablier.

« Eh bien ! dit-elle gaiement, j'en aurai cette année !

— Quoi donc ? demanda Jean.

— Des œufs ! Tu ne te souviens pas que, quand les poules et les canes sont bien nourries en cette nuit-ci, elles pondent l'année durant sans se lasser ? »

L'ouvrier sourit, car c'était l'unique et bien innocente superstition de Justine, il se le rappelait maintenant. Elle ne manquait pas autrefois, même quand elle n'allait pas à la messe de minuit, de se lever pour donner aux volailles le grain de Noël.

Une voix sonna, claire et forte celle-là, dans la chambre :

« Jean, fit le père, tu peux rester ou tu peux venir, selon ton choix. Le valet gardera la Musse. »

Il prit les devants, et Jean et sa sœur le suivirent l'un près de l'autre. On descendit la pente vers le village. La nuit s'était encore adoucie, mais elle vivait sourdement et partout. En ce moment, tous les chiens aboyaient aux passants invisibles. De chaque ferme des groupes partaient, silencieux, rangés en files à cause des ornières glacées qui diminuaient la largeur du chemin praticable. Le bruit des pas, amorti par la neige, montait droit et léger, comme les fumées des brûlots d'automne. On se rencontrait aux carrefours, et c'étaient des bonsoirs sans hâte de gens qui ne perdent pas leur songe pour si peu. Les femmes se rapprochaient en arrière. Les hommes longeaient, comme à la charrue, chacun sa route d'herbe. En tête le métayer marchait. Sous son chapeau, on voyait les boucles débordantes de ses cheveux gris, que la lune pâlissait, et qui remuaient à chacune de ses enjambées, comme les cendres mortes du foyer de la Musse.

II

Jean Fauveau, quand il fut de retour du village, alla se coucher dans l'étable. Il se jeta dans le foin, mécontent, honteux, parce qu'il s'était senti étranger partout. Chez lui, Justine seule l'avait accueilli; à l'église, il n'avait pas osé monter jusqu'au banc du père, de crainte d'un scandale, si le métayer venait à dire : « N'entre pas ici, retourne où vont les errants, les pauvres, les sans famille, au bas de l'église. » Et il s'était caché parmi les valets, les estropiés, les coureurs de chemins, que la lente procession des gens libres et avoués traînait derrière elle. Là même on le regardait. Des filles se détournaient, demandant : « Est-ce que c'est lui? » Il avait lu sa déchéance dans le salut bref des anciens, qu'au sortir de la messe il avait cru devoir saluer, et qui répondaient d'un signe de tête, sans lever leur chapeau, comme on fait pour les gens de peu.

Maintenant il achevait la nuit dans la crèche au foin, mécontent de l'idée qu'il avait eue de revenir, et de la vie qui est dure, mais décidé à revoir au moins ses champs, qui n'avaient pas dû changer pour lui; après cela il partirait.

Quand le jour fut venu, il se glissa dehors. La neige fondait partout, et les choses perdaient l'aspect étrange qu'elle leur donne. Il se mit à suivre les haies de chacune des pièces de la métairie, les quatre haies sans feuilles, d'où les souvenirs se levaient pour lui à chaque pas. Dénicheur de nids, gardeur d'oies, puis gardeur de vaches, siffleur qui luttait avec les merles, tendeur de collets et de trébuchets, toucheur de bœufs, il revivait son enfance jour par jour. Ici, la mère pour la dernière fois avait semé le froment, de sa main qui s'ouvrait à la graine maternellement, soigneusement, comme à un petit qu'on lâche et dont on n'est pas sûr; là, dans ce buisson de houx, il avait coupé son dernier aiguillon; là, il avait pris le manche de la charrue, à l'âge de quinze ans, un après-midi que le père était malade; là encore, tout un hiver, il s'était fait casseur de bois de souche et planteur de pommiers. Comme ils avaient poussé en huit ans, les pommiers! Ils ouvraient leurs branches en parasol, et l'herbe était plus touffue où tombait leur ombre. Et qu'il y avait de beau blé déjà, pour la saison, dans la lande où jadis la moisson était maigre!

Il était seul dans la campagne qu'endormait le jour de Noël, et, après qu'il eut parcouru le domaine que cultivait le père, il voulut visiter les métairies voisines. Jusqu'au soir il erra, repris au charme de ces terres qui serraient et happaient la semelle de ses bottes, et, contraintes de lâcher, criaient sous l'effort. Il emportait un peu de boue de chacun des champs, et il était content de sentir ses pieds lourds de leurs mottes mêlées.

Las, les yeux cernés, affamé, il rentra à la Musse à l'heure où la brume noyait de bleu les prés bas et les lignes des fossés. Le père était assis au haut bout de la table, le valet un peu plus loin, et Justine, debout, servait les hommes. La soupe fumait, le lard attendait près du feu. Une chandelle de suif éclairait en dessous le visage glabre et vénérable du métayer, doyen des laboureurs de la paroisse, en qui se reconnaissaient la fatigue de la vie entière et celle d'une fin de jour, et aussi la force cachée, l'inébranlable paix qui les domine toutes. Jean Fauveau ne vit en entrant que ce visage, qui était le plus voisin de la lumière, et il lui sembla qu'il y avait quelque chose d'attendri dans le regard et dans la voix, comme une pitié qui filtrait entre les cils baissés.

« Jean, fit le père, tu dois être las, mon garçon ; approche si tu as faim, et mange avec nous. »

Mais il ne dit rien de plus.

L'ouvrier prit la cuiller que lui tendait Justine, et la plongea dans la soupière, en mesure, après le père et le valet, avec cette même régularité que mettent les hommes de campagne quand ils battent au fléau. Il cessa bientôt, avant les autres. Il n'avait plus le robuste appétit de ces travailleurs de plein air qui continuaient indéfiniment de puiser dans le plat, tant qu'il restait une feuille de chou et une tranche de pain.

Au moment où il se levait de table, le métayer dit encore :

« Je croyais que tu serais parti ce soir ?

— Non, demain, par le premier train. J'ai voulu revoir nos champs de la Musse. Ça a changé un peu, père, et c'est en bon état. »

A ces mots qui touchaient aux profondeurs même de son âme paysanne, le vieux, qui déjà regagnait son coin familier près de la cheminée, se détourna et eut un sourire triste, en regardant le maigre pantalon noir tout crotté et les souliers boueux de son fils.

« La terre est bonne, dit-il, et Dieu aussi est bon, mais je vieillis ; Justine n'a pas voulu se marier, et j'ai moins de goût pour la Musse, parce que je ne la laisserai à personne. »

Il eut comme un sanglot, et dit encore :

« Allons, bonsoir, mon garçon ; si tu mets huit ans à revenir, quand tu reviendras, je ne serai plus là. Toi cependant, je ne veux pas que tu dormes deux nuits dans une étable ; tu as besoin d'un lit : prends celui du valet qui est parti, voilà deux mois, pour le service. »

Ils se turent l'un et l'autre. Jean Fauveau se retira dans la petite chambre, à l'autre bout de l'étable, où le second valet avait dormi de tout temps, et se jeta sur le lit. Mais il ne dormit pas. La nuit promenait ses étoiles au-dessus des brumes tièdes qui caressaient la neige et la fondaient. Toutes les ardoises avaient une goutte tremblante pendue au bord, et c'était une musique douce autour de la Musse, cette chanson du dégel que chantent les pierres du chemin martelées par l'eau des toits.

Vers l'heure où les premiers coqs s'éveillent, une lumière entra dans la chambre. Jean reconnut Justine, qui s'était habillée, bien serrée dans son châle noir des jours de fête et de marchés. Elle posa la lanterne sur une barrique vide qu'il y avait là, s'assit auprès du lit, et dit :

« Je vais te faire la conduite jusqu'à la gare, mon petit frère, puisque aussi bien je suis privée de toi si longtemps. Est-ce qu'on sait quand on se reverra ? Le père dort encore. »

Mais lui la considérait avec une tendresse dont elle était un peu consolée et un peu étonnée. Et il ne disait rien.

« Tu n'es donc pas bien éveillé, Jeannot ? Je vas te laisser, mais lève-toi vite. »

Jean était moins pressé. Il lui caressait la main, qu'elle ne retirait pas, et, après un long moment, il demanda :

« Justine, pourquoi ne t'es-tu pas mariée ?

— Pourquoi je ne me... Seigneur Jésus, qu'as-tu à faire de cela ? »

Elle se redressa un peu, détourna le regard, et dit :

« Parce qu'ils ne me plaisent pas.

— Justine, tu ne dis pas vrai. Tu as rougi hier soir quand le père a dit que tu ne t'étais pas mariée. Pourquoi ? »

Elle ne répondit pas. La poitrine battait sous le châle noir. Jean devina que le cœur était plein de sanglots, que le courage allait faiblir.

« Tu ne t'es pas mariée à cause de moi ! dit-il.

— Oh ! Jean !

— Je le sais bien, va ! pour que ma place ne fût pas prise à la Musse. Pauvre chère fille ! »

Un petit cri lui prouva qu'il avait dit juste. La sœur éperdue, hors d'elle-même, cherchait à dégager sa main et à s'enfuir dans le voisinage du père, à l'ombre où les secrets se gardaient bien sans que personne interrogeât.

Mais lui, à voix très basse, avec une fermeté que devaient avoir les vieux chefs dans l'abri des landes et des bois, au temps des guerres civiles, commanda :

« Sœur Justine, as-tu encore la veste que je mettais pour suivre le père aux foires ?

— Oui, je l'ai serrée.

— Apporte-la-moi. As-tu encore mes sabots de hêtre flambé ?

— Je les ai donnés ; mais j'en ai de neufs, que j'avais achetés pour le valet.

— Va les chercher. As-tu mon aiguillon de cormier ?

— Oui, mon Jean, avec les clous dorés que j'avais piqués autour.

— Sœur Justine, ne fais pas de bruit, apporte-moi tout ça.

— Et que vas-tu faire, Jean Fauveau?

— Je reste, dit le gars. Je vais demander pardon au père, d'une manière que tu vas voir. »

Une lueur de grande joie traversa les yeux de la Vendéenne, qui se leva, muette, enthousiaste, pareille aux aïeules porteuses de messages de guerre à travers la campagne, femmes timides en paroles, dont on ne devinait le grand cœur qu'à l'ardeur de leurs yeux.

Et on ne l'entendit ni sortir, ni marcher, ni ouvrir l'armoire où elle avait serré ses anciens souvenirs. Et les coqs seuls chantaient et troublaient la nuit finissante, avec les gouttes de pluie du dégel : « Dig et dig et dig, dig et dag, » faisaient-elles. Mais les souliers de Justine semblaient être de laine, parce qu'elle remplissait une mission confiée par un homme, et la plus douce qui fût pour son cœur de sœur et de fille.

Bientôt, sous les poutres basses de l'étable, Jean vint la rejoindre, comme au temps où il avait quitté la Musse. A eux deux, combinant leurs mouvements avec précaution, et moitié riants et moitié pleurants, ils détachèrent les quatre bœufs, les firent sortir dans la cour, et les enjuguèrent en deux couples. Puis ils prirent le chemin qui montait d'abord et descendait vite vers le levant.

Le père crut que c'était son troupeau de vaches qui partait pour le pré.

Les bœufs et les deux enfants de la Musse-aux-Lièvres s'avançaient dans le chemin boueux entre les haies noires, et, là où ils passaient, un nuage d'haleines chaudes se levait comme des brumes d'argent.

Le père se vêtait, songeant douloureusement à Jean Fauveau, qui était venu et s'en était allé.

« Mon père, dit Jean Fauveau, faut-il viser avec ma charrue la souche d'ormeau ou celle de cornouiller ? »

Jean et Justine ouvrirent la barrière d'un champ à peu près carré, où les herbes, piétinées par les moutons, çà et là se couchaient et çà et là se dressaient, hautes comme un enfant de cinq ans. Justine avait pris l'aiguillon en main, et, immobile maintenant, elle regardait vers le dernier coude du chemin qui tournait souvent et s'ouvrait tout à coup.

Son frère avait attelé les deux couples de bœufs à la charrue qu'on avait laissée là, avant Noël, pour le prochain labour; il avait aligné son harnais, et il attendait aussi debout, les deux bras appuyés aux manches de bois, prêt à guider le soc dès que les bœufs tireraient.

Le frère et la sœur n'échangeaient pas un seul mot. Le matin gris levait un à un les voiles des collines. Le métayer arrivait par le chemin, la tête basse, afin de tenir la charrue, supposant que son valet avait pris les devants avec les bœufs.

Le cœur battait vite à Jean et à Justine. Le père venait. Il approchait. Il devait être en face du cormier, là, près du détour.

Enfin, il se montra entre les haies, à dix pas de la barrière. Il regardait le chemin sous son grand chapeau aux bords baissés. Il avait l'air de compter les pierres de la route ou les peines de la vie. Et ce fut seulement quand il sentit sur ses guêtres les tiges croisées des herbes de la jachère, qu'il se redressa pour voir où il commencerait le labour.

Alors, devant lui, il aperçut sa fille qui tenait l'aiguillon, son fils qui tenait la charrue, et les quatre bœufs, le mufle bas, qui soufflaient au ras des anciens sillons.

Les deux mains lui tombèrent le long du corps. Il devint blanc comme le brouillard.

« Mon père, dit le fils en levant son chapeau, faut-il viser avec ma charrue la souche d'ormeau ou celle de cornouiller ? »

Un temps, le père ne fut pas capable de parler. De grosses larmes lui coulaient des yeux. Il retrouva enfin la voix pour dire :

« Pointe sur la cornouille, Jean Fauveau, et va bien droit ! »

Justine posa en travers, sur le dos des deux premiers bœufs, l'aiguillon d'autrefois. Dans l'air matinal, quatre noms, lancés à tue-tête par une voix jeune, chaude, heureuse, apprirent à la Vendée qu'un de ses fils était de retour : « Caillard, Rougeaud, Mortagne, Maréchaux ! »

Et les bœufs descendirent sagement, bien droit, vers la cornouille.

TABLE

Avertissement. 7

SOUVENIRS D'ENFANT

Le Peuplier	11	Le Petit chantre.	79
Diane chasseresse	19	L'Ouverture de « Sémiramis »	89
La grande Honorine.	25	La Neuvaine	103
Le Château de Sombrehoux. . . .	35	Le Rat	115
Deux anciens.	57	La Corneille à bec rouge.	124
Bonne Perrette	69		

CONTES DE BONNE PERRETTE

Le Moulin qui ne tourne plus.	145	La Réponse du vent.	215
La Jument bleue.	155	Le Grenadier de la belle neuvième. . .	227
Le Pois fleuri.	169	Souvenir d'artiste	255
Les Chardonnerets de Galilée. . . .	179	La Veuve du loup	263
Les Deux chagrins	185	Le Quatrième pauvre	277
Le Brin de lavande.	193	Celui qui menait la rivière.	291
La Boîte aux lettres.	205	Le Retour.	305

27598. — Tours, impr. Mame.

www.ingramcontent.com/pod-product-compliance
Lightning Source LLC
Chambersburg PA
CBHW060501170426
43199CB00011B/1285